W0074758

Einer breiten deutschen Öffentlichkeit wurde Alexej Nawalny erst bekannt, als er im August 2020 nur knapp einen Giftanschlag des Kremls überlebte. Nach seiner Behandlung in Deutschland wurde er bei seiner Rückkehr umgehend festgenommen und nach einem fadenscheinigen Prozess ins Arbeitslager gesperrt – Hunderttausende gingen damals in ganz Russland auf die Straßen.

Wer Alexej Nawalny ist, wofür er steht, und ob er Putin auch aus der Haft heraus gefährlich werden kann, beleuchten nun erstmals drei internationale Russlandexperten mit Zugang zu Nawalnys engsten Vertrauten.

Jan Matti Dollbaum ist Politikwissenschaftler an der Universität Bremen und forscht zu politischen Protestaktionen in Osteuropa, insbesondere in Russland.
Morvan Lallouet hat an der Sciences Po in Paris studiert und schreibt momentan seine Doktorarbeit über Alexej Nawalny an der University of Kent.
Ben Noble ist Professor für Russische Politik am University College London und Mitglied des Chatham House, einem der weltweit einflussreichsten Thinktanks.

Jan Matti Dollbaum ·
Morvan Lallouet · Ben Noble

NAWALNY

Seine Ziele, seine Gegner, seine Zukunft

Aus dem Englischen von
Karlheinz Dürr, Stephan Kleiner, Stephan Pauli
und Alexander Weber

Hoffmann und Campe

Die Originalaugabe erschien 2021 unter dem Titel
Navalny. Putin's Nemesis, Russia's Future? bei Hurst, London.

Für die Inhalte der Links auf Webseiten Dritter
übernehmen wir keine Haftung, da wir uns diese nicht zu eigen machen,
sondern lediglich auf deren Stand im Juni 2021 verweisen.

1. Auflage 2022
Erweiterte Taschenbuchausgabe
Copyright © 2021 Jan Matti Dollbaum, Morvan Lallouet, Ben Noble
Für die deutschsprachige Ausgabe
Copyright © 2021 Hoffmann und Campe Verlag, Hamburg
www.hoffmann-und-campe.de
Umschlaggestaltung: © zero media, München
Umschlagabbildung: © Anadolu Agency / Kontributor / Getty Images
Satz: Dörlemann Satz, Lemförde
Gesetzt aus der Times LT Std
Druck und Bindung: GGP Media GmbH, Pößneck
Printed in Germany
ISBN 978-3-455-01441-9

Ein Unternehmen der
GANSKE VERLAGSGRUPPE

INHALT

1   **Wer ist Alexej Nawalny?**   7

2   **Der Antikorruptionskämpfer**   29

3   **Der Politiker**   77

4   **Der Straßenaktivist**   137

5   **Der Kreml gegen Nawalny**   183

6   **Nawalny und die Zukunft Russlands**   229

Nachwort   253

Anmerkungen   282

1

WER IST ALEXEJ NAWALNY?

»Haben Sie keine Angst?«

Alexej Nawalny wird mit dieser Frage konfrontiert, als er am Flughafen Berlin Brandenburg den Flug DP936 der Pobeda Airlines antritt. Es ist Sonntag, der 17. Januar 2021.[1]

Die Maschine ist voll mit Journalisten, die den vierundvierzigjährigen Antikorruptionsaktivisten und Oppositionspolitiker Nawalny auf seiner Reise nach Hause begleiten. Als er die Kabine mit seiner Frau, seiner Rechtsanwältin und seiner Pressesprecherin betritt, blickt er in ein Dutzend Smartphones, die hochgehalten werden, um diesen Augenblick zu dokumentieren. Die Welt schaut zu.

Nawalny ist fröhlich und optimistisch. Dabei hat er sehr wohl Grund, Angst zu haben. Die russischen Strafverfolgungsbehörden hatten ihn zuvor gewarnt, dass er bei seiner Rückkehr nach Russland verhaftet werden würde. Man beschuldigte ihn, gegen Bewährungsauflagen aus einem Verfahren wegen Unterschlagung verstoßen zu haben. Er muss mit mehreren Jahren Gefängnis rechnen.

Dass Nawalny überhaupt in der Lage gewesen war, die Maschine zu besteigen, glich einem Wunder. Das letzte Mal, als er auf eigenen Beinen an Bord eines Flugzeug ging, befand er sich im sibirischen Tomsk. Es war der 20. August 2020, und es sollte eigentlich ein Routineflug zurück nach Moskau

werden. Er hatte in Tomsk an Recherchen zu den Geschäfts-
praktiken von Beamten und Gemeindepolitikern gearbeitet.[2]
Zudem hatte er sich vor den regionalen und lokalen Wahlen
am 13. September für Oppositionskräfte eingesetzt und hoffte,
ihnen zu Siegen gegen Kandidaten zu verhelfen, die von den
Behörden unterstützt wurden.

Doch während des Flugs ging plötzlich alles schief. Nawalny wurde krank. Es schien, dass er unter unerträglichen
Schmerzen litt. Einem Mitpassagier zufolge sagte Nawalny
kein Wort – »er hat nur geschrien«.[3] Eine Flugbegleiterin
fragte, ob medizinisches Fachpersonal an Bord sei. Daraufhin
meldete sich eine Krankenschwester. Zusammen mit der Flug-
besatzung leistete sie Erste Hilfe und versuchte, Nawalny bei
Bewusstsein zu halten.

Der Pilot beschloss, in Omsk, etwa 750 Kilometer westlich von
Tomsk, aber immer noch in Sibirien, notzulanden – obwohl
am Flughafen eine mysteriöse Bombendrohung eingegangen
war.[4] Nawalny wurde auf einer Trage aus dem Flugzeug gebracht und von einem Rettungswagen in ein Notfallkranken-
haus gefahren.

Seine Pressesprecherin Kira Jarmysch sagte, das Einzige, was
Nawalny an diesem Tag gegessen oder getrunken habe, sei
ein schwarzer Tee aus einem Plastikbecher gewesen, den er
kurz vor dem Abflug auf dem Flughafen zu sich genommen
habe – und dass dieser womöglich mit Gift präpariert gewesen
sei.[5] Nawalny war bis dahin, so schien es, körperlich in bester
Verfassung, ein Mann ohne bekannte Gesundheitsprobleme,
der nicht rauchte und wenig trank.

Die Befürchtung, die die Pressesprecherin äußerte, war
nicht aus der Luft gegriffen. Wer die Politik in Russland aufmerksam verfolgte, kannte derartige Fälle. In den vergangenen
Jahren waren Persönlichkeiten, die sich kritisch dem Kreml

gegenüber geäußert hatten, immer wieder auf mysteriöse Weise erkrankt. Der Verdacht, dass sie vergiftet worden waren, lag stets nahe.[6] Andererseits hatte Nawalny sich mit seinen Ermittlungen zu Korruptionsfällen innerhalb der russischen Elite viele, ganz unterschiedliche Feinde gemacht – Geschäftsleute, lokale Politiker, hohe Staatsbeamte.[7] Die Liste möglicher Verdächtiger war lang.

Bei seiner Ankunft im Krankenhaus wurde berichtet, Nawalny sei vorerst auf eine »akute psychodysleptische Vergiftung« diagnostiziert worden.[8] Er wurde an ein Beatmungsgerät angeschlossen, in ein künstliches Koma versetzt und erhielt Atropin.[9] Sein Zustand wurde als »ernst, aber stabil« beschrieben.[10] Es wurden normale medizinische Maßnahmen eingeleitet.

Doch dann nahmen die Dinge eine seltsame Wendung.

Das Krankenhaus füllte sich mit Polizeibeamten, von denen einige Zivil trugen.[11] Und sie begannen laut Jarmysch, Nawalnys persönliches Eigentum zu konfiszieren.[12]

Als das Flugzeug, in dem sich Nawalny befunden hatte, schließlich Moskau erreichte, wurde es von Polizeikräften erwartet, die an Bord der Maschine gingen. Sie forderten die Passagiere, die Nawalny am nächsten gesessen hatten, auf, an Bord zu bleiben. Einem Passagier kam dies reichlich seltsam vor: »Zu diesem Zeitpunkt war noch nicht die Rede von einem möglichen Verbrechen, aber die Sicherheitsbeamten schienen ganz eindeutig davon auszugehen, dass doch etwas Kriminelles vorgefallen war.«[13]

In Omsk hatte Nawalnys Frau Julia Schwierigkeiten, zu ihrem Mann vorgelassen zu werden. Die Krankenhausleitung ließ verlauten, er habe ihrem Besuch nicht explizit zugestimmt.[14] Und die Ärzte wurden Nawalnys Team gegenüber, das ihn zur Behandlung nach Deutschland ausfliegen wollte, immer reservierter und schwiegen über seinen Gesundheitszustand. Am 21. August landete ein Flugzeug in Omsk, das bereit war, Nawalny in die Berliner Charité zu überführen.

Auch Nawalnys enger Vertrauter Iwan Schdanow und Julia Nawalnaja berichteten von einem seltsamen Vorfall. Sie behaupteten, während ihres Gesprächs mit dem Chefarzt des Krankenhauses habe eine Polizistin gesagt, eine Substanz, die sowohl für Nawalny als auch Menschen in seiner Umgebung gefährlich sei, sei an ihm gefunden worden.[15] Doch habe sie sich geweigert, den Namen der Substanz zu nennen, dies sei ein »Ermittlungsgeheimnis«.[16]

Am selben Tag veröffentlichte eine russische Zeitung eine sensationelle Geschichte. Sie zitierte anonyme Quellen und behauptete, Ordnungskräfte seien Nawalny nach Tomsk gefolgt. War er vergiftet worden? Die Quellen berichteten, dass »keine unnötigen oder verdächtigen Kontakte, die mit der Vergiftung in Verbindung gebracht werden könnten«, gesehen worden seien.[17] Viele sahen in der Geschichte ein gezielt gestreutes Gerücht des russischen Inlandsgeheimdienstes FSB, der sich von dem Vorfall distanzieren wollte.[18]

Derweil revidierten die Ärzte in Omsk ihre ursprüngliche Diagnose.[19] Sie erklärten nun, Nawalny leide unter den Folgen einer ernsten metabolischen Störung, nicht an den Folgen einer Vergiftung. Der Chefarzt des Krankenhauses sagte, dies »könnte verursacht worden sein durch einen extremen Abfall des Blutzuckerspiegels im Flugzeug, auf den der Verlust des Bewusstseins folgte«.[20] Die Ärzte behaupteten nun außerdem, die Substanz, von der Proben in Nawalnys Händen und Haaren gefunden worden waren, sei ein weitverbreitetes Industrieprodukt und könne zum Beispiel von einem Plastikbecher stammen.[21] Und doch waren sie nun der Meinung, Nawalnys Zustand sei »instabil« und es sei nicht ratsam, ihn nach Deutschland zu fliegen.

Für Nawalnys persönliche Ärztin war das Motiv klar: »Sie

warten drei Tage, bis keine Spuren von Gift mehr in seinem Körper sind.«[22] Julia Nawalnaja bat Wladimir Putin persönlich um Erlaubnis, ihren Ehemann nach Berlin ausfliegen zu lassen.[23]

Nach anfänglichen Widerständen wurde deutschen Ärzten der Zugang zu Nawalny erlaubt. Sie sagten, er sei in einem transportfähigen Zustand und könne nach Berlin geflogen werden. Auch russische Ärzte erklärten nun ihr Einverständnis und behaupteten, Nawalnys Zustand habe sich stabilisiert. Das Flugzeug mit Nawalny an Bord hob am 22. August vom Flughafen Omsk ab.

Zwei Tage, nachdem er in Berlin angekommen war, erklärten deutsche Ärzte, Nawalny sei mit einem Cholinesterase-Hemmer – einem Wirkstoff, der das Nervensystem angreift – vergiftet worden.[24] Dieser könnte von einem gewöhnlichen Schädlingsbekämpfungsmittel stammen – oder von einem waffentauglichen Nervenkampfstoff. Eine Nachricht, die den Verdacht erhöhte, dass der russische Staat in die Sache verwickelt sein könnte.[25]

Russische Funktionäre wehrten die zunehmend gegen sie gerichteten Vorwürfe ab. »Warum sollten wir so etwas tun? Und noch dazu auf so stümperhafte, unentschlossene Weise?«, tweetete am 24. August einer von Russlands Top-Diplomaten bei den Vereinten Nationen.[26] Anfang September behauptete der Sprecher der Staatsduma – des Unterhauses des russischen Parlaments –, die Reaktion des Westens auf die »angebliche« Vergiftung sei eine »geplante Aktion gegen Russland, um neue Sanktionen zu verhängen und die Entwicklung unseres Landes zu bremsen«.[27]

Zugleich schienen es die Polizeibehörden in Russland nicht eilig zu haben, den Vorfall zu untersuchen. Die regionale Verkehrspolizei – weit entfernt, den Eliteeinheiten der Vollzugsbehörden anzugehören – führte eine »Voruntersuchung«

durch.[28] Das Hotel in Tomsk, in dem Nawalny sich aufgehalten hatte, wurde von der Polizei und FSB-Offizieren untersucht, doch die lokale Presse meldete, dieser Vorgang habe lediglich »ein paar Tage« gedauert. In den Augen von Nawalnys Mitstreitern, die von der Polizei befragt wurden, lief alles auf Untätigkeit, oder schlimmer, auf Vertuschung hinaus.[29]

Am 2. September versicherte die deutsche Kanzlerin Angela Merkel, Nawalny sei »zweifelsfrei« mit einem Nervenkampfstoff der Nowitschok-Gruppe vergiftet worden – ein Befund, der später von der Organisation für das Verbot chemischer Waffen bestätigt wurde.[30] Dieselbe Art von Nervenkampfstoff war im März 2018 im englischen Salisbury gegen Sergej und Julia Skripal eingesetzt worden – ein Anschlag, von dem die britische Regierung sagte, er sei »mit allergrößter Wahrscheinlichkeit« von Präsident Putin veranlasst worden.[31]

Wie bei diesem früheren Vergiftungsvorfall fiel die internationale Reaktion zum Fall Nawalny zunehmend heftig und dem russischen Staat gegenüber kritisch aus. Merkel behauptete, die Vergiftung werfe »sehr schwerwiegende Fragen auf, die nur die russische Regierung beantworten kann und beantworten muss«.[32] Die russischen Behörden gaben zur Antwort, dass die angeblichen Beweise für eine Vergiftung in Deutschland gefunden worden seien – und dass es deshalb an den deutschen Behörden sei, mit Russland zusammenzuarbeiten und weiteres Beweismaterial zu liefern.[33]

Daneben tauchten in staatstreuen russischen Medien mehrere Darstellungen auf, in denen die internationalen Anschuldigungen bestritten wurden. Einige bezweifelten, dass überhaupt eine Vergiftung stattgefunden habe. Zwei russische Journalisten schrieben sogar ein ganzes Buch, um diese These zu belegen.[34] Andere behaupteten, Nawalny sei zwar vielleicht vergiftet worden, doch sei hierfür nicht Nowitschok eingesetzt worden. Dies behauptete der Chemiker Leonid Rink, der selbst am Nowitschok-Programm mitgearbeitet und in den neunziger Jahren nach eigenen Angaben Dosen der Substanz an kriminelle Vereinigungen verkauft hatte.[35] Nawalny könne gar nicht mit dem Nervenkampfstoff vergiftet worden sein, denn in diesem Fall, argumentierte Rink, wäre er tot.[36] Dagegen urteilte ein anderer Chemiker, der ebenfalls an der Entwicklung von Nowitschok beteiligt gewesen war, die Symptome Nawalnys würden mit den vom Nervenkampfstoff ausgelösten Vergiftungserscheinungen übereinstimmen.[37]

Eine weitere Theorie besagte, dass Nowitschok zwar benutzt worden sein könne, es aber keinesfalls in Russland verabreicht worden sei, sondern in Deutschland. Diese Version wurde von Andrej Lugowoj verbreitet – einem Mitglied des russischen Parlaments und Hauptverdächtiger im Fall des Mordes an dem ehemaligen FSB-Agenten Alexander Litwinenko, der im Jahr 2006 in London mit radioaktivem Polonium vergiftet worden war.[38]

Am 7. September erwachte Nawalny aus dem Koma und erholte sich erstaunlich schnell. Er wurde am 23. September aus dem Krankenhaus entlassen und hielt sich danach zur Erholung im Schwarzwald auf.[39]

Monate vergingen. Während Nawalny allmählich wieder zu Kräften kam, waren anderswo Menschen damit beschäftigt, Nachforschungen zu seiner Vergiftung anzustellen. Wie wurde sie durchgeführt und von wem?

Am 14. Dezember veröffentlichte das Recherchenetzwerk Bellingcat die Ergebnisse seiner Ermittlungen, die es mit einem russischen Partner, der Online-Zeitung *The Insider*, sowie der Unterstützung von CNN und dem *Spiegel* durchgeführt hatte.[40] Nawalny sei von einem FSB-Mordkommando vergiftet worden – einer »geheimen Einheit, die auf giftige Substanzen spezialisiert ist«, und Nawalny seit Jahren beschattet und womöglich bereits zuvor zu vergiften versucht habe.

Gestützt auf Telefonaufnahmen und Passagierlisten konnte die Recherche die Bewegungen dieser FSB-Agenten nachverfolgen. Sie waren den Aufenthaltsorten von Nawalny oft verdächtig nahe gekommen.

Bis hierher waren die Ereignisse schon ungewöhnlich genug, doch nun wurden sie surreal. Am 21. Dezember veröffentlichte Nawalny das Video eines Telefonats, das er bereits kurz vor Veröffentlichung der Bellingcat-Recherche geführt hatte.[41] Darin sprach Nawalny mit jemandem, der den Rechercheergebnissen zufolge am Mordversuch beteiligt gewesen war – Konstantin Kudrjawzew. Nawalny gab sich am Telefon als ein Mitarbeiter des früheren FSB-Chefs aus, und Kudrjawzew fiel darauf herein und ließ sich Details der Operation entlocken. »Die Unterhosen ... an der Innenseite ... im Schritt« – dort sei das Nowitschok aufgetragen worden, sagte Kudrjawzew.[42]

Jetzt richteten sich noch mehr Stimmen empört gegen den Kreml. Als Antwort darauf scherzte Putin am 17. Dezember: Hätte der FSB Nawalny tatsächlich töten wollen, »hätten sie ihren Job auch erledigt«.[43] Während dies für manche nicht nach einer vollständigen Zurückweisung der Vorwürfe klang, bestritten russische Behörden ihre Beteiligung vehement. Doch schienen sie auch nicht allzu interessiert daran herauszufinden, wer stattdessen für die Tat verantwortlich war. Es wurde kein Strafverfahren eröffnet.

Einem seiner langjährigen Mitarbeiter zufolge war Nawalny »zunehmend davon überzeugt, dass Putin an der Vergiftungsaktion beteiligt sei« und folglich »zunehmend daran interessiert, ihn bloßzustellen«.[44] Dies wollte er tun, indem er den Vorwürfen nachging, die im Raum standen, wonach Putin korrupt sei und über heimliche Reichtümer verfüge. Dies war ein klarer Kurswechsel vonseiten Nawalnys: Einem engen Partner zufolge habe er zuvor wiederholt behauptet, »wenn wir über Putin schreiben, wird dies unsere letzte Recherchearbeit sein« – damit würde er eine rote Linie überschreiten und den Zorn des Präsidenten auf sich ziehen.[45]

Nawalny verkündete seinen Plan, nach Russland zu fliegen, am 13. Januar 2021.[46] Er sagte, er habe nie daran gezweifelt, dass er zurückkehren würde. Er habe nicht selbst entschieden, Russland zu verlassen, sondern sei nach einem Mordanschlag in Deutschland gelandet. Er kehre nicht aus dem Exil zurück, sondern beende lediglich seine unterbrochene Reise zurück nach Moskau, die er damals am 20. August 2020 in Tomsk angetreten habe.

Nachdem er sich am 17. Januar seinen Weg durch die Journalistenmenge im Flugzeug der Pobeda (was im Übrigen »Sieg« bedeutet) Airlines gebahnt hat, nimmt Nawalny neben seiner Frau Platz. Während die Maschine in Richtung Moskau fliegt, sehen sie sich gemeinsam die amerikanische Zeichentrickserie *Rick and Morty* an. Der Kontrast zum allgemeinen Ernst der Lage hätte nicht größer sein können.

Wer ist Alexej Nawalny?

Bei Nawalnys Rückkehr nach Russland im Januar 2021 waren sich fast alle Kommentatoren einig: Es ging hier um einen Kampf Gut gegen Böse – Nawalny gegen Putin. Das Schwarz-Weiß-Denken aus dem Kalten Krieg bestimmt noch immer das westliche Russland-Bild – noch immer wird ein Land gezeichnet, in dem gewissenlose Diktatoren über unfreie Massen herrschen.

Doch diese teils ideologische, teils naive Sichtweise stieß im Fall Nawalny schnell an ihre Grenzen. Im Januar erklärte Amnesty International Nawalny zu einem sogenannten »Gewissensgefangenen« *(prisoner of conscience).*[47] Doch wenige Wochen später beschloss die Menschenrechtsorganisation, ihre Entscheidung zurückzunehmen. Das verwirrte jene, die Nawalny für einen vorbildlichen Freiheitskämpfer hielten, der es gewagt hatte, es mit Putin aufzunehmen. Amnesty begründete die Entscheidung mit früheren Aussagen Nawalnys und dessen »Befürwortung von Hass, auf der die Anstiftung zu Diskriminierung, Gewalt und Feindseligkeit gründet«.[48]

In den westlichen Medien wurde Nawalny unterdessen mit anderen bekannten Freiheitskämpfern verglichen. Ist Nawalny der Nelson Mandela oder der Alexander Solschenizyn des modernen Russlands?, wurde gefragt. Doch solche Vergleiche verunklaren eher das Bild, als dass sie etwas erhellen würden. Sie zeigten vor allem, wie wenig die westliche Öffentlichkeit tatsächlich über Alexej Nawalny wusste.

Um ihn besser zu verstehen, müssen wir – wenigstens kurz – ganz zum Anfang zurückkehren.

Nawalny vor Nawalny

Alexej Nawalny wurde am 4. Juni 1976 in Butyn – einem Dorf im Westen Moskaus – geboren. Sein Vater war Offizier der sowjetischen Armee, seine Mutter arbeitete als Buchhalterin. In seiner Jugend folgte Nawalnys Familie dem Vater aufgrund seiner vielen Versetzungen von einer Stadt in die nächste.

In Nawalnys Familie genoss die UdSSR nicht gerade hohes Ansehen. Sein Vater hörte Voice of America. Seine Großmutter hasste Lenin von ganzem Herzen.[49] Die Familie bekam die größten Mängel des Systems hautnah zu spüren: Alexejs Vater stammte aus der Ukraine, und der junge Nawalny verbrachte die Sommerferien oft bei seiner Großmutter in einem Dorf bei Tschernobyl – bis die Region 1986 unbewohnbar wurde.[50]

Als die Sowjetunion 1991 zusammenbrach, war Nawalny fünfzehn. Er verband nicht allzu viele gute Erinnerungen mit dem alten System: Wenn er über die UdSSR sprach, kam ihm vor allem das Schlangestehen für die elementarsten Konsumgüter in den Sinn. Er erinnerte sich an die Scheinheiligkeit der Kommunisten mit Parteibuch. Sie priesen die Sowjetunion am lautesten, waren gleichzeitig aber auch jene, die mit dem größten Neid in Richtung Westen blickten. Jenseits der Ideale herrschte in der Sowjetunion, die Nawalny kennengelernt hatte, nichts als Heuchelei – »alles Lug und Betrug«.[51]

Nawalny machte sich über den Kommunismus keine Illusionen. Er liebte Rockmusik und schaute bekannte Fernsehsendungen, die das Sowjetsystem kritisierten. »Als ich siebzehn war, glaubte ich, meine politischen Ansichten seien vollständig ausgebildet. Und ich teilte sie stolz der ganzen Welt mit.«[52] Nawalny war ein »Liberaler«.

Das Wort »liberal« hat in unterschiedlichen Kontexten sehr unterschiedliche Bedeutungen. Im Russland der neunziger Jahre bezeichnete es jene, die danach strebten, das Land nach westlichen Maßstäben in eine freie Marktwirtschaft und einen Rechtsstaat umzugestalten. Dieses gemeinsame Ziel einte liberale Kräfte ungeachtet anderer möglicher Meinungsverschiedenheiten. Darüber hinaus unterschied man sich dagegen sehr. Einige kritische Gruppen waren an der Macht, andere gehörten zur Opposition. Einige nannten sich »Liberale«, andere »Demokraten«. Einige waren Technokraten, andere Intellektuelle oder Graswurzelaktivisten. Einige traten für einen schrittweisen Übergang zum Kapitalismus ein, andere befürworteten eine radikale »Schocktherapie«. Einige waren überzeugte Demokraten, andere glaubten, Russland benötige eine starke Hand, um den Übergang zu einer liberalen Demokratie und zum Kapitalismus überhaupt zu bewerkstelligen.

In seiner Jugend befürwortete Nawalny die radikale Version

des Liberalismus. Er unterstützte den ersten russischen Präsidenten Boris Jelzin und dessen Reformen. Wie Nawalny selbst zugibt, stimmte er trotz des Leids, das sie den Schwächsten der Gesellschaft zufügten, laut für Jelzins wirtschaftliche Reformen. Dazu muss man erwähnen, dass er kaum Probleme mit den autoritären Tendenzen der Jelzin-Regierung hatte. Später sollte er diese Unterstützung bereuen – und zugeben, dass es Reformer waren, die den Samen für Putins autoritäre Herrschaft säten.[53]

Nach Beendigung der Schule im Jahr 1993 schrieb sich Nawalny an der Russischen Universität der Völkerfreundschaft (RUDN) in Moskau ein, nachdem er die Zulassung an der renommiertesten russischen Hochschule, der Staatlichen Universität Moskau, knapp verfehlt hatte. Er studierte Jura und machte einen weiteren Abschluss in Finanz- und Börsenwesen. An der RUDN, so Nawalny, habe er begonnen, am Liberalismus zu zweifeln – und sei in Richtung Nationalismus umgeschwenkt.

Liberale Parteien in Russland waren zu diesem Zeitpunkt bereits im Niedergang begriffen. Und Nawalny schien es, als würde das »liberale Projekt« die Menschen nicht mehr ansprechen. Warum? Weil Liberale russischen Stils nach seinem Dafürhalten sogar noch sozialliberaler agierten als ihre europäischen Pendants – insbesondere in Fragen der Zuwanderung.[54]

Obwohl Nawalny eigene politische Ideen vertrat und die Nachrichten verfolgte, war er zu diesem Zeitpunkt kein Aktivist. An der Universität dachte er, das Wichtigste sei es, »eine Ausbildung zu bekommen, eine Arbeit zu finden und schnell reich zu werden«.[55] Er begann früh, noch während des Studiums, zu arbeiten. Seine erste Stelle hatte er bei der Aeroflot-Bank, dann wechselte er in eine Immobilienfirma.[56] »Die Arbeit dort hat mir gezeigt, wie die Sachen im Inneren erledigt werden, wie Vermittlungsunternehmen aufgebaut sind, wie

Geld hin- und herbewegt wird«, erzählte er der Journalistin Julia Ioffe im Jahr 2011.[57]

Um die Jahrtausendwende gründete Nawalny mehrere Unternehmen. In »guten Monaten« verdiente er zwischen 4000 und 5000 US-Dollar.[58] Von solchen Einkünften konnten die meisten seiner Altersgenossen nur träumen. Ob Anwalt, Börseninvestor oder Geschäftsmann – Nawalny hat damals vieles gemacht.[59] Auch seine Eltern stiegen in die Klasse der neuen Mittelschicht der neunziger Jahre auf. Sie wurden Eigentümer einer Korbfabrik im Moskauer Umland.

Alexej Nawalny ist gebildet und belesen. Doch stammt er, wie der Schriftsteller Keith Gessen betont, »nicht aus der Intelligenzija«, also der Schicht der russischen Intellektuellen. Zum einen, weil in Russland Berufsoffiziere – wie Nawalnys Vater – nicht dazugehören. Zum anderen setzt sich Nawalny in seiner ganzen Art von anderen ab:

> »Nawalny ist äußerst intelligent und sprachgewandt, er ist sogar ein sehr guter Autor. Doch er besitzt nicht diese besondere Form der Höflichkeit, Weitschweifigkeit und übermäßigen Besonnenheit [die man mit der Intelligenzija in Verbindung bringt] ... Es gibt keine verborgenen Tiefen, keinen inneren Monolog, den Nawalny zu destillieren versucht, während er spricht. Er sagt, was er denkt, und er denkt nicht mehr als das, was er sagt.«[60]

Gleichzeitig scheint Nawalny von einem tiefen Gefühl moralischer Gewissheit durchdrungen. Viele seiner Slogans bezeugen dies. Der Untertitel seines Blogs lautete vorübergehend: »Die letzte Schlacht zwischen Gut und Neutralität«, und er beschließt seine YouTube-Videos üblicherweise mit »Abonnieren Sie unseren Kanal. Hier hören Sie die Wahrheit.« Nach seiner Vergiftung im Jahr 2020 wurde Nawalny gefragt: »Wo liegt die Macht?« – ein berühmter Spruch aus dem russischen Kultfilm *Brat 2* von Alexej Balabanow. Und er antwortete, ohne auch nur einen Augenblick zu zögern, genauso wie der Held des Films: »Die Macht liegt natürlich in der Wahrheit. Entschuldigen Sie, dass das so trivial ist, doch die Macht liegt in der Wahrheit und im Selbstvertrauen.«[61]

Nawalny ist Politiker, und er hat mit den Jahren ein Image kultiviert, das an demokratische Politiker des Westens aus dem Mitte-Rechts-Lager erinnert.

Nawalny ist ein Familienmensch. Er ist orthodoxer Christ, geht allerdings nicht in die Kirche. Seit 2000 ist er mit Julia Nawalnaja (geborene Arosimowa) verheiratet. Sie hatten sich einige Jahre zuvor während eines Urlaubs in der Türkei kennengelernt. Julia Nawalnaja hat Internationale Wirtschaft studiert, allerdings nur kurze Zeit gearbeitet. Sie kümmert sich um den Haushalt und die beiden Kinder Daria (geboren 2001) und Zakhar (2008).[62] Sie spricht von sich als »Frau eines Politikers«. Eigene politische Ambitionen hat sie nie erkennen lassen.[63]

Trotz dieses traditionellen Familienbildes – und seines selbsterklärten Konservativismus – pflegt Nawalny einige progressive Ansichten, die vom Standpunkt der Mehrheit stark abweichen. So unterstützt er zum Beispiel die gleichgeschlechtliche Ehe, die in Russland von großen Teilen der Bevölkerung abgelehnt wird.[64]

Alexej Nawalny gibt sich sachlich und geschäftsmäßig. Kremlfreundliche Boulevardblätter betonen gerne, dass er teure Markenkleidung trägt und Urlaub im Ausland macht. Doch viel mehr haben sie nie herausgefunden. Sein Lebensstil ist luxuriöser als der eines durchschnittlichen Russen – was ihm durchaus bewusst ist.[65] Doch liegt er weit unter dem Niveau vieler jener Regierungsbeamten, über die er seine Recherchen anstellt.

Nawalny ist schlagfertig, einnehmend und witzig. Er ist aber auch aufbrausend. Ziemlich oft grenzt seine Direktheit an Unverschämtheit. Er hatte zahlreiche öffentliche Auseinandersetzungen mit Journalisten, ehemaligen Verbündeten und Politikern. In der liberalen Moskauer Politik- und Medienwelt, aber auch weit darüber hinaus provoziert er geteilte Meinungen.

Eine komplexe Figur

Die Wahrnehmung Nawalnys ist in Russland gespalten. Für einige ist er ein demokratischer Held – eine Figur, die fest entschlossen ist, Putins autoritärem Regierungsstil entgegenzutreten. Einige nennen ihn sogar den Anführer der Opposition. Für andere ist er ein Verräter – ein Strohmann des Westens, der von der CIA bezahlt wird und sein Heimatland verrät. Für wieder andere ist er ein fremdenfeindlicher Nationalist.

Die Menschen sind nicht zu Unrecht verwirrt. Nawalny ist ein Liberaler, der nationalistische – sogar rassistische – Erklärungen abgegeben hat. Er ist ein Antikorruptionsaktivist, der selbst wegen Unterschlagung verurteilt worden ist. Er ist ein russischer Patriot, der aber zu internationalen Sanktionen gegen russische Behörden aufruft. Er ist ein bekennender Demokrat, der seine Bewegung mit starker, autoritärer Hand führt. Nawalny will, dass Russland »glücklich« ist, greift seine Gegner jedoch mit zynischen Kommentaren an und ist nur selten zu Kompromissen bereit.

Da Nawalny eine ebenso inspirierende wie komplexe Persönlichkeit ist, bietet er Menschen aller Couleur eine Projektionsfläche für ihre Hoffnungen, Enttäuschungen und Verdächtigungen. In jedem Fall herrscht, was seine Person angeht, eine große Erwartungshaltung, und die muss er zwangsläufig bei vielen Menschen, die in ihm die Zukunft Russlands sehen, früher oder später enttäuschen. Schwer zu beurteilen ist Nawalny auch deswegen, weil es eine charismatische, medienerfahrene öffentliche Figur wie ihn bisher nicht gab in Russland – ein Land mit einem Regime, das, um es gelinde auszudrücken, nicht gut umzugehen weiß mit Kritik.

Drei Seiten einer Person

Wie soll man seinem Wesen also gerecht werden? Wir erzählen Alexej Nawalnys Werdegang, indem wir drei unterschiedlichen Wegen folgen: dem des Antikorruptionskämpfers, dem des Politikers und dem des Aktivisten auf Straßendemos. Dies sind die wichtigsten Aspekte in Nawalnys Karriere, will man ihn innerhalb der modernen russischen Politik verstehen. Doch wir werden darüber hinausgehen und seine konfliktreichen Beziehungen zum Kreml beleuchten. Wir erklären, inwiefern nicht nur die politische Führung Russlands Nawalny geprägt hat, sondern wie Nawalny auch auf den Kreml Einfluss nimmt.

Diese Auseinandersetzung hat viele Menschen in Russland gezwungen, Farbe zu bekennen und Stellung zu beziehen. Einige argumentieren zum Beispiel, dass man sich erst später mit Nawalnys kontroversen Äußerungen befassen solle. Das eigentliche Ziel für den Augenblick laute, Putin zu besiegen. Oder wie Jewgenija Albaz – eine führende russische Journalistin und enge Freundin Nawalnys – es ausgedrückt hat: »Wir sind wieder bei einer Schwarz-Weiß-Politik angelangt – hier ein böses Imperium und dort die Leute, die für ihre Grundrechte kämpfen. Nawalny ist der Anführer Letzterer. Auf der anderen Seite stehen Putins Förderer im Westen und seine Kollaborateure innerhalb Russlands.«[66]

Angesichts des gegenwärtigen Zustands der russischen Politik kann schon die bloße Anerkennung von Komplexität politisch interpretiert werden – als ein Versuch, die Unterstützung für Nawalny zu schwächen. Und dies wiederum ist ein Vorwurf, der von Nawalnys Anhängern gegen russische Staatsmedien vorgebracht wird, wenn diese auf dunklere Passagen seiner Karriere verweisen.

Egal für welche Aspekte von Nawalnys politischer Idee und Karriere wir Sympathie oder Antipathie hegen – wir befinden uns nicht auf dem Schlachtfeld russischer Politik. Gestützt auf unsere Forschung zur russischen Politik – unsere Arbeit als nichtrussische Akademiker – werden wir die Grautöne analysieren, jedoch ohne damit zu unterstellen, dass auch auf russischem Boden diese Debatte über Komplexität die wichtigste Aufgabe wäre.

Warum der Fokus auf Nawalny?

Einige Analytiker Russlands haben argumentiert, dass man Nawalny überhaupt nicht verstehen müsse. Was zähle, seien die strukturellen Bedingungen, und Nawalny sei nichts weiter als ihr Produkt.

Tatsächlich haben eine ganze Reihe von Aspekten eine wichtige Rolle dabei gespielt, wie aus Nawalny Nawalny werden konnte. Der erste Aspekt ist die Korruption. Macht und Geld ziehen sich überall auf der Welt an. Doch in Russland ist die Korruption der Eliten ein zentraler Punkt für die Machterhaltung Putins. Die »Oligarchen« der neunziger Jahre – Superreiche mit guten Beziehungen, die den russischen Staat beherrschten – sind nicht verschwunden. Sie fungieren heute nur nicht mehr als Bedrohungen der Macht, sondern als ihre Stabilisatoren.[67] Um es allgemeiner zu formulieren: Die Allgegenwart der Korruption bringt Leute wie Nawalny – die sowohl das Gesetz als auch die Finanzwelt kennen und imstande sind, komplexe Eigentumsstrukturen zu entwirren – in eine privilegierte Position, von der aus sie die Verantwortlichen herausfordern können.

Russland ist reich an Rohstoffen und besitzt eine gut ausgebildete Bevölkerung, doch die Gesellschaft ist auch von großer wirtschaftlicher Ungleichheit geprägt. Begünstigt durch steigende Ölpreise, verbesserten sich die Lebensbedingungen während Putins ersten beiden Amtszeiten als Präsident signifikant, stagnierten jedoch seit Mitte der zehner Jahre. Und doch zählt Russland mehr als 250 000 Dollarmillionäre, während zig Millionen in Armut leben.[68] Die Aufdeckung eklatanter Fälle von Korruption – und des luxuriösen Lebensstils, dem viele Funktionäre frönen – erregt selbstverständlich große Aufmerksamkeit, wenn viele Bürger am Rande des Existenzminimums leben. Doch gibt es Grenzen, bis wie weit man in seiner Kritik gehen darf.

Denn zum einen regiert in Russland ein autoritäres politisches System. Oppositionelle Kräfte werden nicht völlig verboten. Die Parteien der sogenannten »systemischen Opposition« können neben Putins Partei »Einiges Russland« an Wahlen teilnehmen. Diese »Oppositionsparteien« kritisieren die Regierung – manchmal sogar Putin selbst. Sie ziehen unzufriedene Wähler an, aber stellen die Macht des Präsidenten nicht auf die Probe. Und wenn doch, müssen sie mit denselben Hürden und Schikanen rechnen, die die Behörden auch bei allen anderen potenziellen Herausforderern im Repertoire haben.

Für jemanden wie Nawalny kommt erschwerend hinzu, dass viele Russen gegenüber der Politik im Allgemeinen ein tiefes Misstrauen hegen – mehr noch als Menschen in westlichen Ländern. Dies ist zum Teil eine Folge der russischen Verhältnisse in den neunziger Jahren. Der politische Wettbewerb war damals oft aggressiv und destruktiv. Parteien und Politiker schienen eher mächtige Privatinteressen – darunter auch kriminelle – zu verfolgen, als sich um die Belange des Volkes zu kümmern. »Politik« ist deshalb für viele zu einem Schimpfwort verkommen. Und so ist es für den unwahrscheinlichen Fall, dass jemand alle Hürden überwinden sollte, die der Kreml ihm in den Weg stellt, immer noch schwierig, das Vertrauen der Wähler zu gewinnen, selbst wenn viele der Ansicht sind, dass ein Wandel dringend nötig sei.

Sollte es statt um Nawalny in diesem Buch daher nicht besser um die Themen Korruption und Ungleichheit in einem autoritären politischen System gehen? In gewisser Weise geht es das auch. Indem wir Nawalnys Laufbahn als Politiker und Aktivist in den Mittelpunkt stellen, können wir besser verstehen, was das heutige Russland zu dem macht, was es ist. Doch Nawalny ist gleichzeitig nicht nur ein Produkt der Geschichte seines Landes. Um in diesem Umfeld ein ernsthafter Herausforderer der Macht zu werden, benötigt es Mut, Kreativität und Witz. Nawalny besitzt alle diese Qualitäten – und genau deshalb sticht er hervor.

Auch der Kreml weiß das – und hat sich deshalb auf Nawalny eingestellt.

Begriffe wie »der Kreml« sind natürlich ziemlich allgemein und können leicht über die Komplexität politischer Institutionen hinwegtäuschen. Als Forscher sind wir uns der Probleme bewusst, die mit der Verwendung von Sammelbegriffen einhergehen, die wichtige Nuancen in den Hintergrund rücken. Und doch können diese Begriffe manchmal eine nützliche Kurzform sein, insbesondere in Fällen, in denen die Details, die sie glätten, für das jeweilige Thema nicht so wichtig sind.

Wer unterstützt Nawalny?

Kremlfreundliche Medien haben lange Zeit argumentiert, dass Nawalnys Bedeutung im Westen überbewertet werde, dass er in Russland selbst gar nicht so wichtig sei. Doch wie passt das mit den Zahlen zusammen?[69]

Nach Nawalnys Rückkehr nach Russland Anfang 2021 hatte er eine Zustimmungsrate von etwa 20 Prozent, 50 Prozent lehnten seine Aktivitäten dagegen ab. Doch dies sind Durchschnittswerte, die die russische Gesellschaft als Ganzes betreffen. Menschen zwischen achtzehn und vierundzwanzig zeichnen ein positiveres Bild von ihm – mehr als ein Drittel befürwortet seine Aktivitäten. Im Gegensatz zum Alter spielt die Bildung einer Person so gut wie keine Rolle. Die Unterstützung für Nawalny unter Menschen mit Universitätsabschluss ist nicht viel größer als unter Menschen ohne. Und es gibt praktisch keinen Unterschied zwischen Großstadt- und Landbewohnern. Die Umfragen zeigen also, dass Nawalny nicht nur ein Phänomen der städtischen Ballungsgebiete in Russland ist.

Doch ändern sich diese Zahlen erneut, wenn man berücksichtigt, woher die Befragten vorrangig ihre Informationen beziehen. Unter Nutzern der Nachrichten- und Social-Media-App Telegram werden seine Aktivitäten von der Mehrheit unterstützt, während ihn unter jenen, die vor allem das vom Staat kontrollierte Fernsehen sehen, ganze zwei Drittel ablehnen.

Viele Kritiker Putins sagen, dies sei lediglich eine Folge der Staatspropaganda. Die Leute hätten sich über das Staatsfernsehen einer Gehirnwäsche unterzogen. Zugegebenermaßen ist sehr viel, was in den russischen Medien zu hören und lesen ist, Propaganda. Doch genauso gibt es eine weitverbreitete, aufrichtige Bereitschaft, Putin zu unterstützen – und ein tiefes Misstrauen gegenüber jenen, die ihn und den Status quo herausfordern. Dieses Verhältnis zwischen Putin und seinen Anhängern ist zu einem nicht geringen Teil ein emotionales. Es gründet auf den bis heute greifbaren Verbesserungen der Lebensbedingungen, die mit dem ersten Jahrzehnt seiner Herrschaft zusammenfielen. Gerade weil das Verhältnis nicht nur das Ergebnis von Propaganda ist, haben es Putins Herausforderer so schwer mit seinen treuen Anhängern.

Und genau dies ist der Grund, warum es Nawalny darauf angelegt hat, Putin als korrupt zu entlarven, denn nur so kann er hoffen, die Unterstützung für Putin zu untergraben und eine gesamtgesellschaftliche Koalition gegen ihn schmieden zu können. Dies ist eine einfache Botschaft – spiegelt aber lediglich eine Seite einer komplexen politischen Figur.

Flug DP936 beginnt mit der Landung auf dem Moskauer Flughafen Wnukowo. Nawalnys Anhänger haben sich zu Tausenden versammelt – doch auch die Bereitschaftspolizei ist vor Ort.[70] Der Pilot macht eine Durchsage: Die Maschine könne aufgrund »technischer Probleme« nicht wie geplant in Wnukowo landen. Stattdessen werde man den Flughafen Scheremetjewo ansteuern, »wo das Wetter herrlich ist!«, wie er amüsiert hinzufügt.[71]

Dort sind die Kameras auf Nawalny gerichtet, während er das Flugzeug verlässt und sich Richtung Terminal bewegt. Da die Behörden ihn beschuldigt hatten, dass er seine Bewährungspflichten verletzt habe, kommt für niemanden überraschend, was als Nächstes geschieht: Bei der Passkontrolle wird Nawalny festgenommen.

Er wird in ein Gefängnis im Norden Moskaus gebracht. Am nächsten Tag findet auf einer Polizeistation eine eilige gerichtliche Anhörung statt. Nawalnys Rechtsanwältin erfährt davon erst zwei Stunden davor. Nawalny nennt den ganzen Prozess eine »erstaunliche Absurdität«.[72]

Das Gericht stellt ihn dreißig Tage unter Arrest und setzt für den 2. Februar eine Verhandlung an. An diesem Tag würde ein Richter entscheiden, ob die Bewährungsstrafe für seine Verurteilung wegen – der als Fall »Yves Rocher« bekannten – Unterschlagung von 2014 in eine Gefängnisstrafe umgewandelt werden soll.

»Ich habe keine Angst«

Nawalny war ab sofort der Willkür des russischen Staates ausgeliefert. Bevor er den Schalter der Passkontrolle erreichte, wo man ihn verhaften würde, blieb er stehen, um einige Wort an die Pressevertreter zu richten. Der Hintergrund war ideal: ein riesiges Poster, das den Kreml und die russische Flagge zeigte.

Nawalny war immer noch optimistisch – und er war zurück in Russland. »Das ist meine Heimat«, sagte er. Es sei seine Entscheidung gewesen zurückzukehren: »Das ist für mich der beste Tag der letzten fünf Monate. Ich habe keine Angst, und ich bitte euch, auch keine Angst zu haben.«[73]

2

DER ANTIKORRUPTIONSKÄMPFER

Region Krasnodar, unweit des Ferienorts Gelendschik, fünf Stunden nordwestlich von Sotschi, wo 2014 die Olympischen Winterspiele stattfanden.

Eine Drohne mit Kamera fliegt über dem Schwarzen Meer und nähert sich dem Ufer. Vor ihr eine baumgesäumte Küste – und ein gewaltiges Gebäude. Mit 17 691 Quadratmetern ist es das »größte private Wohngebäude in Russland«. Es steht auf einem Grundstück, auf dem »39 Fürstentümer von Monaco« Platz finden könnten.[1]

Ein unterirdisches Eishockeyspielfeld. Ein Arboretum. Hubschrauberlandeplätze. Eine »Aqua-Disco«. Weinberge. Ein privates Casino. Ein Freilufttheater. Ein geheimer Tunnel zum Strand. Ist dies das Domizil eines Bond-Bösewichts?

Nein. Es ist Putins Palast – laut einer Recherche von Nawalnys »Fonds für Korruptionsbekämpfung« (FBK).[2] Es ist »die geheimste und bestgeschützte Einrichtung in Russland, ohne Übertreibung. Dies ist kein Landhaus, keine Datscha, keine Villa – dies ist eine ganze Stadt oder eher ein Königreich.«

Am 19. Januar 2021 auf Youtube veröffentlicht, entwickelt sich der investigative Film in Spielfilmlänge sofort zum Hit. Bis zum 28. Januar wurde er bereits 100 Millionen Mal aufgerufen.[3] Bis Anfang Februar hatte mehr als ein Viertel aller Erwachsenen in Russland den Film gesehen.[4]

Das Video zeigt den irrwitzigen Luxus des Palasts und seiner Außenanlagen. Es deckt zudem ein komplexes Netz finanzieller Beziehungen auf, die nur dazu dienen, so der FBK, den eigentlichen Nutznießer von alldem – den Präsidenten Russlands – geheim zu halten. Das ist, so argumentieren Nawalny und sein Team, »die größte Bestechung der Welt«.[5]

Ein Detail in Nawalnys Recherchen – eine einzelne italienische Toilettenbürste, die 700 Euro kostet – wird zum Symbol nachfolgender Proteste. Dabei war die Bürste Nawalnys Team zufolge nicht einmal für den Palast selbst gedacht: Man hatte sie für ein nahe gelegenes Weingut gekauft, das zwar zum Anwesen gehört, aber dennoch recht weit entfernt vom eigentlichen Palast liegt.

Wladimir Putin wies die Vorwürfe zurück. »Nichts von dem, was als mein Besitz gezeigt wurde, hat je mir oder meinen nächsten Verwandten gehört. Nie.«[6] Der russische Milliardär Arkadi Rotenberg sagte der Presse, er, Rotenberg, sei der Eigentümer des Anwesens – es sei »ein echter Fund in einer wunderschönen Gegend«. Und er habe geplant, es zu einem Hotel umzubauen. Es »hat ziemlich viele Zimmer«.[7]

Der Film *Ein Palast für Putin* ist die mit Abstand bekannteste Recherche des FBK. Doch Nawalnys Antikorruptionsarbeit hat schon viele Jahre davor begonnen. Tatsächlich erhielt Nawalny die nationale und internationale Aufmerksamkeit zunächst für seinen Antikorruptionsaktivismus.

Im Folgenden erzählen wir diese Geschichte – die Geschichte, wie Nawalny von einem unbedeutenden Blogger und Aktivisten für Minderheitsaktionäre zu einem der berühmtesten Kreuzritter gegen die Korruption wurde. Wir stellen einige der Schlüsselfiguren vor, die sich ihm auf diesem Weg angeschlossen haben, und schildern die vielen Hindernisse, mit denen sie zu kämpfen hatten, seien es Schikanen der Polizei oder körperliche Angriffe durch unbekannte Schläger.

Und wir betrachten die Beschuldigungen, die gegen Nawalny vorgebracht wurden – etwa, dass er ein bezahlter Stellvertreter unternehmerischer Interessen sei oder jemand, der aus rein egoistischen Motiven heraus ein Thema gesucht habe, um seiner politischen Karriere auf die Sprünge zu helfen.

»Wem gehört Surgutneftegas?«

Surgut – eine Stadt im westlichen Sibirien, drei Flugstunden nordöstlich von Moskau. Es ist der 30. April 2008. An diesem Tag findet die jährliche Aktionärsversammlung von Surgutneftegas statt. Die Wirtschaftszeitung *Wedomosti* bezeichnet das Unternehmen als einen der undurchsichtigsten Erdölkonzerne des Landes.[8] Etwa 350 Personen sind anwesend.[9]

Nachdem Hauptgeschäftsführer Wladimir Bogdanow seinen Bericht zu den Unternehmenszahlen des vergangenen Jahres beendet hat, fragt er, ob es aus dem Zuschauerraum noch Fragen gebe. Eine Gestalt betritt die Bühne. Es ist Alexej Nawalny.

»Wem gehört Surgutneftegas?«, fragt er.

Die Unternehmensleitung ist wie betäubt. Sie ist es nicht gewohnt, eine provozierende Frage wie diese in der Öffentlichkeit gestellt zu bekommen, geschweige denn, sie zu beantworten. Denn natürlich spielt die Frage unverblümt auf die fehlende Transparenz in der Eigentümerstruktur des Unternehmens an.

Nawalny stellt zwei weitere Fragen: Warum fallen die Dividendenrenditen des Unternehmens so niedrig aus? Und warum ist es so schwer, an Informationen heranzukommen, darunter an den Jahresbericht des Unternehmens, den man erst kurz vor der Versammlung, und auch dann nur im abgelegenen Surgut lesen kann?

Es folgt eine unbehagliche Stille. Und schließlich, wie aus dem Nichts – Applaus. Eine kleine Gruppe von Aktionären im hinteren Bereich der Halle zeigt ihre Unterstützung für Nawalnys kritische Fragen.

Dies ist Nawalny, der Aktivist der Minderheitsaktionäre. Seit 2007 ist er dabei. Indem er Aktien von russischen, oft auch staatlichen, Unternehmen kauft, erreicht er mindestens zwei Dinge: Er bekommt Zugang zu Informationen über die Aktivitäten dieser Firmen, und er hat die Möglichkeit, wie in Surgut, Rechenschaft einzufordern. Er kann die Informationen auch benutzen, um Unternehmen vor Gericht zu bringen, entweder in der Absicht, weitere Informationen zu erhalten, oder um sie wirklich zur Rechenschaft zu ziehen.[10] Seine Ausbildung als Anwalt und Finanzexperte hilft ihm dabei, sich in dieser Welt zurechtzufinden.

Doch der nächste Schritt ist nicht weniger wichtig: Nawalny veröffentlicht die gewonnenen Informationen auf einem Blog des Website-Anbieters »Livejournal« – eine für ihn unverzichtbare Plattform. »Mein Blog existiert nur, weil die Medien zensiert werden«, sagte er einem Magazin im Jahr 2011.[11] Er beginnt mit dem Bloggen im März 2006, einfach um die Niederschriften seiner wöchentlichen Radiosendung auf Echo Moskwy zu publizieren. Bald aber nimmt die Sache ungeahnte Dimensionen an.

Blogs funktionieren

Der Blog erlaubt es Nawalny, ein Bewusstsein für Themen zu schaffen, die in den russischen Medien kaum oder gar nicht behandelt werden, darunter auch sein Aktionärsaktivismus. Als Frühform von Social Media erlaubt es ihm der Blog auch, eine Community aufzubauen – aus Leuten, die daran interessiert sind, zwielichtige Geschäfte von Konzernen aufzudecken, aber auch bereit sind zu helfen:

> »Einfach gesagt, Blogs funktionieren. Ein Blog ist dein eigenes Medium, nur interaktiv. Wenn ich schreibe: ›Leute, ich brauche einen Spezialisten für Baugestaltung, um einer korrupten Sache im Baugeschäft auf den Grund zu gehen‹, dann finde ich solche Leute über den Blog. Wo nötig, kann ich über den Blog alle dazu auffordern, Beschwerden an die föderale Antimonopolstelle zu richten, und Tausende werden schreiben. Ein Blog ist ein universelles Werkzeug ... Online und Offline werden durch einen Blog vereint.«[12]

In einer seiner Kampagnen gegen den Energiegiganten Gazprom seien, so Nawalny, mehr als 500 Leute an den Recherchen beteiligt gewesen.[13] Daneben gründet Nawalny das »Zentrum für Aktionärsschutz««, ein weiteres Beispiel der für Nawalny typischen Gemeinschaftsbildung, um Know-how zu bündeln und Aktionen aufeinander abzustimmen.[14]

Seine Blogeinträge machen Furore. Und man kann ihren zunehmenden Einfluss messen. Ein Beitrag vom August 2008 wird 235-mal kommentiert.[15] Ein Post vom Dezember 2008 erhält 832 Kommentare.[16] Ein Post vom November 2009 erhält 1394 Kommentare.[17] Doch ein Post vom November 2010 stellt sie mit 8965 Kommentaren alle in den Schatten.[18] Diese Zahlen sind vielleicht nur bedingt aussagekräftig. Doch sie zeigen deutlich, dass Nawalnys Sichtbarkeit und Einfluss mit der Zeit immer mehr zunahmen: Ende 2011 wurde sein Blog schließlich von 55 000 Menschen gelesen.[19]

Nawalny suchte sich Fälle heraus, von denen er wusste, dass sie seine Leser empören würden. Sein erklärtes Ziel: »Das Thema sollte eine Reaktion auslösen. Als ich [im Jahr 2008] auf meinem Blog über den Prozess gegen [den staatlichen

Pipeline-Monopolisten] Transneft schrieb – der nicht offenlegte, welchen wohltätigen Zwecken er in zwei Jahren eine halbe Milliarde Dollar zukommen ließ –, erhielt ich Hunderte von Antworten. Leute regen sich darüber auf.«[20]

In einer weiteren Recherche zu Transneft aus dem Jahr 2010 behauptete Nawalny, während des Baus der Ostsibirien-Pazifik-Pipeline – ein essenzieller Bestandteil der Infrastruktur für den Export russischen Erdöls in die Märkte der Asien-Pazifik-Region – seien nicht weniger als vier Milliarden US-Dollar gestohlen worden. Die Quellen für Nawalnys Informationen? Dokumente einer Rechnungsprüfung, die ihm zugespielt worden waren. Die Prüfung war von der Rechnungskammer durchgeführt worden, einer staatlichen Behörde mit der Aufgabe, die Verwendung von Haushaltsmitteln und öffentlichen Geldern zu kontrollieren. Transneft selbst wies die Recherchen als Teil einer Kampagne gegen das Investitionsvorhaben zurück.[21]

Nawalnys Behauptungen erregten die Gemüter so sehr, dass Wladimir Putin – damals Ministerpräsident – sich öffentlich dazu äußerte und verlangte, die Prokuratura (Staatsanwaltschaft) solle die Ermittlungen aufnehmen.[22] Doch ist dies nie passiert. Bis September 2011 hatte sich Putins Tonlage deutlich verändert. Er behauptete, die Leitung von Transneft stehle keine Mittel, sondern setze sie vielmehr zu anderen als den ursprünglich beabsichtigten Zwecken ein.[23]

Dennoch wies ein Moskauer Gericht im Februar 2011 Transneft an, weitere Informationen zu diesem Fall zur Verfügung zu stellen – gegen den Protest der Unternehmensleitung.[24] Nawalny reagierte auf diese Entscheidung in einem Blog-Post mit: »Yabadabadoo!« Und: »Ein großer Sieg.«[25]

Insgesamt waren Nawalnys Versuche, Unternehmen und Individuen zur Rechenschaft zu ziehen, jedoch nur selten erfolgreich. Aber das nahm er schulterzuckend hin: »Wir sind

Realisten und verstehen nur allzu gut, dass es im heutigen Russland eher unwahrscheinlich ist, vor Gericht gegen die höchsten Instanzen des Staates zu bestehen.«[26]

Ein Thema, das alle angeht

Die Russen machen sich wegen der Korruption im Land Sorgen. Umfragen aus den letzten zwanzig Jahren zeigen, dass die Korruption eines der Themen ist, die ihnen mit am meisten Angst machen – gleich nach steigenden Preisen, Arbeitslosigkeit und Armut.[27] Korruption geht alle an, unabhängig von Bildung, Einkommen oder Herkunft. Dagegen einzutreten scheint dementsprechend für jemanden, der seine Sichtbarkeit und Anziehungskraft vergrößern will, eine Erfolg versprechende Strategie zu sein.

Eine Antikorruptionsagenda spricht aber nicht nur so gut wie alle gesellschaftlichen Gruppen an, sie bietet einen noch wichtigeren Vorteil: Man kann sie sowohl aus einer politisch rechten wie linken Warte aus vertreten, im Gegensatz zu anderen Forderungen, die Nawalny zu verschiedenen Zeitpunkten gestellt hat.

Gewiss werden Reformen zur Korruptionsbekämpfung als Beitrag zu einem liberalen Wirtschaftsprogramm oft von der Weltbank und dem Internationalen Währungsfonds unterstützt. Günstlingswirtschaft und Bestechung, so lautet hier das Argument, unterhöhlen den gesunden Wettbewerb der Marktkräfte. Doch kann eine Antikorruptionsagenda genauso gut von einer linken Plattform für soziale Gerechtigkeit verteidigt werden. Veruntreuung, Manipulationen bei der Vergabe von Aufträgen und die Verlagerung von steuerbarem Vermögen ins Ausland schaden dem Staatshaushalt und entziehen das Geld, das für das Gemeinwohl verwendet werden könnte.

Trotz eines Wirtschaftsbooms in den frühen zweitausender Jahren – unter anderem dank eines hohen Weltmarktpreises für Erdöl – ist die Einkommensungleichheit in Russland bis heute sehr hoch.[28] Zusehen zu müssen, wie sich politische Eliten an Steuergeldern bereichern, macht die Bevölkerung immer wütend. Dies gilt jedoch umso mehr für Länder, in denen die Ungleichheit hoch, der Zustand der öffentlichen Versorgungsunternehmen schlecht und die Lebensqualität niedrig ist. All diese Faktoren machen Korruption zu einer Frage der sozialen Gerechtigkeit.

Es ist persönlich

Spricht man mit denen, die sich Nawalnys Bewegung angeschlossen haben, fällt eines auf: Die Menschen haben alle ihre persönlichen Erfahrungen mit Korruption gemacht, und sie haben recht konkrete Vorstellungen davon, warum und wie sie bekämpft werden muss – ganz gleich, wo sie politisch stehen.

Bevor der neununddreißigjährige Viktor sich voll und ganz der Sache von Nawalny verschrieb, arbeitete er als Filialleiter im Einzelhandel. Er sagt zum Beispiel, wenn Unternehmen Bestechungsgelder zahlen müssen, um übermäßigen Druck von der Finanzbehörde, den Gesundheitsämtern oder Sicherheitsprüfern zu vermeiden, treibe dies die Preise in die Höhe. »Habe ich als Geschäftsmann korruptionsbedingte Ausgaben, werde ich sie natürlich auf den Preis meines Produkts draufschlagen. Jeder wird diesen Preis bezahlen müssen. Doch profitieren werden davon nur wenige Funktionäre.«

Katerina – eine weitere Nawalny-Aktivistin und ausgebildete Rechtsanwältin – erzählt eine andere Geschichte:

»Ich habe diese Angst, sie ist ein wenig irrational, doch ich habe sie trotzdem. Kürzlich wurde hier ein Autobahnkreuz über zwei Ebenen fertiggestellt. Ich habe echt Angst, dass es früher oder später einfach zusammenbricht. Sie wissen doch, wie das mit der Korruption ist? Der Staat unterzeichnet einen Vertrag, sagen wir über 100 Rubel. Doch für den eigentlichen Bau verwendet er nur 25 oder 30 Rubel.«

Der Rest, fährt Katerina fort, werde unterwegs von verschiedenen Leuten eingesteckt. »So läuft es. Ich weiß das von Leuten, die zum System gehören. Und natürlich heißt das beim Bau des Autobahnkreuzes, dass sie bei allen Bauteilen sparen, dass es von fürchterlicher Qualität ist und eines Tages zusammenbrechen wird.«

Diese Geschichten zeigen, dass die Korruption zum Alltag vieler Menschen gehört. Es braucht nicht viel Phantasie, um sich vorzustellen, dass ihr Leben ohne Korruption sofort besser und sicherer wäre. Dabei ist es nicht nur ihr eigenes Leben, das von der Korruption beeinträchtigt wird, sondern viel umfassender das Gemeinwohl. Die sechsundzwanzigjähre Polina wiederholt Nawalnys Argumente, wenn sie sagt, Korruption sei Diebstahl, weil es sich üblicherweise um den Staatshaushalt, um Steuergelder handele, die veruntreut werden: »Klaut jemand unsere Brieftasche, halten wir diese Person für den schlimmsten Verbrecher in der ganzen Stadt. Aber wenn Leute uns auf Regierungsebene ausrauben, dann sagen wir so was wie: ›Na ja, alle Funktionäre klauen doch.‹ Aber nein, nicht in dieser Größenordnung. Wir können das einfach nicht tolerieren.«

Weil jeder seine Erfahrung mit der Korruption gemacht hat, ist es einfach, über dieses Thema eine persönliche Verbindung zu Nawalnys Kampf aufzubauen.

Mit Blog-Beiträgen wie jenem über die Durchleuchtung

von Transneft, durch die er emotionale Verbindungen zu seinen Lesern schafft, wurde Nawalny bald zu »Russlands bekanntestem Blogger«.[29] Er versucht, aus seiner wachsenden Anhängerschaft Kapital zu schlagen, indem er im Dezember 2009 – in Zusammenarbeit mit der russischen Ausgabe von *Forbes* – ein »Zentrum für Aktionärsschutz« gründet, das dabei helfen soll, die Aktivitäten von Kleinaktionären zu koordinieren.[30] *Wedomosti* – die führende Wirtschaftszeitung war damals bereit, der Kritik an den Behörden eine Stimme zu verleihen – wählte Nawalny zu einem ihrer »Menschen des Jahres«.[31]

»Haben Sie bemerkt, dass Ihnen jemand folgt?«[32]

Nawalny hat sich mit seinen unangenehmen Fragen und seiner Prozessfreudigkeit Feinde gemacht – viele Feinde. Man darf sich daher Sorgen um seine Sicherheit machen:

>»Ich wurde nicht direkt bedroht, aber Freunde, die mit der Ölindustrie zu tun haben, fragen: ›Warum macht sich Nawalny diesen ganzen Ärger? Und wer zieht eigentlich die Strippen?‹ Ich habe niemandem ernsthafte Kopfschmerzen bereitet, aber es gibt da ein gewisses Unbehagen. Auf einer Aktionärsversammlung von Rosneft versuchte [der Vorstandsvorsitzende Igor] Setschin lange Zeit, mir das Wort zu verweigern. Ich habe eine Notiz nach der anderen [mit der Bitte um Redezeit] abgegeben, aber Setschin sagte vom Podium aus: ›Es wurden keine weiteren Anträge auf Redezeit eingereicht.‹ Da stand ich auf und schrie [in Richtung Setschin]: ›Ich habe Ihnen fünf Notizen geschrieben‹, und erst daraufhin wurde mir das Wort erteilt.«[33]

Womöglich gibt es einen Grund, warum hier Nawalny ausgerechnet auf das Beispiel Igor Setschins zurückkommt. In einem Porträt über den Kopf von Rosneft bemerkte der Journalist Henry Roy von der *Financial Times*, der Vorstandsvorsitzende werde »von anderen Geschäftsleuten wie auch von Politikern gleichermaßen« gefürchtet, er sei »bekannt für die brutale Art und Weise, mit der er sich derer, die ihm im Weg standen, entledigt hat«.[34] Nawalny ist bewusst das Risiko eingegangen, sich mächtige Feinde zu machen.

Als man ihn fragte, ob er bemerkt habe, dass ihm jemand folge, antwortete Nawalny nonchalant, er habe ein paarmal einen Wagen bemerkt – habe ihm allerdings nicht allzu viel Aufmerksamkeit geschenkt: »Was sollen sie schon über mich herausfinden? Über alles, was ich mache, habe ich doch längst im Blog geschrieben.«[35]

Zur selben Zeit ging noch eine weitere Person Korruptionsfällen nach – und sollte dabei mit ihrem Leben bezahlen. Sergej Magnitski war ein Steuerspezialist, der bei einer Moskauer Anwalts- und Wirtschaftsprüfungsfirma angestellt war. Unter den Kunden der Firma waren Tochtergesellschaften des Investmentfonds »Hermitage Capital Management« – »damals die größte ausländische Fondsgesellschaft in Russland«[36] – und ihr Chefberater war Bill Browder, ein führender Finanzexperte, der sein Vermögen im postsowjetischen Russland gemacht hatte.[37]

Als Magnitski den veränderten Besitzverhältnissen von drei Briefkastenfirmen des Hermitage Fonds nachging, behauptete er, dass sie von Funktionären gestohlen worden seien, die sie im Anschluss illegal verwendeten, um vom russischen Staat eine Steuerrückerstattung über mehr als 200 Millionen US-Dollar zu erlangen.[38]

Doch dann wurde ausgerechnet Magnitski im November 2008 verhaftet und beschuldigt, an einer Steuerhinterziehung beteiligt gewesen zu sein.[39]

Die Details zu den Anschuldigungen gegen Magnitski sind bis heute nicht geklärt.[40] Eindeutig ist jedoch, dass Magnitski in der Untersuchungshaft entsetzlich behandelt wurde. Er starb am 16. November 2009 an einem toxischen Schock und Herzversagen infolge einer zwar diagnostizierten, aber nicht behandelten Pankreatitis.[41] Korruptionsvorwürfen nachzugehen war eine gefährliche Angelegenheit.

Schlägt das System zurück?

Kaum hatte Nawalny 2010 seine Veruntreuungsvorwürfe gegen Transneft gepostet, sah er sich selbst schwerwiegenden Anschuldigungen ausgesetzt: Im Mai 2011 wurde ein Strafverfahren gegen ihn eingeleitet. Um die Gründe hierfür zu verstehen, müssen wir zeitlich ein wenig zurückgehen – und uns in die Region Kirow begeben, eineinhalb Flugstunden nordöstlich von Moskau entfernt.[42]

Im Jahr 2009 wurde Nikita Belych – damals ein führender Liberaler – Gouverneur der Region und bat Nawalny, ihn unentgeltlich zu beraten. Als inoffizieller Berater ließ sich Nawalny schon bald mit dem staatlichen Holzunternehmen »Kirowles« ein, das von Wjatscheslaw Opalew geleitet wurde.

Kirowles machte zu dieser Zeit Verluste. Nawalny sagte, er wolle die Transparenz des Unternehmens verbessern und es wieder profitabel machen. In diesem Zusammenhang wurde ein Vertrag zwischen Kirowles und einer weiteren Firma, »VLK«, unterzeichnet. VLK wiederum war von einem Mann namens Pjotr Ofizerow gegründet worden – einem Bekannten Nawalnys. Diesem Vertrag gemäß sollte VLK bei Kirowles Holz bestellen und gegen eine Provision an Dritte weiterverkaufen. Eine Handelsfirma als Vermittlerin zwischenzuschalten, sagte Nawalny, würde Kirowles neue Kunden bescheren –

und der im Holzgeschäft gängigen Praxis nicht dokumentierter Barzahlungen ein Ende bereiten.

Zwischen April und September 2009 lieferte Kirowles an VLK Holz im Wert von etwa sechzehn Millionen Rubel (damals etwa 400 000 Euro).

Doch gegen Ende des Jahres 2009 behauptete Gouverneur Belych, Opalew habe Kirowles schlecht geleitet, und entließ ihn. Gleichzeitig wurde der Vertrag zwischen VLK und Kirowles beendet.

Opalew war darüber nicht gerade erfreut. Er behauptete, er sei von Nawalny und Ofizerow zu einer Vereinbarung gedrängt worden, die zu Verlusten geführt habe. Nach Prüfung der Anschuldigungen Opalews entschieden die lokalen Ermittlungsbehörden der Region Kirow im Januar 2011, aus Mangel an belastbaren Beweisen kein Ermittlungsverfahren einzuleiten.[43] Doch nun fing die Sache an, kompliziert zu werden.

Die lokale Entscheidung vom Januar wurde im Februar von föderalen Ermittlungsbeamten, insbesondere vom Ermittlungskomitee in Moskau aufgehoben.[44] Das Komitee wies den Fall einer anderen Zweigstelle zu, um »möglichen Druck auf die Untersuchungen« durch regionale Akteure zu verhindern.

Und doch weigerten sich im März 2011 auch die neu eingesetzten Ermittlungsbeamten, den Fall neu aufzurollen.[45]

Moskau jedoch gab sich immer noch nicht zufrieden. Im Mai 2011 wurde vom zentralen Ermittlungskomitee ein Strafverfahren eingeleitet. Ermittlungsbeamte erklärten, Nawalny und Ofizerow hätten Kirowles erheblichen Schaden zugefügt, indem sie das Vertrauen Opalews getäuscht oder missbraucht hätten.[46]

Wem nach so vielen Wendungen immer noch nicht schwindlig war, dem sollte es schon bald werden. Am 20. April 2012 – also nach elf Monaten des Herumsuchens – schlossen die Ermittlungsbehörden in Kirow die Strafsache mit dem Argument, es gebe keine Hinweise auf ein strafrechtlich relevantes Fehlverhalten.[47]

Nawalny postete die gute Nachricht am 28. Mai auf seinem Blog: »Alles okay.«[48]

Doch das war es nicht, denn das Ermittlungskomitee in Moskau hob den Beschluss vom April, den Fall zu beenden, auf.[49] Die Achterbahnfahrt hatte gerade erst begonnen. Unter der Leitung von Alexander Bastrykin zeigte das Ermittlungskomitee großes Interesse daran, Nawalny zu verfolgen, und wies die Beschlüsse untergeordneter Beamter zurück. In seiner Rede auf einer Hauptversammlung des Ermittlungskomitees sagte Bastrykin: »Sie hatten eine Strafakte gegen diesen Mann und haben sie stillschweigend fallen gelassen. Ich warne Sie, es wird keine Gnade geben, keine Vergebung, sollte sich so etwas wiederholen.«[50]

Anschließend wurde ein neues Strafverfahren eröffnet, diesmal wegen Veruntreuung. Mit anderen Worten wurde Nawalny nun beschuldigt, genauso korrupt zu sein wie die Funktionäre, die er selbst gerne an den Pranger stellte. Man beschuldige ihn jetzt, »einen Wald zu stehlen«, hieß es nun halb im Scherz auf seinem Blog.[51] Doch sah er auch zehn Jahren Gefängnis entgegen. Im Verlauf seiner politischen Karriere sollten noch viele Gerichtsverfahren gegen ihn eröffnet werden. In der folgenreichsten ging es um das französische Kosmetikunternehmen Yves Rocher – der Fall, der Nawalny 2021 ins Gefängnis brachte.

Warum der ganze Ärger?

Wie wurde aus Nawalny ein Aktivist für Minderheitsaktionäre – ein Unterfangen, das ihm gefährlich zu werden schien? Seiner eigenen Erklärung zufolge eher unabsichtlich. Er begann als ganz normaler Investor, ohne sich höhere Ziele zu setzen:

> »Ich habe alle diese Investitionen nur im Hinblick auf die bloßen Kapitalzuteilungen getätigt. Ich hatte nicht die Absicht, Aktien zu kaufen, um daraufhin zu prozessieren ... Nachdem ich Aktien gekauft hatte, begann ich, regelmäßig die Unternehmensberichte zu lesen. Ich verfolgte, was die Presse über sie schrieb, und war entsetzt. Zu dieser Zeit gab es noch keine Finanzkrise. Die Ölpreise schlugen alle Rekorde, und die Firmen, von denen ich Aktien besaß, wurden alle ›mit Schokolade überzogen‹. Doch in den Unternehmensberichten stand: Es werden keine Dividenden ausbezahlt. Als Aktionär war mir das nicht recht, und so beschloss ich herauszufinden, wohin die Firmenprofite flossen und warum sie sie nicht mit mir teilten.«[52]

Kurz, er war zu einem Aktivisten geworden, weil er hinter die Kulissen russischer Unternehmen geblickt hatte, und weil ihm das, was er dort sah, nicht gefiel: »Ab einem gewissen Punkt wurde es zu einer Frage des Prinzips.«[53]

Während dieser Zeit arbeitete Nawalny noch als Anwalt in Moskau und verwendete das Geld, das er mit Mandanten verdiente, um seine Antikorruptionsaktivitäten zu finanzieren.[54] Er sagt, er habe 20 Prozent seiner Zeit als ganz normaler Rechtsanwalt gearbeitet und den Rest – den Großteil seiner Zeit – für seine Recherchen und Aktionen verwendet.[55]

Und doch wurde Nawalny von Beginn an mit der Frage konfrontiert, ob hinter seinen Aktivitäten nicht mehr stecke als nur der Versuch, gegen die Korruption vorzugehen. Nawalny sagte einmal, dies sei, oft in Verbindung mit unzähligen Verschwörungstheorien, »die häufigste Frage«.[56]

Die Spekulationen gingen in alle möglichen Richtungen.

So behaupteten die einen, Nawalny würde dieselben Firmen erpressen, zu denen er recherchiert, andere wiederum warfen ihm vor, die Konkurrenten ebenjener Firmen würden ihn finanzieren.[57] So behauptete etwa der Vorstandsvorsitzende von Transneft, Nikolai Tokarew, Nawalny diene den Interessen von Gegnern des Unternehmens, die ebenfalls die Ostsibirien-Pazifik-Pipeline bauen wollten.[58] Ihm wurde auch vorgeworfen, eine ahnungslose Schachfigur im Machtspiel der heimischen Eliten und in geopolitischen Konflikten zu sein.[59] Ein Duma-Abgeordneter von »Einiges Russland« unterstellte in einer Debatte mit Nawalny, dass der Antikorruptionsaktivist von der CIA oder dem US-Außenministerium bezahlt werde.[60] Nawalny hat alle diese Behauptungen bestritten.[61]

Korruption: Bedrohung der Macht

Russland wird zuweilen als »Kleptokratie« bezeichnet. Damit ist ein System gemeint, das es Funktionären erlaubt, sich straffrei zu bereichern.[62] Doch ist damit die Rolle, die in Russland die Korruption spielt, vollständig beschrieben?

Korruption war ein zentraler Bestandteil des politischen Lebens im postsowjetischen Russland. Sie war auf mehreren Ebenen von Bedeutung. Die Privatisierung der sowjetischen Wirtschaft wurde auf eine Weise vollzogen, die Leute mit Verbindungen in politische Kreise bevorzugte. Sowjetische Fabrikdirektoren übernahmen noch während des Zusammenbruchs der UdSSR die Kontrolle in ihren Unternehmen – und machten sie anschließend mit Hilfe der Behörden zu ihrem persönlichen Eigentum. Ehrgeizige Individuen konnten mit allen nur erdenklichen Komplotten riesige Firmenimperien errichten.

In den neunziger Jahren bedrohte dies ernsthaft den Zu-

sammenhalt des Staates: Oligarchen zwangen den schwachen
– und armen – russischen Staat, das Staatsvermögen gegen bit-
ter benötigte Kredite weit unter Marktwert zu veräußern. Auf
diese Weise nahmen die Oligarchen Einfluss auf viele wichtige politische Entscheidungen. Dieses Vorgehen wird als »state
capture«, die »Kaperung des Staates«, bezeichnet.[63]

Als Putin an die Macht kam, zeigte er sich entschlossen,
die zentrale Staatskontrolle wiederzuerlangen, und gegen diese
Oligarchen vorzugehen. Und vielen Russen gefiel das.

Ein entscheidender Augenblick dieser Entwicklung war im
Februar 2003 gekommen, als Präsident Putin zu einem vom
Fernsehen übertragenen Austausch mit Unternehmenseliten
in den Kreml lud.[64] Unter ihnen befand sich Michail Chodorkowski, Miteigentümer von Jukos, Russlands größtem Erdöl-
unternehmen. Mit der für ihn typischen Dreistigkeit brachte er
Putin in Verlegenheit: Ob es nicht seltsam sei, fragte Chodorkowski, dass für junge Hochschulabsolventen offiziell schlecht
bezahlte Stellen bei den Steuerbehörden höher im Kurs stünden als Arbeitsplätze in der freien Wirtschaft. Er beschuldigte
Putin damit offen, über ein korruptes System zu herrschen.

Als Putin sich an Chodorkowski wandte, hätte man eine
Stecknadel fallen hören können. Er wies den Vorwurf zurück
und ging zum Gegenangriff über: Habe Jukos zuletzt nicht
Probleme gehabt, seine Steuern zu bezahlen? Vielleicht hat
Chodorkowski in diesem Moment verstanden, dass die Dinge
sich geändert hatten. Er wurde am 25. Oktober 2003 festgenommen und wegen Steuerhinterziehung angeklagt.

Chodorkowski hatte Jukos 1995 im Rahmen einer umstrit-
tenen Auktion erworben, bei der er von seinen Verbindungen
zu Jelzin und seiner früheren Rolle als stellvertretender Minister für Brennstoffe und Energie profitierte.[65] In der Tat sagte
er selbst, dass in »diesen Tagen [den neunziger Jahren] jeder
in Russland mit der ursprünglichen Akkumulation von Kapi-

tal beschäftigt war. Selbst wo Gesetze existierten, folgte man ihnen nicht bis ins letzte Detail. Wer sich also zu sehr nach westlicher Manier benahm, wurde einfach in Stücke gerissen und vergessen.«[66]

Doch unabhängig von Chodorkowskis möglichen Vergehen war der Fall gegen ihn eindeutig politisch motiviert. Mit seinen politischen Ambitionen und der Finanzierung von Oppositionsgruppen überschritt er eine rote Linie. Und die Art und Weise, wie er Jukos leitete – wie einen Konzern in Privatbesitz, unabhängig vom Staat und bereit, ausländische Investoren zu akzeptieren –, tat ihr Übriges. Jukos wurde zerschlagen, und das staatliche Unternehmen Rosneft schnappte sich einen Großteil seiner Vermögenswerte. Chodorkowski verbrachte ein Jahrzehnt hinter Gittern.[67] Der Kreml hatte ein Exempel statuiert.

Korruption: eine Stütze der Macht

Die Korruption verschwand unter Putin jedoch nicht. Sie wandelte sich nur: von einer Gefahr für die zentrale Staatsmacht hin zu ihrer Stütze.

Es war ein Paradigmenwechsel. Die Oligarchen mussten sich an eine neue Wirklichkeit anpassen. Chodorkowski war im Gefängnis, andere wurden ins Exil getrieben und einige ihrer Vermögenswerte gingen in staatlichen Unternehmen auf. Gleichzeitig war es anderen reichen Unternehmensführern gegönnt weiterzuwachsen. Unter Putin ging die Zahl der Dollar-Milliardäre steil nach oben. Zwar folgte dies einem globalen Trend, doch zeigen Analysen, dass Russland bei weitem mehr Milliardäre hat, als man dies angesichts seiner relativ schwachen Wirtschaft erwarten würde.[68]

Dies ist die gängige Praxis autoritärer Politik. Ein neuer Anführer stellt sicher, dass die Wirtschaftselite nicht auf falsche Gedanken kommt, indem er einige wenige bestraft – vielen anderen jedoch die Möglichkeit gibt, extrem reich zu werden.[69] Es handelt sich um eine Art Gesellschaftsvertrag mit den Eliten: Du darfst dich persönlich bereichern, manchmal auch auf Kosten des Staates, solange du dein Geld und deinen Einfluss nicht dafür benutzt, die politische Ordnung herauszufordern. Und ein Großteil der wirtschaftlichen Eliten fügen sich in dieses Arrangement.

Einer der bekanntesten Slogans Nawalnys, den er erstmals 2011 verwendete, verunglimpft »Einiges Russland« als die »Partei der Gauner und Diebe«. Damit machte er die Ansicht deutlich, dass Politiker – vor allem jene der Regierungspartei – weit entfernt sind von dem Anspruch, »Diener des Volkes« zu sein. Zudem wird aber das Verhältnis von Macht und Korruption in Russland deutlich: Funktionäre bleiben so lange loyal wie sie ihre persönliche Habsucht befriedigen können. Auf diese Weise ist die Korruption zu einem Werkzeug geworden, das Putins Herrschaft stützt, statt sie zu gefährden.

Und die Korruption stützt noch auf andere Weise Putins Macht: Sie ist nicht nur Zuckerbrot, sondern auch Peitsche.

Die Regierung hat mehrfach öffentlich Maßnahmen gegen die Korruption ergriffen. So verlangte sie etwa, dass Funktionäre ihre Einkommen und Vermögenswerte offenlegten und bestrafte sie manchmal, wenn formale Erklärungen und tatsächlicher Reichtum nicht übereinstimmten.[70] Jedes Jahr werden Tausende Fälle von Bestechung, Günstlingswirtschaft und Veruntreuung vor russischen Gerichten verhandelt, und das Justizsystem verhängt Hunderte von Gefängnisstrafen.[71]

Nicht alle diese Fälle sind politisch motiviert. Doch ist eine Anklage wegen Korruption immer sehr glaubhaft, eben weil die Korruption so allgegenwärtig ist. Dies macht sie zu einem idealen Werkzeug, um »Eliten zu disziplinieren«.[72] Über die

Medien, die Gerichte und die Sicherheitsbehörden können der Kreml und untergeordnete Behörden den Korruptionsvorwurf benutzen, um die Opposition und hochrangige Gegner zu erpressen oder zu ruinieren.

Zum Beispiel sahen sich mehrere der ohnehin sehr wenigen oppositionellen Bürgermeister, die seit 2000 tatsächlich gewählt wurden, kurz nach Amtseinführung dem Vorwurf der Korruption ausgesetzt. Als im Jahr 2021 ein populärer kommunistischer Abgeordneter aus Saratow, einer Stadt an der Wolga, öffentlich die Proteste zur Haftentlassung Nawalnys unterstützte, eröffnete die Prokuratura einen Korruptionsprozess gegen ihn. Ein sehr ominöser Vorgang.[73]

Nicht einmal Spitzenpolitiker der Regierung sind vor solchen Maßnahmen gefeit. Im Jahr 2016 wurde der Minister für wirtschaftliche Entwicklung, Alexej Uljukajew festgenommen. Man beschuldigte ihn der Annahme von Bestechungsgeldern in Höhe von zwei Millionen US-Dollar und verurteilte ihn zu acht Jahren Lagerhaft.[74]

Beide Funktionen – Belohnung und Bestrafung der Eliten – ergänzen sich, um Putins Herrschaft zu stützen. Die Vorstellung, wonach Russland eine »Kleptokratie« ist – Macht also lediglich ein Werkzeug ist, um Wohlstand für die herrschende Elite zu schaffen –, ist deshalb zu einfach gedacht. Die Politik zieht viele Menschen an, die nur wegen des Geldes mitmischen wollen. Doch statt die Macht dergestalt zu organisieren, dass das Stehlen erleichtert wird, wird das Stehlen dergestalt organisiert, dass die Macht gefestigt wird.

Russische Politiker auf höchster Ebene werden oft von der Absicht getrieben, Ziele von der Art zu erreichen, die Russen im Allgemeinen gutheißen: den Staat zu stärken, die Macht des Landes auch international auszustellen und das Wohl der Menschen zu mehren.

Um all das zu verwirklichen, muss Putin – so seine Überzeugung – praktisch auf Lebenszeit an der Macht bleiben. Die Korruption dient diesem Ziel und wird in den Dienst des Machterhalts gestellt. Sie ist eher ein Werkzeug als die Raison d'Être des Systems.

Antikorruptionsaktivismus oder Politik? Oder beides?

Im Dezember 2009 wurde Nawalny gefragt, ob sein Antikorruptionsaktivismus eventuell nur ein Sprungbrett in die Politik sei. Er antwortete:

> »Nein, er ist natürlich kein Sprungbrett. Ich war immer politisch aktiv. Die Frage lautet, was im Vordergrund steht – die Verteidigung von Minderheitenaktionären oder die Politik. Zum Beispiel erachte ich meinen Kampf gegen das seltsame Unternehmen ›Gunvor‹, das mehr als die Hälfte aller russischen Ölexporte kontrolliert, in gewisser Weise durchaus als politischen Kampf. Es ist ziemlich schwierig, diese Dinge heutzutage auseinanderzuhalten.«[75]

Man könnte Nawalnys Aktivismus als Trotzreaktion eines verhinderten Politikers deuten. Diese Sicht vertritt Sergej Gurijew, ehemaliger Dekan der renommierten Moskauer New Economic School: »Seiner Generation von Oppositionspolitikern wurde eine Laufbahn in der Politik verwehrt ... Sie müssen womöglich noch zwanzig Jahre warten. Deshalb hat er einen offenbar klugen, vernünftigen Weg eingeschlagen.«[76]

Das mag zu Beginn keine bewusste Entscheidung gewesen sein. Doch in dem Maße, wie Nawalny an Profil gewann, ging er zunehmend strategisch vor. Der *New York Times* zufolge sprach Nawalny von sich als einem »Anwalt der russischen Mittelschicht – der Menschen, die auf dem Aktienmarkt investiert haben und die ihr Geld, wie er sagt, an die Korruption und die Misswirtschaft des Staates verlieren«.[77]

In Russlands staatskapitalistischem System, wo die Macht des Geldes und des Staates so eng verflochten sind, konnte man versuchen, die Mächtigen zur Verantwortung zu ziehen, indem man Unternehmensleitungen drangsalierte. Mit den Worten des Journalisten Carl Schreck, der für das Nachrichtenmagazin *Time* schreibt, zeigte Nawalny, »dass es ein effektiveres Mittel als die Wahlurne geben könnte, um Russlands herrschende Klasse im Zaum zu halten: Aktien«.[78] Nawalny selbst äußerte sich zu dieser Zeit unverhüllt über seinen Aktionärsaktivismus: »Alle diese Rechtsstreitigkeiten sind, wenn man will, ein kleiner, persönlicher ›Marsch der Dissidenten‹. Einige gehen auf die Straße, ich gehe vor die Gerichte.«[79]

Doch wurde er auf diesem Marsch vor die Gerichte von einer immer größer werdenden Anzahl an Menschen begleitet. Und dies führte zu logistischen Problemen. Wie sollte er die schiere Masse an Informationen bewältigen und auf die Kommentare antworten, die er auf seinem Blog erhielt? »Wir brauchen eine Website«, verkündete Nawalny im Juni 2010. »Grob gesagt, um die Bürgerbewegung gegen Korruption und all das zu koordinieren. Von der Machart her rein pragmatisch. Keine Artikel, keine Manifeste oder anderen Unsinn.«[80]

Ausdehnung: »Rospil«

Im Dezember 2010 wurde die neue Website lanciert: »Rospil«. Das Ziel lautete diesmal nicht, Rechtsvergehen von Firmen bloßzustellen, sondern der Veruntreuung von Geldern aus dem Staatshaushalt nachzuspüren, indem man der Korruption bei der Beschaffung öffentlicher Aufträge auf den Grund ging. Zu dieser Zeit behauptete die russische Präsidialverwaltung, dass während des öffentlichen Beschaffungsprozesses jedes Jahr etwa eine Billion Rubel veruntreut würden.[81]

Der Name der Website – »Rospil« – ist ein Wortspiel. Das russische *raspil* – wörtlich ein »Sägeschnitt« – bezeichnet in der Umgangssprache verschiedene Praktiken der Korruption, wie etwa das »Abschneiden« von Haushaltsmitteln.[82] Das Präfix *ros-* wiederum wird häufig in den Namen russischer Staatsorganisationen benutzt. Tatsächlich gleicht das Logo von Rospil – mit seinem goldenen Doppeladler – vielen Symbolen russischer Staatsorgane, nur dass dieser Adler zwei Holzsägen in den Krallen hält.

Das ist Humor nach Nawalnys Art – und eine bewusste Entscheidung: »Ich versuche, all das in einem unterhaltsamen Format zu tun. Ich versuche, allen zu beweisen, dass der Kampf gegen das Regime Spaß macht.«[83]

Rospils Ziel besteht darin, mittels Crowdsourcing die Online-Recherche zu Staatsverträgen auf viele freiwillige Mitarbeiter zu übertragen. Dies wurde durch drei Faktoren möglich: Erstens waren in Russland Informationen über den öffentlichen Beschaffungsprozess seit Mitte der nuller Jahre online zugänglich gemacht worden.[84] Zweitens bildete sich aus Nawalnys wachsender Online-Anhängerschaft – im Verbund mit den Möglichkeiten, die das Internet in Sachen Zusammenarbeiten auf Distanz bot – ein Pool leidenschaftlicher Freiwilliger. Doch waren immer noch Kosten zu begleichen, und hier kam der dritte Faktor ins Spiel: Rospil sollte mit Hilfe von Spenden finanziert werden.

In weniger als vier Monaten nach seiner Freischaltung hatte Rospil – nach eigenen Angaben – den Widerruf von staatlichen Ausschreibungen erwirkt, die einem Wert von fast sieben Millionen US-Dollar entsprachen.[85]

Wie man Schlaglöcher politisiert

Rospil ist nicht die einzige neue Initiative Nawalnys. Zu den anderen Projekten gehören »Rosvybory« – ein Projekt zur Wahlbeobachtung[86] – sowie »Rosyama«.[87] Seit Mai 2011 online, besteht der Ansatz von Rosyama – wie bei Rospil – darin, durch Crowdsourcing die Recherchemöglichkeiten zu erweitern, nur standen diesmal nicht Unstimmigkeiten im russischen Beschaffungswesen im Fokus der Aufmerksamkeit, sondern die Schlaglöcher auf russischen Straßen. Nawalny stellte das Projekt wie folgt vor:

> »Das Gesetzbuch *Über die Ordnungswidrigkeiten* schreibt vor, wenn auf einer Straße ein Schlagloch eine Tiefe von mehr als 50 Zentimeter und eine Länge von mehr als 80 Zentimeter aufweist, muss dieses Loch (a) dringend gefüllt werden, und (b) der Funktionär, der für die Straße verantwortlich ist – und jede Straße hat einen eigenen Funktionär, der für sie verantwortlich ist –, sollte für sein Nichtstun bestraft werden. Deshalb werden wir versuchen, diesen einfachen Paragraphen 12.34 des Gesetzbuches *Über die Ordnungswidrigkeiten* zu nutzen, um Aktivisten für eine sehr einfache Sache zu gewinnen – die Schlaglöcher vor ihren eigenen Häusern zu füllen und die verantwortliche Amtsperson zu bestrafen.«[88]

Dies war eine weitere Möglichkeit für Nawalny, die staatlichen Akteure zur Verantwortung zu ziehen – und am anderen Ende des Spektrums die Vorstandsvorsitzenden von Staatsfirmen zu verklagen. Und wie so viele von Nawalnys Projekten entstand auch dieses aus einem einfachen Problem, einem einfachen Lösungsvorschlag – und aus Geldmangel. Um das Projekt anzustoßen, gab Nawalny nach eigenen Angaben gerade einmal 100 000 Rubel (damals etwa 2500 Euro) aus.[89]

Um dieselbe Zeit entstanden noch weitere Projekte, die zwar nicht von Nawalny initiiert worden waren, die jedoch sehr ähnliche Elemente aufweisen wie die Nawalnys. Das von Andrej Zajakin mitgegründete »Dissernet« geht gegen Plagiate in Universitätsdissertationen vor – insbesondere in den Dissertationen von leitenden Beamten.[90] Nawalny hatte also kein Monopol auf internetbasierte Crowdsourcing-Projekte, die das Fehlverhalten von Behörden offenlegen. Doch er war eine Schlüsselfigur dieser Szene.

Nawalny hatte sich nie nur auf seine jeweiligen Projekte beschränkt. Genauso wichtig war es ihm herauszufinden, was man sonst noch tun konnte: »Wir werden wieder Aktivisten ausfindig machen … und werden versuchen, sie für künftige Projekte zu gewinnen.«[91] Ein eindeutiges Ziel bestand also darin, Talente zu rekrutieren.

Nawalny stellt sein Team zusammen

Im Februar 2011 postete Nawalny eine Stellenanzeige auf seinem Blog: Er wolle Anwälte anstellen. Die wichtigste Bedingung, um den Job zu bekommen: »Du musst wirklich gegen Gauner kämpfen wollen. Du darfst Tag und Nacht an nichts anderes denken.« Das Gehalt sollte 60 000 Rubel im Monat (damals etwa 1500 Euro) betragen, die Bewerbung den üblichen Lebenslauf enthalten. Vor allem sollte man noch etwas Originelleres einreichen: eine »Trophäe für Rospil«. Bewerber mussten einen »korrupten Beschaffungsvertrag in der Ausschreibungsphase« finden. Sie durften alle benötigten Hilfsmittel verwenden – »Websites, die Beschaffungen überwachen, Medien, Insiderinfos«. Die Bewerber sollten den Link zur Beschaffungsstelle angeben sowie den Text ihrer Beschwerde formulieren und einen Plan ausarbeiten, wie man den Fall bearbeiten wolle.[92]

Wenige Wochen später verkündete Nawalny, dass er seine erste Anwältin gefunden hatte: Ljubow Fedenjowa – die bald unter dem Namen ihres ersten Ehemanns, Sobol, zu Bekanntheit gelangen sollte.[93] Nawalny pries ihre beruflichen Erfolge (mit dreiundzwanzig Jahren hatte sie bereits ein Jahr im Gericht gearbeitet). Er beschrieb die baldige Absolventin der renommierten Moskauer Staatsuniversität als »entschlossen, ambitioniert, intelligent«.

Sie passte perfekt auf die Stellenbeschreibung. Sie empfand nach eigenen Worten einen »persönlichen Hass auf das System«. Auf ihrem eigenen Livejournal-Blog behauptete Sobol, keine Angst zu haben – und: »Wenn Sie das Gesetz brechen, verwende ich all meine Energie darauf, Sie zu verfolgen … Machen Sie sich darauf gefasst, meine Herren.«[94]

Nawalny erklärte, seine Ernüchterung über das »System« sei zum Teil seinen Erfahrungen als Minderheitsaktionär geschuldet. Sobol erklärte, ihr sei während ihrer Arbeit im Moskauer Gerichtssystem klar geworden, dass etwas im Argen lag.

Ihr Vater war Rechnungsprüfer und ihre Mutter eine Ingenieurin, die auf dem Flughafen Scheremetjewo arbeitete.[95] Sobol träumte davon, Rechtsanwältin zu werden, und las »die Arbeiten vorrevolutionärer Anwälte und Staatsanwälte«. Doch nach ihren Erfahrungen mit Gerichtsverfahren in Moskau begriff sie, dass sie weder das eine noch das andere werden wollte – nicht einmal Richterin: »Sie alle, in unterschiedlichen Ausprägungen, sind machtlos und in die Korruption verstrickt. Bürgern ist es unmöglich, ihre Rechte zu verteidigen. In den Büros neben meinem wurden Hunderte von Fällen gegen den russischen Staat verhandelt, und nicht ein einziger Bürger hat gewonnen.«[96]

Sobol kam zu dem Schluss, dass man im russischen Justizsystem als »ehrliche Person nicht weiterkommen kann. Man muss Kompromisse mit dem eigenen Gewissen eingehen und vor vielen Dingen die Augen verschließen.«[97]

Da sie die erste Anwältin in Nawalnys Team wurde, sollte sie schon bald zu einer seiner prominentesten Mitstreiterinnen aufsteigen – in einem Team, das sonst fast nur aus Männern besteht. Im Jahr 2017 wurde Nawalny vom neuen Star des russischen Online-Journalismus – dem dreißigjährigen Juri Dud – interviewt, der ihm vorwarf, er dulde neben sich keine anderen Aktivisten. Der erste Name, der Nawalny daraufhin in den Sinn kam, war Sobol – worauf der Journalist antwortete, sie sei zwar »gut angezogen« und »hübsch« – aber »kein Mann«. Nawalny erwiderte, sie »kennt ihr Geschäft besser als jeder Mann« und würde eine bessere Abgeordnete abgeben als die »450 Holzköpfe«, die in der Duma säßen.[98]

Nawalnys Team nahm im Verlauf des Jahres 2011 weiter Gestalt an. Rospil rekrutierte als Koordinator Konstantin Kalmykow. Der damals Achtundzwanzigjährige hatte einen Abschluss in Politikwissenschaft gemacht und bei Nawalny gegen das föderale Beschaffungswesen Freiwilligenarbeit geleistet. Dazu hatten sich bis Ende 2011 zwei weitere junge Anwälte dem Team angeschlossen.[99]

Jenseits von Nawalny

Nawalny war nie ein einsamer Kreuzritter. Er hatte sein Team, dazu eine Armee aus Anhängern und Freiwilligen, die sich über Initiativen wie Rospil und seinen Blog an ihn banden. Doch war er gleichzeitig Teil einer größeren Szene von Antikorruptionsaktivisten in Russland.

Zur Antikorruptionsszene gehörten auch Politiker. Boris Nemzow – ein führender Politiker der neunziger Jahre – und der ehemalige Vize-Energieminister Wladimir Milow veröffentlichten eine Reihe von Berichten, die sich um Korruption drehten. Zusammen mit anderen ehemaligen Mitgliedern der russischen Regierung gründeten sie im Jahr 2010 die »Partei der Volksfreiheit – Für ein Russland ohne Willkür und Korruption«.

Es gab jedoch ein Problem. Diese Politiker waren in einem gewissen Sinn kompromittiert. Da sie früher ebenfalls zu den hochrangigen Eingeweihten gehörten, war es für manche einfach, sie als Kritiker eines Systems abzulehnen, das sie selbst einst mit aufgebaut und gestützt hatten.[100]

Andere, die sich gegen die Korruption engagierten, waren keine Politiker. Zu ihnen gehörte Iwan Begtin, der zur selben Zeit agierte wie Nawalny, und großangelegte Arbeiten zum staatlichen Beschaffungswesen lieferte. Tatsächlich zeigte sich Begtin Nawalnys Ansatz gegenüber kritisch und behauptete, er sei »schädlich für die russische Gesellschaft«, weil Nawalny über »Aspekte von Staatsankäufen [sprach], von denen er nur zum Teil Kenntnis hatte«.[101]

Und doch konnte Nawalny mit seinem Ansatz viel mehr Menschen auf das Thema Korruption aufmerksam machen als Begtin. Dem Journalisten Michail Loginow zufolge glich »Begtins Antikorruptionsarbeit … einer wissenschaftlichen Studie, die nur eine kleine Gruppe von Experten interessierte … Doch jeder mit Universitätsabschluss wird [Nawalnys] Untersuchungen zugänglich finden. Nawalny ist so etwas wie ein Popularisator von Wissenschaft, für den das Publikum genauso wichtig ist wie die Wissenschaft selbst.«[102]

Der Fonds für Korruptionsbekämpfung

Im Februar 2012 meldete die Wirtschaftszeitung *Wedomosti*, dass Nawalny plane, seine vielen Projekte unter einem einzigen Dach, dem Fonds für Korruptionsbekämpfung (FBK), zusammenzuführen.[103]

Wedomosti erhielt die Namen zweier bedeutender Geldgeber, Boris Simin und Wladimir Aschurkow. Nawalny sagte Journalisten: »Alles wird sauber und bargeldlos [also nicht schwarz] ablaufen. Die Namen der Leute, die uns Geld geben, werden öffentlich genannt werden, wie auch unsere Ausgaben.«[104]

Bis dahin waren Nawalnys Projekte über Crowdfunding finanziert und von ihm und seinem kleinen Team selbst geleitet worden.[105] Doch mit dem FBK verkündete Nawalny eine Veränderung der Größenordnungen, wozu auch ein höheres Budget – der Fonds würde 300 000 US-Dollar im Jahr benötigen – gehören sollte.[106]

Es ernst meinen

Mit dem höheren Budget kam auch Wladimir Aschurkow an Bord, ein Manager aus der Finanzwelt, der einen ganz anderen Hintergrund hatte als die Anwälte und Politikwissenschaftler, die Nawalny bis dahin unterstützt hatten. Aschurkow sollte als Generaldirektor eine Hauptrolle in der Geschäftsführung des FBK spielen. Als er 2012 in den Medien erwähnt wurde, stellte die russische Presse den zweiundvierzigjährigen Investmentbanker als eine Art Wunderkind mit einer Biographie voller Superlative vor.

Er wurde 1972 in eine Familie der sowjetischen Intelligenzija geboren. Seine Eltern waren Solschenizyn lesende Ingenieure aus dem militärisch-industriellen Sektor. Er ging auf eine der besten Schulen Moskaus, wo er auch Englisch und Deutsch lernte. Danach studierte er an einer der besten Universitäten Russlands, dem Moskauer Institut für Physik und Technologie – der Alma Mater mehrerer Nobelpreisträger. Und schließlich wechselte er auf die Wharton Business School, wo er 1996 einen MBA-Abschluss machte.

Aschurkow arbeitete im Bereich Finanzen für die Investmentbank »Renaissance Capital«, den Hafen von Sankt Petersburg und schließlich für die »Alfa Group«, wo er Direktor für Gruppen-Portfoliomanagement war und etwa eine Million US-Dollar im Jahr verdiente.[107] Als eine der größten russischen Investmentgruppen befindet sich die Alfa Group in Besitz des Oligarchen Michail Fridman. Im Jahr 2012 nannte die russische Ausgabe von *Forbes* ihn den sechstreichsten Geschäftsmann Russlands, mit einem Reinvermögen von mehr als 13 Milliarden US-Dollar.[108]

Aschurkow erzählte Journalisten, dass er zwar immer an Politik interessiert gewesen sei und liberalen Parteien nahestehe, jedoch selbst nie wirklich in die Politik gehen wollte. Doch habe sich das geändert, als er begann, Nawalnys Blog zu lesen. Aschurkow bot Nawalny seine Dienste an, vor allem seine Expertise in Finanzen und Unternehmensführung.[109]

Bevor er sich der liberalen Opposition annäherte, hatte Aschurkow bei den Präsidentschaftswahlen 2004 für Putin gestimmt. Doch war Aschurkow enttäuscht, weil der Staat nicht in die Infrastruktur investierte – und sich die »Korruption als Regierungsform« etablierte. Die endgültige Enttäuschung war mit der Finanzkrise von 2008 erreicht, als, wie Aschurkow sagte, »manuelle Eingriffe« durch die Behörden die »wirtschaftlichen Mechanismen« ersetzten.[110]

Nawalny beschrieb Aschurkow als Repräsentanten einer Gruppe, von der er glaubte, dass sie in der Zukunft entscheidend sein werde – erfolgreiche Geschäftsleute, die im Ausland hätten leben können, wenn sie dies gewollt hätten. Doch diese Leute wollten es »möglich machen, normal und gut in Russland zu leben«. Leute wie Aschurkow, dachte Nawalny –

»lehnen die gegenwärtige Ideologie der Gauner im Kreml und von ›Einiges Russland‹ ab: Dass Russland eine Grauzone

darstellt, in der man Geld verdient ... während man sich die Zeit gut und sicher in Europa vertreibt, wohin man auch seine Kinder schickt, um sie vor den kulturlosen Russen zu schützen ... Er ist einfach einer der Ersten, die das in der Öffentlichkeit aussprechen, und nicht nur auf den Bürofluren. Deshalb ist er ein großartiger Kerl.«[111]

Aschurkows Chef Fridman war da anderer Meinung. Aschurkow musste sich zwischen der Politik und der Geschäftswelt entscheiden.[112] Das ist die Realität in Russland, wo Opposition und Geschäft oft unvereinbar sind.[113] Aschurkow gab seine Stelle bei Alfa auf – wie es schien, ohne großes Bedauern.

Wettlauf ums Geld

Eine der dringendsten Aufgaben Aschurkows beim Fonds für Korruptionsbekämpfung war die Beschaffung von Geld. Ende Mai 2012 behauptete Nawalny, das Ziel von 300 000 US-Dollar sei fast erreicht. Er veröffentlichte auf seinem Blog eine Liste der sechzehn »mutigen Menschen«, die öffentlich erklärt hatten, dass sie Geld an den FBK spenden wollten – jeder von ihnen stiftete mindestens 300 000 Rubel.[114]

Einige dieser öffentlichen Spender waren führende Angehörige der Intelligenzija, von denen man damals bereits wusste, dass sie Nawalny nahestanden: Schriftsteller, Journalisten, Wirtschaftswissenschaftler.[115] Der Rest auf der Liste bestand aus Geschäftsleuten. Aschurkow sagte gegenüber Reuters, die Strategie des FBK bestehe darin, »eine kritische Masse an Unterstützern zu versammeln, die keine Angst davor haben werden zu sagen: ›Ja, ich habe diesen Fonds unterstützt‹«. Und vorsichtig ergänzte er: »Aber natürlich ist dies auch ein Test, was in Russland möglich ist und was nicht. Wir werden es herausfinden.«[116] Dies war tatsächlich ein mutiger Schritt. Der Fall Chodorkowski hatte Oligarchen gelehrt, einen großen Bogen um unabhängige politische Aktivitäten zu machen. Nawalnys Spender waren zwar nicht eigentliche Oligarchen, doch sie waren immerhin Geschäftsleute, die sich direkt auf die Oppositionspolitik einließen.

Doch im Jahr 2014 geriet Aschurkow selbst ins Visier der Strafverfolgungsbehörden. Man beschuldigte ihn, Mittel aus Nawalnys Kasse veruntreut zu haben. Nawalny verwies diese Anschuldigung ins Reich der Phantasie.[117] Aschurkow musste das Land verlassen, blieb aber Geschäftsführer des FBK. Er sollte von nun an von London aus arbeiten, wo man ihm politisches Asyl gewährt hatte.[118]

Das Team wächst

Der Fonds wurde schnell größer – sowohl was die Umsätze als auch was die Belegschaft betraf. Im Februar 2012 wollte Nawalny eine Pressesprecherin einstellen, die »Gauner und Diebe« hassen sollte und wusste, worauf es im Kampf gegen Korruption ankam. Nawalny betonte, dass die Einstellung nicht durch ihn erfolge, sondern nach rein »meritokratischen« Gesichtspunkten von einem externen Berater.[119]

Anna Weduta, eine zweiundzwanzigjährige Absolventin der Politikwissenschaft an der Staatlichen Universität Moskau, erfüllte die Anforderungen der Stellenbeschreibung. In ihren ersten Monaten bei Nawalny wurde ihr ein Stipendium in Oxford angeboten, doch sie blieb beim Fonds. Sie äußerte die Hoffnung, sie werde in Zukunft noch andere Angebote von Universitäten erhalten – worauf Nawalny antwortete, eines Tages werde sie »nach Harvard gehen«.[120]

Auch das Team von Rospil wuchs. Einem Bericht zufolge,

den die Organisation veröffentlicht hatte, standen Ende des Jahres 2012 sieben Personen auf der Gehaltsliste.[121] Und zum ersten Mal werden Mitarbeiter beim FBK als »Investigatoren« bezeichnet. Einer von ihnen sollte in der Entwicklung des Fonds eine Hauptrolle übernehmen und einer von Nawalnys engsten Mitstreitern werden: Georgi Alburow. Alburow war 1989 in der Wolgaregion geboren worden und zog nach Moskau, um Politikwissenschaft zu studieren. Dort begann er die »*Novaya Gazeta* zu lesen und Echo Moskwy zu hören« – zwei wichtige Medien für die russische Opposition. »Demonstrationen, Mahnwachen … [Alburow] versuchte, sich an allen Protesten in Moskau zu beteiligen«.[122]

Alburow lernte Nawalny bei einem Prozess im Jahr 2011 kennen und begann im darauffolgenden Jahr, für ihn zu arbeiten. Er war fasziniert von Nawalnys pragmatischem Politikverständnis – und seinem Humor. Eine von Alburows ersten Recherchen galt der illegalen Bereicherung von Regierungsbeamten. Er hatte über Zajakin – dem Antiplagiatsaktivisten und Mitgründer von Dissernet – von Grundbüchern im Ausland erfahren.[123] Er beschloss, sich näher mit ihnen zu befassen. Von der Tschechischen Republik über die französische Riviera bis in die Vereinigten Staaten überprüfte er, ob bekannte russische Beamten darin auftauchten.[124] Alburow fand in Miami Luxusimmobilien, die Wladimir Pechtin – einem Funktionär von »Einiges Russland« – gehörten. Er schrieb einen Blog-Eintrag darüber und landete einen Hit, der eine rekordverdächtige Zahl an Klicks generierte. Pekhtin trat zurück – eine der seltenen Erfolgsmeldungen des FBK, so schien es.[125]

Im Jahr 2013 kam Alburow mit einer neuen Idee auf Nawalny zu: »Wie wäre es, wenn wir, statt die Wohnhäuser der Beamten lediglich auf Satellitenkarten zu markieren, selbst Aufnahmen von ihnen machen würden? Alles, was wir brauchen, ist eine Drohne. Haben wir das Geld dafür?« Nawalny gab grünes Licht, und Alburow kaufte eine günstige Drohne, an der er eine Go-Pro-Kamera befestigte. Und wie aus dem Nichts hatte der FBK plötzlich ihre erste »flying squad« (Sondereinsatzgruppe), wie Alburow scherzte.[126] Sie ließen sie über die Datscha eines ehemaligen Ministers fliegen – deren Wert, so behauptete der FBK, nicht mit dem von ihm deklarierten Vermögen übereinstimme. »Ich kann von hier oben aus alles sehen, nur dass ihr es wisst«, verkündete triumphierend der Titel von Nawalnys Recherche.[127]

Der FBK fuhr damit fort, gegen eine beeindruckende Liste von Funktionären zu ermitteln. Zu den Zielen gehörten unter anderem ranghohe Mitglieder von »Einiges Russland«, Abgeordnete des Unterhauses, Moskaus Bürgermeister Sobjanin, mehrere Oligarchen, der Chef der russischen Nationalgarde, Regierungsmitglieder, Abgeordnete der Moskauer Stadtduma und Beamte der Zentralen Wahlkommission.

Nawalny, der Social-Media-Mogul

Diese Recherchen wurden zunächst in Form von Blog-Einträgen veröffentlicht. Die kremlfreundlichen Medien qualifizieren Nawalny deswegen gerne als Blogger unter vielen ab. Und er ist definitiv ein Blogger – allerdings einer, hinter dem eine ganze Organisation steht, die russische Journalisten einmal sein eigenes »Medienimperium« nannten.[128] Dieses »Imperium« hatte seine Anfänge auf der Livejournal-Plattform, umfasste jedoch bald schon alle möglichen Social-Media-Formate. Nawalny war von Beginn an ein Online-Phänomen gewesen – immer begierig danach, es einigen der russischen Internet-Pioniere nachzutun.[129] Er war ein früher Twitter-User. Ebenso begeistert war er von Instagram, wo er politische Inhalte neben Selfies mit seiner Familie postet. Auch auf You-Tube hat er sich eine riesige Fangemeinde aufgebaut.

Diese Social-Media-Präsenz wurde in den Jahren 2012 und 2013 noch intensiviert. Um seine Botschaft zu verbreiten, hatte Nawalny 2012 mit Anna Weduta eine eigene Pressesprecherin engagiert. Als er seinen ersten größeren Wahlkampf – um das Amt des Moskauer Bürgermeisters 2013 – lancierte, entwickelte er zusammen mit Weduta eine effektvolle Medienstrategie: drei Posts pro Tag auf seinem Blog, mit dem wichtigsten Beitrag um die Mittagszeit. Außerdem war er nicht länger der einzige Autor. Als er 2014 gefragt wurde, wer seinen Blog schreibe, antwortete er, »das Kollektiv Nawalny«.[130] Die Texte waren dennoch aus einem Guss. Seine Mitstreiter hatten gelernt, in Nawalnys Stil zu schreiben – »schlau und ohne Selbstzensur«.[131]

YouTube sollte zu seinem eigenen Fernsehsender werden, auf den er auch Zugriff hatte, als er von den regulären Kanälen in Russland abgeschnitten war. Obwohl Nawalny bereits 2007 einen YouTube-Kanal eingerichtet hatte – wo er erste Gehversuche im Genre »Enthüllungsreportage« unternahm –, investierte er zunächst wenig in dieses Medium. Die ersten FBK-Videos, in denen die Recherchen des Fonds zusammengefasst wurden, sahen noch sehr amateurhaft aus. Doch alle im FBK waren überzeugt, dass YouTube die Zukunft sei und dass man Profis benötige, um bessere Resultate zu erzielen. Nawalny erkannte das Potenzial von YouTube spätestens, als in den Jahren 2015 und 2016 mehrere seiner Videos Millionen von Klicks erreichten.[132] Dutzende Videos sollten folgen. Und nicht nur Videos, sondern auch Livestreams.

Ab 2016 erlebte Livestreaming in Russland einen rasanten Aufstieg. Der FBK engagierte einen Produzenten mit Vergangenheit im russischen Hochglanz-Journalismus, um einen eigenen Livestream-Kanal zu entwickeln: »Nawalny Live«.

Man begann mit einem Morgenmagazin. Das Ergebnis wirkte clever und stilbewusst – etwas, das zu einem Markenzeichen des FBK wurde. Im Jahr 2017 feierte *Nawalny um 20:18* Premiere – eine tägliche Sendung, in der Nawalny die Nachrichten kommentierte, Fragen der Zuschauer beantwortete und seine Strategie erläuterte. Im ersten Jahr erhielt die Sendung im Schnitt 400 000 Views.[133] Nawalny hatte ein neues Publikum gefunden.

Spannende Ermittlungen

Der FBK erzielte seine Wirkung vor allem mit professionellen YouTube-Videos, in denen er die Ergebnisse seiner Recherchen präsentierte. Gut produziert und in einem fesselnden Stil gedreht, regten die Videos die Phantasie der Russen zu einem Thema an, das zwar sehr emotional ist, dessen Details jedoch schnell komplex, verwirrend und langweilig werden können.

Doch bei Nawalny wurde es nicht langweilig, sondern spannend, und mit der Spannung kam auch Geld in die Kassen. Einer der ersten investigativen Filme Nawalnys (über die Familie des Generalstaatsanwalts Juri Tschaika, der im Dezember 2015 veröffentlicht wurde) kostete 250 000 Rubel (damals etwa 3100 Euro). Und er präsentierte auch einen Link, über den man Geld an den FBK spenden konnte. So kamen über eine einzige Spendenaktion 3 075 000 Rubel zusammen (etwa 43 000 Euro).[134]

Der nächste größere investigative Film kostete schon 415 000 Rubel (damals etwa 6000 Euro).[135] Diesmal ging es um den amtierenden russischen Ministerpräsidenten. Der Film schlug ein wie eine Bombe.

»Für euch ist er kein ›Dimon‹«

»Sie würden diesen Mann nie für eine Art von Ganoven oder Untergrund-Milliardär halten. Er liebt Smartphones und technische Geräte, ein lächerlicher Einfaltspinsel, der während wichtiger Ereignisse einschläft ... er ist einer der reichsten Männer unseres Landes und einer seiner korruptesten Funktionäre.«[136]

Das sagt Nawalny zu Beginn des Films *Für euch ist er kein »Dimon«*, der am 2. März 2017 auf YouTube veröffentlicht wurde. Es geht um den damaligen Ministerpräsidenten Dmitri Medwedew. »Dimon« ist die Koseform seines Vornamens.

Als er noch Präsident war, fragten sich einige, ob Medwedew »ein zweiter Gorbatschow« werden würde – also jemand, der etwas erreichen könne, das »einer zweiten Perestroika nicht unähnlich« wäre.[137] Doch die »Dimon«-Ermittlungen zeichneten ein anderes Bild.

Jachten. Eine Villa in der Toskana. Ein Herrenhaus in einem der exklusivsten Moskauer Wohnviertel. Weingüter. Ein Chalet in den Bergen. Ein Familienstammsitz in der Region Kursk. Ein Palast in Sankt Petersburg ... Der FBK-Film stellte die Behauptung auf, all diese Orte bildeten Medwedews eigenes Immobilienreich. Wie in dem Film *Ein Palast für Putin* wurde versucht nachzuzeichnen, wie das komplexe Netz aus Finanzbeziehungen geknüpft war,[138] und wieder wurden beim Dreh Drohnen verwendet, um Hindernisse zu überwinden (etwa sechs Meter hohe Zäune).

Medwedew qualifizierte die Recherchen als politisch motiviert ab – als Versuch, das Volk aufzuwiegeln.

»Sie nehmen da [in der Recherche] jede Menge Zeug zur Hand, verbreiten jeden erdenklichen Unsinn über mich, über Leute, die ich kenne und über Leute, von denen ich noch nie etwas gehört habe. Über Orte, an denen ich war, über andere Orte, von denen ich noch nie etwas gehört habe. Sie stellen da [in der Recherche] einige Unterlagen zusammen, Fotografien, Kleidungsstücke. Dann machen sie daraus ein Produkt und zeigen es.«[139]

Der Film erzielte innerhalb der ersten Woche seiner Veröffentlichung mehr als neun Millionen Klicks auf YouTube, und bis April 2021 hatten ihn mehr als 43 Millionen Menschen gesehen.[140] Doch Nawalny beklagte die fehlende Reaktion der Behörden: Nicht ein einziger Beamter schien mit Konsequenzen rechnen zu müssen.[141] Für Nawalny war klar: Man musste die Behörden noch mehr unter Druck setzen. Deshalb rief er am 26. März 2017 zu Demonstrationen auf. Sie brachten Zehntausende Menschen in ganz Russland auf die Straße.[142]

Wie verdient ein Aktivist seinen Lebensunterhalt?

Ein politischer Aktivist benötigt mehr Geld, als er mit seinem Aktivismus einnehmen kann. Wie also hat Nawalny seinen Lebensunterhalt verdient? Um diese Frage beantworten zu können, müssen wir uns Boris Simin zuwenden.

Dieser wurde 1968 geboren und ist der Sohn eines bekannten Geschäftsmanns, Dmitri Simin, der mit Vimpelcom eine der führenden russischen Telekommunikationsgruppen gegründet hat, die in Russland eher unter dem Markennamen »Beeline« bekannt war. Im Jahr 2006 – als er zum letzten Mal in *Forbes*' jährlicher Liste der reichsten russischen Geschäftsleute auftauchte – wurde Dmitri Simins Reinvermögen auf 550 Millionen US-Dollar geschätzt.[143] Simin senior war gleichzeitig einer der großzügigsten russischen Spender, der über die »Dynasty Foundation« die Wissenschaften unterstützte. Sein Sohn Boris führte seine Arbeit fort und förderte liberale Publikationen wie *The New Times* und *Meduza*, aber auch Menschenrechtsorganisationen wie Memorial und das Sacharow-Zentrum.[144] Und den FBK. Seit seiner Gründung hat Simin dem Fonds monatlich 300 000 Rubel gespendet (das entsprach im April 2021 etwa 3300 Euro).[145]

Seit 2019 war Simin außerdem Nawalnys persönlicher Sponsor. Er war seine Haupteinnahmequelle. Nawalny hat immer gesagt, er erhalte kein Geld vom FBK. In dem Interview mit Juri Dud aus dem Jahr 2017 behauptete Nawalny, er habe im vorhergehenden Jahr mehr als fünf Millionen Rubel (damals etwa 83 000 Euro) verdient, und einen Großteil seines Einkommens erziele er als Anwalt.[146] Zwei Jahre später gab Nawalny bekannt, dass Simin sein Hauptsponsor sei, und zwar »seit ein paar Monaten«.[147] Nawalny nannte keine Summe, doch sie tauchte in seiner nächsten Einkommenserklärung auf: Im Juli 2020 gab er an, im Vorjahr 5 440 000 Rubel verdient zu haben (etwa 60 000 Euro). Wieder nannte er Simin als Hauptsponsor und lobte die »Transparenz« von dessen Einkünften sowie die gute Arbeit der Dynasty Foundation.[148]

Das Geld, das Nawalny von Simin erhält, habe Nawalnys Worten zufolge mit »ein wenig Arbeit«, darunter auch Rechtsberatung, zu tun, die er für Simin erledigt habe. Doch handelt es sich im Wesentlichen um eine Art Mäzenatentum:

»Simin versteht sehr gut, dass ich etwas zum Leben brauche und die meiste Energie in die Politik stecke. Wir haben einen rechtsgültigen Vertrag, ich erledige tatsächlich etwas Arbeit ... Mäzenatentum trifft es nicht ganz, aber natürlich

hat er meine Dienste nicht unbedingt nötig. In erster Linie
will er uns unterstützen.«[149]

Investigationen nicht nur um ihrer selbst willen

Nawalnys Arbeit ist politisch. Seine Recherchen stellen hochrangige Funktionäre öffentlich bloß – was wiederum Nawalnys Aufrufen, zu demonstrieren oder wählen zu gehen, Nachdruck verleiht. Nawalny verstärkt mit der Aufdeckung von
Korruption innerhalb der Elite die Kluft zwischen »uns« – also
den »normalen, patriotischen« Bürgerinnen und Bürgern –
und »denen« – der Obrigkeit.

Seine Recherchen zum Bürgermeister von Nischni Now-
gorod etwa präsentierte Nawalny wie folgt:

> »Eine der Fragen, die ich am häufigsten höre, ist, wie ich
> Leute dazu bewegen will, mich zu wählen, obwohl ich doch
> keinen Zugang zum Fernsehen und zur Staatspresse habe
> und sie mir verbieten, dort Werbung zu lancieren. Okay. Das
> ist eine der Schwächen unserer Kampagne. Wenden wir uns
> lieber ihren Stärken zu. Welche Art von Wahlkampf kön-
> nen weder die Machthaber noch andere Kandidaten führen,
> sondern nur wir? Wir können *die Wahrheit sagen.* Lasst uns
> zusammen ein kleines Experiment wagen, ohne Fernsehen,
> aber mit der Wahrheit. Ich werde jetzt gleich versuchen, die
> Einwohner einer großen russischen Stadt davon zu überzeu-
> gen, meine Kandidatur zu unterstützen.«[150]

Der selbsternannte »patriotische« Bürgermeister von »Einiges
Russland« besitzt, so Nawalny, zwei Wohnungen in Miami.
Der Film präsentiert Fotos vom Inneren der Wohnungen di-
rekt am Strand. Der Kontrast zur Armut und der schlechten

Qualität der öffentlichen Dienstleistungen in der Stadt könnte größer nicht sein.[151] Nawalny schließt seinen Blog-Beitrag und das Video mit einem Aufruf, diese Recherchen weiterzuleiten und seine Präsidentschaftskandidatur zu unterstützen, weil die Machthaber »sich nicht von selbst ändern werden«.[152]

Obwohl der FBK auf die Techniken des investigativen Journalismus zurückgreift, fühlt er sich nicht dem Journalismus verpflichtet. Er hat eine politische Mission. Wie Maria Pewtschich vom FBK-Team es ausdrückte: »Wir verwenden eine investigative Berichterstattung als Mittel, um unsere politischen Ziele zu erreichen.«[153]

Es wurden Fehler gemacht

Zu Beginn des Films *Für euch ist er kein »Dimon«* verweist Nawalny auf den schriftlichen Rechercheberichts, dessen Ergebnisse im Video zusammengefasst werden, und sagt, sie »enthalten unwiderlegbare Beweise zu allem, was ihr hier sehen werdet«. Doch unterlaufen dem FBK bisweilen auch Fehler.

Im Mai 2017 löschte der FBK ein Video – *Putins Freund, der das gesamte Fernsehen besitzt.*[154] Jarmysch – Nawalnys Pressesprecherin und federführend bei der Produktion des Videos – postete dazu auf Facebook, »einige der Informationen über die Besitzstrukturen sind überholt«, was sie dazu veranlasst habe, das Video zu löschen.[155]

Doch nicht immer hat der FBK selbst auf Fehler hingewiesen. Im Dezember 2019 veröffentlichte das unabhängige englisch-russische Online-Magazin *The Bell* einen Artikel, in dem es die Fakten einer speziellen FBK-Recherche überprüfte. In ihrem Fazit schließt *The Bell* von der Überprüfung dieser einen Recherche auf die Arbeit des FBK im Allgemeinen: »Nawalny ist Politiker. Antikorruptionsrecherchen sind ein Teil seiner politischen Agenda.«[156] Einige Details seien womöglich nicht ganz wasserdicht, einige Interpretationen überstrapaziert, argumentiert *The Bell*. Doch gründeten sie auf allgemein zugänglichen Daten und Dokumenten. Man stützte sich nicht bloß auf Gerüchte, die Details konnten überprüft werden.

Der FBK – eine NGO mit politischem Ziel

Nawalny hatte Rospil im Jahr 2011 mit einigen wenigen Anwälten gegründet. Fast zehn Jahre später hatte der Fonds für Korruptionsbekämpfung Dutzende von Stellen geschaffen.[157] Viele der Angestellten – Anwälte und Investigatoren – kümmerten sich um das Kerngeschäft des FBK. Doch der Fonds war zu einem regelrechten Unternehmen geworden.

Hinter dieser Kerngruppe gab es ein eigenes Team, das sich um Produktion, Regie und Verbreitung von Nawalnys Inhalten kümmerte, eine Pressesprecherin, einen Art Director, einen Produzenten des YouTube-Kanals »Nawalny Live«, einen Videoproduktionsleiter, einen Videoeditor, einen Graphikdesigner. Und natürlich ein ganzes IT-Team, in dem vom Webentwickler bis hin zum Social-Media-Manager alles vertreten war und das Nawalnys Aktivitäten erst möglich machte.

Kurz, dies war eine ernst zu nehmende Organisation. Selbstverständlich – Nawalny war der Frontmann, war es immer gewesen. Doch stand er nicht länger einem kleinen Kollektiv von Aktivisten vor. Der FBK hatte nun reguläre Angestellte, die im Schnitt ein Monatsgehalt in Höhe von 70 bis 80 Tausend Rubel erhielten (etwa 900 bis 1000 Euro), das allerdings für russische Fachkräfte eher gering ausfiel.[158] Die ganze Unternehmung – Projektmanager und Generaldirektor inklusive – hatte sich in eine professionelle NGO verwandelt.

Und zwar in eine NGO, die all jene Dinge in sich bündelte, die ein unabhängiger Politiker benötigt: Geld, Kader und Reichweite. Vor allem zwei Aspekte gewährleisteten den Erfolg:

Erstens verfügte der FBK über zwei unterschiedliche Formen von Geldquellen, die für eine stabile Finanzierung sorgten: Feste, größere Beiträge stammten von Simin, Aschurkow und anderen Geschäftsleuten, die aus Angst vor Verfolgung anonym bleiben wollten. Kontinuierliche monatliche Zahlungen von einfachen russischen Bürgern wurden über eine Crowdfunding-Plattform eingenommen. Ende 2013 erklärte der FBK, er habe 23 Millionen Rubel (damals etwa 500 000 Euro) gesammelt.[159] Im Jahr 2019 wuchs dieser Betrag auf 82,3 Millionen Rubel (etwa 1 100 000 Euro).[160]

Zweitens hatte sich der FBK zu einer Ausbildungsstätte für künftige Oppositionspolitiker entwickelt. Sobol – als Anwältin eingestellt – verkündete im Oktober 2020 ihre Absicht, für die Wahlen zur Staatsduma im Herbst 2021 zu kandidieren.[161] Diese Entwicklung war kein Zufall. Sie zeigt, dass der FBK gut ausgebildete und unerschrockene Menschen an sich zu binden verstand, die Aufgaben übernahmen, die sich als viel größer herausstellten als ursprünglich gedacht.

Schließlich mussten die Mitglieder des FBK-Teams mit immer professionelleren Recherchen auch in der Präsentation ihrer Botschaften zu Experten werden – wie auch darin, die Veröffentlichungen so zu takten, dass sie die maximale Wirkung entfalteten. Bedenkt man, dass Nawalny aus den staatlich kontrollierten Medien verbannt worden war und nur auf soziale Netzwerke zurückgreifen konnte, war seine Reichweite mehr als bemerkenswert.

Der FBK war schlicht zu einer politischen Größe geworden. Und es überrascht daher nicht, dass der Kreml ihn dementsprechend behandelte: als ernst zu nehmenden Feind.

Die Schrauben werden angezogen

Der FBK war zur Zielscheibe der Behörden geworden – und sah sich einer Mischung aus formalen Restriktionen und informellem Druck ausgesetzt.

Am 25. November 2016 kam Sergej Mochow – Ljubow Sobols zweiter Ehemann – wie gewohnt am Abend nach Hause. Am Eingang seines Gebäudes wartete ein junger Mann mit Blumen in der Hand. Als Mochow an ihm vorbeiwollte, stach der junge Mann mit einer Spritze auf ihn ein. Mochow krümmte sich, ging zu Boden und verlor das Bewusstsein.

Nachdem er ins Krankenhaus eingeliefert worden war, erklärten die Ärzte, er sei mit einer unbekannten Substanz vergiftet worden.[162] Mochow überlebte den Angriff. Er äußerte den Verdacht, dass der Vorfall etwas mit seiner aktuellen investigativen Arbeit zu tun haben könnte. Er recherchierte gerade innerhalb der Bestattungsbranche. Der *Economist* schrieb in diesem Zusammenhang: »In Russland einen geliebten Menschen zu beerdigen, bedeutet oft, in eine Unterwelt aus Korruption und Bürokratie hinabzusteigen.«[163] Sobol und Nawalny hielten es jedoch für wahrscheinlicher, dass der Fall mit ihren eigenen Recherchen zu tun hatte. Die Vergiftung von Sobols Ehemann wurde nie vollständig aufgeklärt.

Der FBK hatte auch mit Problemen vor Gericht zu kämpfen. Zu Beginn des Jahres 2019 etwa veröffentlichte der Fonds Details einer Recherche zu drei Catering-Firmen und etlichen Lebensmittelvergiftungen an mehreren Moskauer Schulen. Im Anschluss an die Nachforschungen des FBK strengte eine dieser Firmen eine Verleumdungsklage gegen Nawalny, Sobol und den FBK an, weil sie den Ruf der Firma geschädigt hätten. Im Herbst 2019 verfügte ein Gericht, der Fonds sowie Nawalny und Sobol persönlich hätten jeweils ein Drittel von 88 Millionen Rubel (etwa 1,2 Millionen Euro) an die Firma zu zahlen.[164]

»Ausländischer Agent«

Im Jahr 2012 verabschiedete die Duma das sogenannte Agenten-Gesetz. Es verpflichtete alle zivilen Organisationen, die Finanzierungsmittel aus dem Ausland erhalten und »politisch aktiv« werden, sich als »ausländische Agenten« registrieren zu lassen – und einen entsprechenden Vermerk auf alle ihre Publikationen und Materialien drucken zu lassen.[165] Was genau »politische Aktivitäten« sind, wurde vom Justizministerium sehr weit gefasst. Es geht um den Einsatz für die Menschenrechte, für soziale Absicherungen, aber auch das Gebiet der Meinungsforschung kann betroffen sein.

Im Jahr 2019 fanden die Behörden eine Möglichkeit, das Gesetz gegen den FBK in Anschlag zu bringen. Das Justizministerium behauptete, der Fonds habe Zahlungen von zwei Spendern aus dem Ausland erhalten. Ein russischer Bürger in Florida hatte 50 Dollar gespendet! Und der zweite Wohltäter war, wie das Online-Magazin *Meduza* herausfand, ein Profiboxer aus Spanien.[166] Er sagte den Journalisten, er habe in der Tat 138 000 Rubel (damals 2000 Euro) überwiesen, doch konnte er sich weder an den Namen des »Fonds für Korruptionsbekämpfung« noch an sonstige Details erinnern. Dies waren keine Spenden, die Russland zu unterbinden versucht hatte – etwa von prodemokratischen Initiativen der EU oder amerikanischen NGOs.

Nawalny vermutete dahinter natürlich eine gezielte Provokation des Kreml, um dem FBK Ärger zu bereiten. Beweisen lässt sich dies indes nicht. Doch zeigt der Fall, wie leicht das Gesetz instrumentalisiert werden kann.

Funken sprühen. Das wütende Kreischen einer Flex erfüllt den Raum, während sie sich durch die massive Metalltür eines Büros fräst. Drinnen verharren verängstigte Mitarbeiter.[167]

Es ist der 26. Dezember 2019 – und das Büro des FBK in Moskau wird von Ordnungskräften gestürmt. Die Beamten bedecken die Überwachungskameras, bevor sie vor den Augen der Fonds-Mitarbeiter Computer beschlagnahmen. Obwohl dies nicht die erste Razzia war, reagierte das Team mit seinem typischen Humor. Für die Bürotür des FBK wird eigens ein Twitter-Konto eröffnet.[168] Und die Tür berichtet in der ersten Person Singular: »Heute wurde ich nicht eingeschlagen. Es ist jetzt schon drei Tage her. Langsam erhole ich mich von den psychischen Folgen.«[169]

Nawalny sah einen Zusammenhang zwischen der Dezember-Razzia und den Recherchen des FBK zu Medwedew aus dem Jahr 2017.

Doch nicht nur das Medwedew-Video bereitete dem FBK Ärger. Das Verleumdungsverfahren im Moskauer Lebensmittelvergiftungsfall nahm für den Fonds kein gutes Ende. Er musste umgerechnet etwa 400 000 Euro zahlen – für den FBK eine Riesensumme. Letzten Endes verkündete Nawalny im Juli 2020, man werde den FBK dichtmachen. Dies sei, so sagte er, die einzige Möglichkeit, mit der hohen Geldbuße umzugehen, die sich für die Aktivitäten des Fonds als lähmend erwies.[170]

Im August 2020 übernahm Jewgeni Prigoschin, der selbst Gegenstand der FBK-Recherchen war, die gesamten Prozesskosten in Höhe von 88 Millionen Rubel. Prigoschin, der auch als »Putins Chefkoch« bekannt ist, stritt die Anschuldigung ab, dass er etwas mit der Lebensmittelvergiftung zu tun habe, und erklärte stattdessen, er wolle »diese Gruppe von unehrlichen

Leuten ohne jeden Cent und mit nackten Füßen« dastehen sehen.[171]

Doch das war nicht das Ende. Nawalny und sein Team gründeten einfach eine neue NGO – den »Fonds zum Schutz der Bürgerrechte« – und verwendeten in der Öffentlichkeit weiter das FBK-Logo. Das Team setzte seine Arbeit fort, und der Name der Organisation konnte an der Tür prangen bleiben – und wenn man sie noch so oft eintreten würde.

Ententeiche und Politik

Region Iwanowo, nahe der Stadt Pljos am Ufer der Wolga – sechs Autostunden von Moskau entfernt.

Eine Drohne mit Kamera fliegt über den Fluss und nähert sich dem Ufer. Im Vordergrund sieht man baumbestandenes Land – und ein riesiges Anwesen, das so groß ist wie »dreißig Rote Plätze zusammengenommen«.[172]

Zwei Luftkissenfahrzeuge. Eine Skipiste. Drei Hubschrauberlandeplätze. Ein renoviertes Herrenhaus, ursprünglich erbaut im Jahr 1775. Ein stufenförmiger Swimmingpool. Ist dies ein weiterer Palast von Wladimir Putin?

Nein, es handelt sich um das Gut »Milowka«, laut FBK-Investigatoren die »geheime Datscha« des früheren Staatspräsidenten und jetzigen Ministerpräsidenten Dmitri Medwedew. Nawalny veröffentlicht das Video im September 2016 auf YouTube, wenige Tage vor den Parlamentswahlen – und beendet es mit einer Handlungsaufforderung:

»Es ist doch sehr seltsam, dass unser Land arm ist, seine Funktionäre jedoch dreihundertmal luxuriöser leben als die Regierenden in anderen Ländern. Diese ganze Korruption ist nur dank jener möglich, die für ›Einiges Russland‹ stimmen. Seid bitte nicht so wie diese Leute. Und solltet ihr es schaffen, nächstes Wochenende zur Wahl zu gehen, dann stimmt auf jeden Fall gegen ›Einiges Russland‹ und bittet so viele Leute wie möglich, es euch gleichzutun.«[173]

Ein Detail in Nawalnys Video fasziniert die Menschen besonders: ein Entenhaus auf einem Teich neben dem Herrenhaus. Nach seiner Ausstrahlung wurden kleine gelbe Enten zum Symbol des Protests. Zu Beginn des Jahres 2018 wird ein Aktivist aus St. Petersburg sogar verhaftet, nachdem er eine riesige aufblasbare Ente in ein Fenster seiner Wohnung gestellt hatte – zusammen mit einem Schild, auf dem zu lesen stand: »Die Polizei wartet auf uns.«[174]

Nawalny wurde als Antikorruptions-Blogger bekannt. Wir haben gezeigt, wie seine Reise begann und welche Richtung sie nahm, vom Aktionärsaktivismus über die Prüfung des staatlichen Beschaffungswesens via Crowdsourcing, hin zu Recherchen zu den angeblichen geheimen Luxusanwesen der ranghöchsten Beamten. Dies brachte ihm ebenso viele Bewunderer wie Feinde ein.

Aus dem Einzelkämpfer wurde ein großes Kollektiv, das aus Profis und Freiwilligen besteht. Bei der Zusammenstellung des Teams legte Nawalny größten Wert auf einen Ansatz, den er »meritokratisch« nannte und bei dem die Fähigkeiten der Bewerber und nicht irgendwelche Beziehungen den Ausschlag geben sollten.

Nawalny hatte eine professionelle NGO mit politischen Zielen aufgebaut. Doch er gab sich nicht damit zufrieden, als Aktivist der Zivilgesellschaft einfach nur einen Wandel zu fordern. Er wollte die Dinge von innen heraus verändern. Er wollte Präsident der Russischen Föderation werden.

3

DER POLITIKER

Nawalny trägt dunklen Anzug und Krawatte. Er sitzt am Schreibtisch eines grau eingerichteten Büros in einem Hochhaus mit Blick über Moskau. Rechts von ihm die russische Flagge, zur Linken Fotos von seiner Frau und seinen Kindern.

Es ist der 13. Dezember 2016. Und heute ist es offiziell: Nawalny kandidiert für das Amt des Präsidenten der Russischen Föderation. Er veröffentlicht ein kurzes Video auf YouTube und geht mit einer Wahlkampfwebsite online: *Nawalny 2018* – dem Jahr der kommenden Präsidentschaftswahlen. Mit ernster Miene verkündet der Kandidat, er habe »lange überlegt«, ob er antreten solle und sich gefragt, ob er und seine Unterstützer »das Land besser« machen könnten.[1]

Und er sei zum Schluss gekommen: Ja. Er habe seine Themen mit Bedacht gewählt. Habe ein ganzes »Entwicklungsprogramm« ausgearbeitet, das sich mit Ungleichheit, Löhnen, Hypothekensätzen, Steuern und Außenpolitik beschäftige. Ein »schwerer Weg« liege vor ihnen, aber er sei überzeugt: »Wir können es schaffen … Wir kämpfen gemeinsam für eine bessere Zukunft unseres geliebten Landes.«[2]

Das Video zeigt einen ehrgeizigen Vierzigjährigen mit langer politischer Erfahrung, der verkündet, er wolle Oberhaupt seines Landes werden. Er und sein Team haben sich für ein »traditionelles Format« entschieden, »das zu dem passt, was die

Menschen von einem Präsidentschaftskandidaten erwarten« – Anzug und Krawatte.[3] So weit also alles wie gewohnt.

Nur dass russische Wahlen eben nicht normal oder gewöhnlich ablaufen, womit Nawalny »demokratisch« meint. Oppositionskandidaten sehen sich einer ganzen Reihe bürokratischer Hürden gegenüber, die einen fairen Wettbewerb kaum zulassen. Die Amtsinhaber aus der herrschenden Elite – bei dieser Präsidentschaftswahl Putin selbst – verlieren in der Regel keine Wahlen. Gewiss, es treten auch Oppositionelle an – Kommunisten, Liberale, Populisten, linke wie rechte. Aber sie können nicht gewinnen.

Wählerstimmen zählen etwas – schließlich ist dies nicht mehr die Sowjetunion. Doch ebenso zählt das, was man in Russland »administrative Ressourcen« nennt: jene Hebel, die den Mächtigen zur Verfügung stehen, um die Stimmen zu bekommen, die sie brauchen – oder ungewollte zu unterdrücken. In einer Demokratie hätte das öffentliche Fernsehen Nawalnys dreiminütiges Video wahrscheinlich ausgestrahlt. Das russische Fernsehen zeigt es nicht. Nawalny sagt, er wolle ein »normaler Politiker« sein. Er wolle Menschen vertreten, wolle um die Macht ringen, für seine Unterstützer kämpfen ebenso wie für sich selbst. Er glaubt, er besitze alle erforderlichen Eigenschaften, um zu gewinnen. Er stehe für Werte – den Kampf gegen die Korruption, natürlich, doch auch für etwas, das er den »europäischen Pfad der Entwicklung« nennt, dem Russland folgen solle: den Weg zu einem demokratischen Verfassungsstaat mit freier Marktwirtschaft und Sozialpolitik. In seinem politischen Programm findet sich all dies wieder.

Oberflächlich betrachtet geht es bei Nawalnys Präsidentschaftswahlkampf von 2018 um Politik westlicher Prägung: um Persönlichkeiten, Standpunkte, Ideen und Strategien. In Wahrheit aber geht es um etwas viel Schwierigeres – um die Frage, wie sich all dies in Russland verwirklichen lässt. Wie man aus einem Volksentscheid für Putin mit einer Handvoll schwacher Gegner eine echte Demokratie machen kann, eine echte Abstimmung, einen wirklichen Machtkampf um die Zukunft Russlands.

Diese Schwierigkeiten werden umso deutlicher, als man Nawalny Ende 2017, nach einem Jahr Wahlkampf, verbietet anzutreten.

Nawalnys politischer Weg zu dieser Präsidentschaftswahl war lang und alles andere als geradlinig. Er hat sich selbst als Liberalen, Demokraten und Nationalisten bezeichnet und sich schließlich allen politischen Schubladen verweigert. Wieso? Werden solche Etiketten der komplizierten russischen Politik schlicht nicht gerecht? Oder liegt es daran, dass er sich »unter Fremden zu Hause fühlt und fremd unter seinesgleichen«, wie er, gefragt nach seiner politischen Heimat, stets behauptet?[4] Will er potenzielle Unterstützer nicht verprellen? Oder ist er selbst als Marke mittlerweile schon bekannt genug, um auch ohne die althergebrachten Labels auszukommen?

Nawalnys politische Laufbahn umspannt rund zwanzig Jahre. Wo steht er politisch? Wofür tritt er ein, abgesehen von seinem »Markenkern«, der Korruptionsbekämpfung? Wir werden im Folgenden sehen, wie Alexej Nawalny sich vom liberalen Parteifunktionär der frühen Nullerjahre zum führenden Oppositionellen Russlands entwickelt hat. Wir werfen einen Blick auf seine zahlreichen Bestrebungen, das Land zu verändern, seine Wendungen und Volten, seine Widersprüche, seine Freunde und Feinde. In diesen zwanzig Jahren stand nur ein Mann an der Spitze der russischen Politik: Wladimir Putin. Darunter jedoch wurde paktiert und gestritten – mit Putin, aber auch untereinander.

Nawalny war noch ein Teenager, als die Sowjetunion zerfiel und ein neues Russland geboren wurde. Doch die Geburtswehen waren gewaltig: Während der Zusammenbruch der Wirtschaft Millionen von Menschen in bittere Armut stürzte, wurde der junge Staat von einem blutigen Machtkampf zerrissen, der die Zukunft des Landes womöglich nachhaltiger prägte als das Ende der Sowjetunion selbst.

In den ersten Jahren nach dem Zerfall der UdSSR setzten Boris Jelzin und seine Truppe von Reformpolitikern eine Reihe radikaler marktwirtschaftlicher Reformen um. Doch im russischen Parlament – das noch immer »Oberster Sowjet« hieß – mehrte sich der Widerstand gegen diese Maßnahmen. Zwei Mächte standen sich scheinbar unvereinbar gegenüber: Jelzin im Kreml und die Abgeordneten im rund zweieinhalb Kilometer entfernten Parlamentsgebäude, dem »Weißen Haus«.

Das Patt fand erst ein Ende, als Jelzin im Oktober 1993 mit Panzern auf das Weiße Haus feuern ließ. Moskau wurde von einer Welle der Gewalt heimgesucht. Bei den Auseinandersetzungen starben Regierungsangaben zufolge 187 Menschen, die Unterstützer des Obersten Sowjets sprachen von 1000 Opfern.[5] Das Land stand am Rande eines Bürgerkriegs.

Doch Jelzin siegte. Die Moskauer strömten zum Ufer der Moskwa, um das brennende Parlamentsgebäude zu sehen.

Unter ihnen war auch ein Student im ersten Semester, der den Sondereinheiten Beifall klatschte, während sie den Aufstand des Sowjets niederschlugen. »Zermalmt das Niederträchtige!« erinnert Nawalny sich, gebrüllt zu haben – ein Voltaire-Zitat. Damals bezeichnete er sich als »Marktfundamentalisten«. Seine Freunde nannten ihn scherzhaft einen »rechten Punk«.[6] Er glaubte an Jelzin und seine Reformer, anders ausgedrückt, an die Versprechen des Westens, an Demokratie und freie Märkte. »Jetzt werden wir alles niederreißen, privatisieren, und das wird der Beginn eines wunderbaren Lebens«, dachte Nawalny damals.[7]

Die »wilden Neunziger«

In den neunziger Jahren mussten Millionen von Russen mit ansehen, wie die Hyperinflation ihre Ersparnisse verschlang. Viele wurden arbeitslos und verarmten. Die Kriminalität nahm überhand. Doch wie er später zugab, glaubte Nawalny damals, dass es diesen Preis wert war.

Für die überwiegende Mehrheit der Russen waren die Jahre nach dem Zerfall der UdSSR keine Zeit verheißungsvollen Aufbruchs, sondern ein Jahrzehnt des Niedergangs. Es waren die »wilden Neunziger«, und wie auch immer sie sich nannten – ob Kommunisten, Nationalisten, Patrioten oder nichts von alledem –, sie alle gaben die Schuld den herrschenden Liberalen oder Demokraten, wenngleich nicht alle Liberalen die Methoden und Details der Jelzin'schen Reformen guthießen.

In den neunziger Jahren war Nawalny ein junger aufstrebender Geschäftsmann. Er gehörte zu jener Schicht, auf die die Liberalen abzielten – oder die sie vielmehr überhaupt erst schaffen wollten: eine kapitalistisch denkende Mittelschicht. Politisch aktiv wurde er erst Ende des Jahrzehnts, nachdem seine Unternehmungen weniger erfolgreich ausgefallen waren als ursprünglich erhofft: »Marktfundamentalisten wie ich glaubten damals, sie würden es allesamt zu Millionären bringen. Wir dachten: Weil wir ja so schlau sind, werden wir im Handumdrehen reich.« Er verdiente gutes Geld, doch Millionär wurde er nicht.

Seine Erfahrungen als Geschäftsmann hätten seine politischen Ansichten nachhaltig beeinflusst, sagt Nawalny. In Russland, so wurde ihm bald klar, »erwächst Geld aus Macht«. In manipulierten Privatisierungsauktionen, die den Anschein erwecken sollen, Staatsvermögen in die Hände des Volkes zu überführen, konnten Direktoren von Sowjetfabriken, junge ehrgeizige Funktionäre oder Leute mit guten Verbindungen zu Jelzins Führungsmannschaft in Besitz von Unternehmen gelangen. Dabei wurde eine winzig kleine Minderheit atemberaubend reich.

Für Nawalnys Generation hingegen war der Zug längst abgefahren. Nawalny begriff, dass Jelzin und seine Reformer den Weg für Putin geebnet hatten. Mit tatkräftiger Unterstützung ihrer Anhänger, Nawalny eingeschlossen, hatten die »demokratischen« Reformkräfte den Boden bereitet für ein autoritäres und korruptes System. Viele von ihnen waren der Meinung, das russische Volk sei »noch nicht reif für freie Wahlen« – was in ihren Augen rechtfertigte, die Wahlen so zu manipulieren, dass »demokratische« Kandidaten siegten.[8]

Die Anfänge von Nawalnys politischem Engagement fielen zusammen mit Putins Aufstieg an die Spitze des russischen Staates. Im August 1999 ernannte Jelzin ihn zum Ministerpräsidenten und schon kurz darauf, am 31. Dezember 1999, zum kommissarisch amtierenden Präsidenten.

Nach der rauschhaften Reformstimmung der frühen neunziger Jahre verloren die Liberalen als politische Kraft zunehmend an Rückhalt. Jelzin hatte zwar eine liberale Agenda umgesetzt, sich allerdings geweigert, liberale Parteien zu unterstützen, aus Angst sie könnten seiner Macht gefährlich werden. Bei den Parlamentswahlen von 1999 war es den liberalen Parteien noch geglückt, in die Duma einzuziehen, wenn auch nur um Haaresbreite. Sie waren bereits unbeliebt, und ihre Aussichten standen nicht gut.

Nawalny, der Parteisoldat

Im Jahr 2000 beschloss Nawalny, in eine liberale Partei einzutreten. Die Liberalen standen mit dem Rücken zur Wand,
und er wollte sie unterstützen. Die Partei, für die er sich entschied – »Jabloko« (russisch für »Apfel«) –, war klein und eher
linksliberal.[9] Der Vorsitzende der Partei, Grigori Jawlinski, war
Wirtschaftsexperte und hatte ein anderes Liberalisierungspro-
gramm für den Übergang zur Marktwirtschaft vorgeschlagen.
Er galt als scharfer Kritiker Jelzins und seiner Regierung.

Jabloko galt als integer und prinzipientreu, anders als ihre
Konkurrenten im liberalen Lager, die eher kremlnahe »Union
der rechten Kräfte« (SPS). Jabloko war, so Nawalny, »die einzige durchweg demokratische Partei, die über Inhalte sprach
und sie nicht für Geld oder Posten über Bord warf«.[10]

Trotz ihres guten Rufs hielt Nawalny die Partei für ein »einziges Chaos«, eine Truppe von Faulenzern.[11] Trotzdem – oder
womöglich gerade deshalb – arbeitete er sich in der Moskauer
Zweigstelle rasch empor: vom Vorstandsmitglied der Ortsgruppe zum Wahlkampfleiter bei den Parlamentswahlen, vom
stellvertretenden Vorsitzenden und Büroleiter bis hin zu einem
Posten im landesweiten Leitungsgremium der Partei.

In einem zentralistischen Land wie Russland erwies sich der
Moskauer Ableger von Jabloko als hervorragendes Sprungbrett
für eine politische Karriere. Nawalny entpuppte sich als fä-
higer Parteifunktionär. Er bezog ein Gehalt von der Partei,
verdiente sich mit seiner juristischen Tätigkeit etwas hinzu und
bekannte noch Jahre später, dort viel gelernt zu haben.[12]

Doch Nawalny beschränkte sich nicht auf Parteiarbeit. Schon
damals unternahm er den Versuch, traditionelle Politik mit
zivilgesellschaftlichem Engagement zu kombinieren. Im Jahr
2003 rief der Moskauer Ortsverband das »Komitee zum Schutz
der Bürger Moskaus« ins Leben, das gegen den massiven – und

vom damaligen Moskauer Bürgermeisters Juri Luschkow ge-
deckten – Anstieg illegaler und korrupter Bauprojekte vorging.
Schon damals verkündete Nawalny mit der für ihn typischen
Unerschrockenheit: »Wir sind die Einzigen, die Luschkow
nicht fürchten.«[13] Später erklärte er, der Kampf gegen die Bau-
löwen hätte ihn leicht das Leben kosten können.[14]

Ein sinkendes Schiff

Im Jahr 2006 begann Nawalny, eine Reihe von politischen Debatten zu organisieren – gemeinsam mit der demokratischen
Aktivistin Marija Gaidar, Tochter des ehemaligen liberalen
Ministerpräsidenten Jegor Gaidar.[15] Die Veranstaltungen, an
denen prominente Politiker aus dem gesamten Politspektrum
teilnahmen, sorgten für immenses Aufsehen. Und sie boten
Stoff für Skandale: Eine der Diskussionen wurde von Neo-
nazis gestürmt.[16] Bei einer anderen brach eine Schlägerei aus,
in deren Verlauf Nawalny mit einer Gummigeschoss-Pistole
auf einen Angreifer feuerte.[17] Während er – wenn auch nicht
unumstritten – in Moskau zunehmend bekannter wurde, regte
sich auch im Ausland Interesse. Im Jahr 2010 erhielt er ein
Stipendium der Yale World Fellows. Das renommierte Programm für »junge Führungskräfte« bescherte ihm einen vier-
monatigen Aufenthalt an der US-amerikanischen Elite-Uni-
versität. Bei seiner Bewerbung unterstützten ihn weite Kreise
der Moskauer Intelligenzija und der liberalen Szene – darunter
die prominente Journalistin Jewgenija Albaz, der Wirtschaftswissenschaftler und Rektor der Moskauer New Economic
School Sergej Gurijew, der Schachgroßmeister und Oppositionspolitiker Garri Kasparow sowie Maxim Trudoljubow, Ko-
lumnist der *Wedomosti*, dem russischen Pendant zur *Financial
Times*.[18]

Nawalny baute sich in Moskau ein robustes Netzwerk auf. Er war regelmäßiger Gast beim Radiosender Echo Moskwy, einem Leitmedium der russischen Opposition, und auch seine Parteiarbeit fand zunehmend Erwähnung in den großen Hauptstadtzeitungen. Die führende Wirtschaftstageszeitung *Kommersant* zitierte ihn erstmals im Juni 2004. Kurz: Nawalny machte sich einen Namen in jener kleinen Welt liberaler Politiker, Gelehrter und Journalisten, die man in Russland *tusowka* nennt, die »Clique«.

Doch während sein Stern immer höher stieg, versank sein politisches Lager zunehmend in der Bedeutungslosigkeit. Der Niedergang liberaler Politik setzte sich auch während Putins ersten beiden Amtszeiten als Präsident von 2000 bis 2008 unvermindert fort. Bei den Parlamentswahlen von 2003 scheiterten Jabloko wie die SPS an der für den Einzug in die Duma nötigen Sperrklausel. Beim nächsten Urnengang im Jahr 2007 schnitten sie sogar noch schlechter ab: Jabloko erhielt 1,59 Prozent der Stimmen, die SPS weniger als ein Prozent. Der Liberalismus glich, so Nawalny, mehr und mehr einem »politischen Leichnam«.[19]

Nachdem er als loyaler Aktivist und Funktionär jahrelang der Jabloko-Parteilinie gefolgt war, kamen ihm eine Reihe von Ideen, wie man der Partei, dem Liberalismus und der Opposition im Allgemeinen neues Leben einhauchen könnte. Und all diese Ideen ließen sich unter einem Stichwort zusammenfassen: Nationalismus. Im Jahr 2007 begann das bis heute wohl umstrittenste Kapitel seiner politischen Laufbahn.

Politische Alchemie:
Die Verschmelzung von Nationalismus und Liberalismus

Oberflächlich betrachtet kann ein russischer Liberaler kein Nationalist sein. Die beiden Kategorien scheinen sich gegenseitig auszuschließen. Als im Zuge der Perestroika lange unterdrückte ideologische Debatten wieder möglich wurden, fanden Liberale ihre Vorbilder im Westen, und in ihrer Begeisterung für Demokratie und Rechtsstaat geißelten sie den sowjetischen und russischen Imperialismus. Die Liberalen waren überzeugt, Nationalismus müsse zwangsläufig wieder zu Dominanzbestrebungen Russlands gegenüber seinen Nachbarn führen.

Nationalismus galt für russische Liberale nur dann als akzeptabel, wenn er anderen Ländern dabei half, sich vom russischen Imperialismus zu befreien – wie etwa in Polen oder Lettland. In Russland war er es hingegen nicht, und bis heute birgt der Begriff »Nationalismus« den üblen Beigeschmack von Fanatismus und Chauvinismus. Ein Liberaler darf sich zwar als Patriot bezeichnen, nicht aber als »Nationalist«. Das bedeutet nicht, dass Liberale keine ethnischen Vorurteile haben durften. Nur wenn man sich zu einer explizit nationalistischen Agenda bekannte, überschritt man eine rote Linie.

Nawalny aber wollte genau diese rote Linie übertreten: Die Zukunft des Liberalismus lag, so glaubte er, in einer Hinwendung zum Nationalismus.

Mitte der Nullerjahre griff in Russland eine neue Art von Nationalismus um sich. In den neunziger Jahren hatten sich die meisten Nationalisten – oder »Nationalpatrioten«, wie sie sich oft nannten – vor allem in Sowjetnostalgie ergangen. Manche von ihnen träumten von einem Russland, das ganz »Eurasien« dominieren solle, die gewaltige Landmasse zwischen Westeuropa und Ostasien, wo Slawen und Turkvölker, wie sie glaubten, eine ganz eigene Kultur teilten, die der europäischen fremd sei.[20] Für gewöhnlich warf man ihnen vor, »rot-braun« zu sein – sprich eine krude Mischung aus links- und rechtsextremem Gedankengut zu propagieren.

Nun aber richtete eine neue Generation von Nationalisten den Blick gen Westen zu den erfolgreichen populistischen und rechtsextremen Parteien Europas wie dem französischen Front National oder der Freiheitlichen Partei Österreichs (FPÖ). Da Putins Macht schier unangreifbar schien, öffneten sich manche Liberale somit auch für eine Zusammenarbeit mit den Nationalisten im Dienste einer gemeinsamen Protestbewegung. Mitte der Nullerjahre versuchte das Bündnis »Anderes Russland« den Widerstand gegen Putins Herrschaft in einer auf nur minimalen demokratischen Grundsätzen beruhenden Plattform zu bündeln – von klassischen Liberalen wie Kasparow bis hin zu Nationalbolschewisten wie Eduard Limonow, einem regimekritischen Autor, dessen politisches Programm aus einer Mischung aus Faschismus, Sozialismus und provokativen Protestaktionen bestand.[21]

»Narod« – das Volk

Und doch war Nawalnys Kollaboration mit den Nationalisten nicht allein taktischer Natur. Seit 2005 organisierten Monarchisten, Rechtsextreme, konservative Christen und verschiedene andere Nationalgesinnte eine jährliche Demonstration in Moskau – den »Russischen Marsch«. Ab 2006 marschierte auch Nawalny dabei mit, im ersten Jahr noch als »Beobachter« für Jabloko, im nächsten bereits als regulärer Teilnehmer.[22] Er wollte ein Bündnis schmieden, das Liberalismus und Nationalismus vereinte. Das Ergebnis war »Narod« – eine Bewegung, die sich selbst als »national-demokratisch« bezeichnete.

Nawalnys Mitstreiter bei der Gründung von Narod waren Sergej Guljajew, ein liberaler Politiker aus Sankt Petersburg, und Sachar Prilepin, Veteran des Tschetschenienkriegs, Nationalbolschewist und einer der bekanntesten Schriftsteller Russlands. Bezahlt wurde das Projekt von einem großzügigen Spender, dem politischen Berater Stanislaw Belkowski. Auf der Suche nach neuen unverbrauchten Gesichtern im Kampf gegen Putin förderte er Nawalny mit »zigtausend US-Dollar«, um eine Bewegung ins Leben zu rufen.[23]

Mit dem Namen legten die Gründer die Messlatte sehr hoch. Das Akronym für »Nationale russische Befreiungsbewegung«, NAROD, bedeutet auf Russisch »das Volk«. Das Ziel von Narod war, Aktivisten über Parteigrenzen hinweg zu vereinen, in der Hoffnung, national-demokratische Ideen würden in der Bevölkerung auf breite Zustimmung stoßen und den Weg für ein weitgefächertes politisches Bündnis ebnen. Ihr prägnant formuliertes Manifest war eine Mischung aus nationalistischen Klischees – »das russische Volk verfällt und stirbt aus« – und einer Brandrede gegen Korruption, Gesetzlosigkeit und Zynismus. Laut Gründungsschrift machte Narod es sich zur Aufgabe, »Bedingungen für die Bewahrung und Fortentwicklung des russischen Volkes, seiner Kultur, Sprache und historischen Gebiete« zu schaffen. Zudem lehnte die Bewegung, die sich an ethnische Russen richtete, die Vorstellung von Russland als einem »multinationalen« Land ab, das die Verfasser als »Schimäre« bezeichneten.

Während Nawalny bei Jabloko vor allem organisatorische Aufgaben versah, erlaubte ihm die Rolle bei Narod, ein konkretes politisches Programm zu entwerfen. Das Narod-Manifest forderte konkrete demokratische Reformen, blieb bei der Frage, was »Nationalismus« in der Praxis bedeuten würde, aber vage. Allerdings verlangte es eine »vernünftige« Einwanderungspolitik: »Alle, die in unsere Heimat kommen, aber unsere Gesetze und Traditionen nicht respektieren, müssen des Landes verwiesen werden.«[24]

Nawalny geht von Bord – oder über die Planke

Im Westen wird Putin nicht selten als »russischer Nationalist« gebrandmarkt. Doch in welchem Verhältnis stehen Nawalnys Ideen zu denen des Präsidenten? Putin hatte versprochen, Russland wieder zu Stärke und Ansehen zu führen, und zeigte nie irgendwelche Hemmungen, das Vaterland zu beschwören. Doch vermied er stets, nur die ethnischen Russen zu hofieren. Er erklärte 2003 vielmehr unumwunden, dass all jene, die »Russland den Russen« brüllten, entweder »Idioten« seien oder »Provokateure«.[25]

Putin ließ keine Gelegenheit aus, den multinationalen Charakter Russlands hervorzuheben, und beugte sich nie den Forderungen der Nationalisten nach einem strengeren Einwanderungsrecht.

Für die Führung von Jabloko war Nawalnys Nationalismus ein rotes Tuch. Mit seiner Initiative zur Vereinigung von Liberalen mit Nationalisten ging er den entscheidenden Schritt zu weit. Sein direkter Vorgesetzter in der Partei, Sergej Mitrochin, Vorsitzender des Moskauer Ortsverbands, forderte Nawalny auf, seine Ämter niederzulegen. Nawalny gehorchte, blieb aber noch eine Weile einfaches Mitglied, obwohl er die »linksliberale Ausrichtung« für einen »Fehler« hielt und weiterhin eine »national-demokratische Ideologie innerhalb der Partei« befürwortete.[26]

Im Dezember 2007 jedoch hatte der Landesvorstand endgültig genug. Er schloss Nawalny aus der Partei aus. Zur Begründung hieß es, er habe »der Partei mit seinen nationalistischen Aktivitäten politischen Schaden zugefügt«. Gewiss spielte der

Nationalismus bei der Entscheidung eine Rolle, schließlich ist Jabloko bekannt dafür, derartige ideologische Abweichungen nicht zu tolerieren. Allerdings kam hinzu, dass Nawalny zuvor den übermächtigen Gründer und Parteivorsitzenden Jawlinski selbst zum Rücktritt aufgefordert hatte, was seinen Rauswurf noch beschleunigt haben könnte.[27]

Nationalismus im Aufwind

Das nationalistische Lager war ein wildes Gemisch unterschiedlicher Gruppen, die allesamt um Aufmerksamkeit buhlten. Anhänger wie Gegner spürten, dass der Nationalismus im Aufwind war. Die nächste große Aufgabe bestand darin, sich einen möglichst seriösen Ruf zu erarbeiten, schließlich barg der Begriff »Nationalismus« eine Reihe negativer Konnotationen – und das Verhalten vieler Gruppierungen war in dieser Hinsicht nicht gerade hilfreich.

Damals orientierten sich die russischen Nationalisten an westlichen Vorbildern. Manche fanden ihre Ideen gar im düstersten Kapitel europäischer Geschichte: Nazideutschland. In den zweitausender Jahren kam es zu einer drastischen Zunahme von Skinheadgruppen, die in Russland rassistische Anschläge verübten. Auch terroristische Untergrundorganisationen entstanden.[28] Im Jahr 2011 befand ein Gericht eine der gefährlichsten dieser Gruppierungen, die »Nationalsozialistische Gesellschaft Nord« für schuldig, siebenundzwanzig Morde begangen zu haben.[29]

Damit wollte Nawalny nicht das Geringste zu tun haben. Im Jahr 2008 brachte die Konferenz »Neuer politischer Nationalismus« Vertreter von Narod und einer Reihe anderer Gruppen zusammen.[30] Gemeinsam verabschiedeten sie eine Resolution, die den Wählern einen Nationalismus mit menschlichem Antlitz bieten sollte: Nein zu »irren Sowjetpatrioten«, nein zu »Skinheads«, nein zu »orthodoxen Fahnenträgern mit Bärten«. Ja zu »seriösen« Politikern von »modernem westeuropäischem Format«. Kurzum, alle sollten Anzug tragen.

Selbst einige Liberale wie Ilja Jaschin, ein Freund Nawalnys und kein Befürworter nationalistischer Umtriebe, billigten diese Entwicklung, in der Hoffnung, damit eine friedliche Sammlungsbewegung für Nationalisten zu schaffen. Besser das als »Baseballschläger«, sagte er.[31] Auch die liberale Journalistin Jewgenija Albaz, eine andere langjährige Freundin Nawalnys, erinnert sich, ihn zur Teilnahme am »Russischen Marsch« ermutigt und sogar begleitet zu haben.[32] Diese Strategie wird oft als »Normalisierung« des Nationalismus bezeichnet.[33]

Damals aber steckte mehr dahinter: Es war der Versuch, Liberalismus und Nationalismus zu verschmelzen und so eine Gesinnung zu erschaffen, mit der sich eine Mehrheit der Bevölkerung gegen Putins Regime vereinen ließe. Das Ziel war, jene Spaltung des oppositionellen Lagers zu überwinden, die Nawalny als »künstlich« und »politischer Unsinn aus den frühen Neunzigern« bezeichnete, als »Demokraten« gegen »kommunistische Nationalisten« kämpften. Sprich man wollte einen runderneuerten Nationalismus als Ideologie der Opposition etablieren.[34]

Nawalny und andere Nationalisten hatten guten Grund zur Annahme, dass ihre Zeit gekommen war: In den zweitausender Jahren erlebte Russland ein massives Aufflammen von Fremdenfeindlichkeit, und die Stimmung in Bezug auf Einwanderung war angespannt. Die Ressentiments richteten sich vor allem gegen Arbeitsmigranten aus Zentralasien und dem Kaukasus, die meist niedere Tätigkeiten im Handel und im Baugewerbe ausübten. Dieser Fremdenhass traf jedoch auch russische Staatsbürger, vor allem Menschen aus den nordkaukasischen Republiken wie Tschetschenien oder Dagestan, die

in die Großstädte Zentralrusslands gezogen waren.[35] Fremdenhass führte überall im Land zu massiven Ausschreitungen.[36]

Die berüchtigten Videos

Narod verlief letztendlich im Sande. Das Bündnis organisierte
einige Konferenzen, verfasste ein Manifest, und das war auch
schon fast alles. Bleibenden Eindruck hinterließen jedoch einige im Jahr 2007 für die Bewegung produzierte Videoclips,
die noch 2021 für heftige Diskussionen sorgen. In einem davon spielt Nawalny einen Zahnarzt, einen »zertifizierten Nationalisten«, der in seiner Praxis sitzt und den Zuschauerinnen
und Zuschauern eine Allegorie erläutert, bei der er »Zähne«
mit »Russland« vergleicht: Ein Zahn ohne Wurzel sei tot, und
dieses Schicksal werde auch Russland ereilen, wenn es seiner russischen Wurzel beraubt werde. Obwohl sich der Clip
ausdrücklich gegen Neonazi-Gewalt ausspricht, müssten, so
die Botschaft, illegale Migranten abgeschoben werden, damit
Russland seine russischen Wurzeln bewahren könne. Nawalnys
Text endet mit den Worten: »In Russland haben wir das Recht,
Russen zu sein, und wir werden dieses Recht verteidigen.«[37]

In einem weiteren der berüchtigten Narod-Videos bemüht
er einen anderen Vergleich. Hinter einem Tisch stehend erklärt Nawalny, dass Kakerlaken und Fliegen widerliches Un-
geziefer seien, dem man mittels Fliegenklatsche aber Herr
werden könne. Was aber solle man tun, wenn die Kakerlaken
zu aggressiv oder zu groß seien? Es wird ein Foto tschetsche-
nischer Terroristen eingeblendet. In der Mitte steht der bekannteste von ihnen, Schamil Bassajew. Eine furchterregende
Gestalt in orientalischem Kaftan stürmt ins Studio, Nawalny
erschießt sie und bemerkt: »Nun, in diesem Fall empfehle ich
eine Pistole.«[38] Narod setzte sich für eine Lockerung der Waf-

fengesetze ein. Auf die Frage, ob er diese Videos bereue, verwies Nawalny auf »künstlerische Freiheit«.[39]

Das Scheitern von Narod brachte Nawalny keineswegs dazu, dem Nationalismus abzuschwören. Er sah seine Mission darin, der Bevölkerung klarzumachen, dass der Kreml lediglich »Pseudo-Nationalismus« betreibe, während seine Art des Nationalismus die Menschen im Protest vereinen könne. Dazu benötigte man allerdings Themen und Slogans.

Nawalny glaubte, der Nationalismus müsse sich der echten und konkreten Probleme gewöhnlicher Menschen annehmen. Etwa beim Thema Einwanderung: »Bei uns gibt es eine große Anzahl illegaler Einwanderer. Es ist eine Tatsache, dass Russland in Sachen Immigration auf Platz zwei liegt, nur übertroffen von den USA«, behauptete er einem Journalisten gegenüber.[40] Um die Einwanderung zu vermindern, plädierte Nawalny für die Einführung einer Visumspflicht für Bürger aus den Staaten Zentralasiens. Denn nach russischem Recht war es den Staatsbürgern Kasachstans, Kirgisistans, Usbekistans und Tadschikistans gestattet, ohne Visum nach Russland einzureisen, und sich neunzig Tage lang im Lande aufzuhalten.[41]

Solche Probleme sind für jeden Durchschnittsbürger offensichtlich, dachte Nawalny. Da »politisch korrekte« Liberale sich aber weigerten, dies anzuerkennen, wurden sie zunehmend bedeutungsloser: »Aus Prinzip erschienen ihnen gewisse Themen als zu heikel, um sie überhaupt zu diskutieren.«[42] Und eine dieser drängenden Fragen war die Lage im Kaukasus.

»Hört auf, den Kaukasus zu füttern!«

Nach dem Zusammenbruch der Sowjetunion gab es Bestrebungen im Nordkaukasus, sich der russischen Herrschaft zu entledigen. Russlands Weigerung, diese Gebiete in die Unabhängigkeit zu entlassen, mündete in einer Reihe grausamer Kriege, oft gegen militante Islamisten, die nicht nur die Verwüstung der betreffenden Gebiete, sondern auch Terroranschläge in russischen Großstädten zur Folge hatten, Moskau inbegriffen. Gegen Ende der Nullerjahre waren die meisten Aufständischen geschlagen, und Moskau betrieb den Wiederaufbau Tschetscheniens, das nun als semiautonome Republik mit eiserner Hand von Ramsan Kadyrow regiert wurde. Nawalny lehnte Kadyrows Regierung ab, die Tschetschenien in eine Art persönliches Feudalreich verwandelt hatte.[43]

Nationalisten kritisierten, dass Kadyrow in Tschetschenien eine von Moskau üppig finanzierte Diktatur errichtet hatte und man ihm dennoch gestatte, faktisch außerhalb der Gesetze der Russischen Föderation zu leben.

Die Kaukasusfrage war von jeher unter Nationalisten umstritten. Doch 2011 riefen einige von ihnen eine Kampagne ins Leben, die ihnen neue Unterstützer sichern sollte: »Hört auf, den Kaukasus zu füttern!«, lautet ihr Slogan. Die Kampagne, die auch Nawalny eine Zeit lang unterstützte, verband unterschwellige Vorurteile gegen Menschen aus dem Kaukasus mit einer politischen Kritik an Kadyrows Herrschaft – und somit implizit an Putin selbst. Das Umfeld der Aktion und die xenophoben, rassistischen Untertöne waren für viele Russinnen und Russen nur allzu offensichtlich.[44] Allerdings versuchte Nawalny, sich von der Stigmatisierung der kaukasischen Völker zu distanzieren, etwa, indem er betonte, die enormen Gelder, die ständig nach Tschetschenien flössen, würden von den örtlichen Eliten ohnehin veruntreut und dass die einheimische Bevölkerung, die »nichts von diesem Geldregen« zu sehen bekomme, »darüber sicher auch nicht glücklich« sei.[45]

Hoffnungsträger der Opposition

Im Jahr 2010 galt Nawalny als eine der jungen aufstrebenden Figuren der russischen Opposition. Sein Antikorruptionskampf hatte ihm in der Szene eine prominente Sonderstellung beschert. Und sein Livejournal-Blog war einer der beliebtesten des russischen Internets. Russische wie westliche Printmedien brachten die ersten Porträts über ihn. »Blond und groß gewachsen, gibt der vierunddreißigjährige Nawalny eine bemerkenswerte Figur ab«, schrieb Julia Ioffe im *New Yorker*.[46] Auch die *New York Times* erwähnte ihn 2010 zum ersten Mal (»ein prominenter Blogger«) und veröffentlichte im März 2011 das erste Porträt, in dem insbesondere Nawalnys »blaue Augen, gutes Aussehen und beißender Humor« Beachtung fanden.[47] Nawalny wurde Stammgast beim Radiosender Echo Moskwy, wo er 2010 fünf Mal auftrat und im Jahr darauf sogar dreizehn Mal zu Gast war.

Zu diesem Zeitpunkt hatte er sich längst seinen eigenen unverkennbaren Stil zugelegt: direkt, respektlos, ironisch, witzig, frech und bissig. Sein Blog war gespickt mit russischen und amerikanischen Memes und popkulturellen Anspielungen. Doch er enthielt auch Fakten. Einer von Nawalnys engsten und ältesten Verbündeten, Leonid Wolkow, charakterisierte den Blog im Jahr 2011 wie folgt: »Angemessen und lange überfällig. Ohne endloses Geschwafel darüber, wer 1993 recht hatte oder über die Verdienste von irgendwem im Jahr 1989, keine geifernden Hasstiraden gegen das grausame Regime. Angewandte Politik: Er benennt konkrete Probleme, zeigt konkrete Alternativen auf, übt konstruktive Kritik – und hat die Zahlen parat.«[48] Und viele fanden den Blog einfach unterhaltsam.

Nawalny war ein Politiker des Internetzeitalters, doch er war beileibe nicht der einzige. Ende der Nullerjahre und während der Zehnerjahre reifte eine ganze Schar junger Politiker heran, die fest entschlossen waren, die alte Führungsriege der Opposition abzulösen.

Vielen von ihnen waren zu der Erkenntnis gelangt, dass diese älteren Politiker ungeachtet ihrer Fähigkeiten durch ihre Politik während der neunziger Jahre ein für alle Mal diskreditiert waren. Ihre Beteiligung an den Reformen jener Jahre und die verheerenden Folgen der anschließenden Umwälzungen hatten diese Politiker in den Augen vieler unwählbar gemacht – oder sie waren schlicht zu langweilig.

Die Zeit war reif für eine neue Generation, eine Generation, die Bewegungen gründete und Koalitionen schuf, die die Parteien alten Stils in Bedrängnis brachten. Unter den Liberalen galt Ilja Jaschin, geboren 1983, als tonangebend. Nachdem er vergeblich versucht hatte, Jawlinski den Vorsitz von Jabloko zu entreißen, führte er nun die Bewegung »Solidarnost« an – ein Bündnis von Aktivisten kleiner liberaler Parteien. Roman Dobrochotow, ebenfalls Jahrgang 1983, leitete die demokratische Jugendorganisation »Wir«. All diese Aktivisten und Bewegungen forderten das Regime zu einer Zeit heraus, als es stabil und unwandelbar schien – doch sie waren fest entschlossen, jede Chance zu nutzen, die sich ihnen bot.

Gegen Putins »Partei der Gauner und Diebe«

Was die russische Politik betraf, war 2011 ein merkwürdiges Jahr. Alles schien ungewiss. Russland könnte moderner, offener und freier werden, wie Präsident Dmitri Medwedew manche hoffen ließ. Oder es könnte noch weiter in den Autoritarismus abgleiten.

Seit 2008 hatte Medwedew Russland in einem eigentümlichen Tandem mit Putin regiert, der als Ministerpräsident fungierte. Nun näherte sich Medwedews vierjährige Amtszeit ihrem Ende. Die Präsidentschaftswahl war für das kommende Frühjahr angesetzt. Noch davor, im Dezember 2011, würde jedoch über ein neues Parlament abgestimmt werden.

Die Umfragewerte für »Einiges Russland« – die alles überragende »Partei der Macht« – gingen stetig zurück. Verbündete wie Gegner Putins betrachteten den Urnengang im Dezember als Generalprobe für die Präsidentschaftswahlen. Putins und Medwedews politisches Schicksal stand auf dem Spiel, so wie das des ganzen Landes.

Auch Nawalny fieberte den Wahlen von 2011 entgegen, auch wenn sie für die liberale Opposition wenig Erfolg versprechend aussahen. Viele Liberale hatten sich dem Trugschluss hingegeben, der Autoritarismus allein sei schuld an ihrem Niedergang. Anders gesagt, sie glaubten, Putin halte sich nur durch Gewalt an der Macht.

Der russische Liberalismus hatte schon immer ausgesprochen elitäre Züge gehabt. Das russische Volk – das war die gestaltlose Masse der ewig Unzufriedenen, die blind im Dunkeln tappten, unfähig zu begreifen, welche Segnungen Demokratie und Marktwirtschaft ihm bringen würden. So oder so ähnlich dachten viele der liberalen Eliten. Und wenn die Leute schon nicht in der Lage waren, den richtigen Weg zu erkennen, dann bräuchten sie eben einen starken Mann, der sie an die Hand nahm – einen Pinochet oder einen Lee Kuan Yew.[49]

Nawalny dachte nicht so. Zwar räumte er ein, dass es eine »Elite« gebe, der besondere Verantwortung zufalle. Doch glaubte er nicht, dass sich dies in einem fundamentalen Werteunterschied ausdrücke. Alle – vom »Säufer in Rjasan« zum »Fernsehmitarbeiter in Moskau« – teilten seiner Meinung nach dieselben Werte. Alle verstünden, dass Korruption schlecht und Gesetzestreue gut sei: »Wir sollten uns nichts vormachen und glauben, es gäbe nur Stimmvieh und Eliten.«[50]

Nawalny war der Überzeugung, die »wahre« Opposition

müsse in der Bevölkerung beliebt sein. Dies erklärt auch seinen Flirt mit dem Nationalismus. Darüber hinaus glaubte er, dass Putin im Land echten Rückhalt habe.[51] Natürlich gebe es Wahlbetrug, doch die Macht des Regimes beruhe auf seiner Popularität – einer Beliebtheit, die sich in Stimmen auszahle: »Putins Macht fußt nicht auf irgendwelchen mysteriösen Silowiki [Vertreter der Geheimdienste und des Militärs] – sie fußt auf Putins wirklichen Zustimmungswerten. Er ist der beliebteste Politiker Russlands, und das würde er auch bleiben, selbst mit fairen Wahlen und freier Presse.«[52]

Putin war beliebt, seine Partei »Einiges Russland« jedoch weniger. Bei Kommunal- und Regionalwahlen verlor sie zunehmend an Boden. Lag hier womöglich die Schwachstelle des Regimes? Genau das dachte sich Nawalny. Um zu gewinnen, müsste die Opposition die Umfragewerte für »Einiges Russland« weiter zum Sinken bringen: »Die Opposition muss systematisch daran arbeiten, die Zustimmungswerte für »Einiges Russland« wieder dorthin zu befördern, wo sie hingehören: auf rund 20 bis 25 Prozent«, sagte Nawalny.[53] Dies würde sich auch in schlechten Wahlergebnissen für die Machthaber ausdrücken und zu einer Schwächung der Herrscherclique führen. So lautete der ebenso einfache wie ehrgeizige Plan.

Die Aufdeckung von Korruption war Teil eins von Nawalnys Strategie. Und dieser Teil nahm richtig Fahrt auf, als Nawalny begann, »Einiges Russland« als »Partei der Gauner und Diebe« zu bezeichnen. Der Slogan verfing. Er war simpel und in Einklang mit Nawalnys Kernthema: Korruption – dem Thema, mit dem er alle im Kampf gegen Putin und seine Kumpane vereinen wollte. Nawalny wiederholte den Slogan unermüdlich Tag für Tag.

Ein Spruch ist nicht genug

Putins Beliebtheit ins Wanken zu bringen und seine Partei zu diskreditieren war eine Sache, aber was war mit den Wahlen? Das Regime wirkte gefestigt, liberale Parteien waren in der Bedeutungslosigkeit verschwunden, und unter den Liberalen war keine Einigkeit in Sicht.

Schlimmer noch, da die Wahlen zunehmend unfreier wurden, sah sich die Opposition einem Dilemma gegenüber, das zu endlosen Diskussionen führte. Eine mögliche Option – die klassische – hätte in einem Wahlboykott bestanden. Mit Narod hatte sich auch Nawalny schon vor Jahren für dieses Vorgehen ausgesprochen.[54] Doch würden die Liberalen mit einem Boykott nicht Gefahr laufen, vollkommen von der öffentlichen Bildfläche zu verschwinden? Andererseits: Wenn sie anträten, würde man sie demütigen.

Ein Jahr vor den Wahlen von 2011 gelangte Nawalny zu dem Schluss, dass die Boykottstrategie gescheitert war. »Einiges Russland« besaß im Unterhaus des nationalen Parlaments, der Staatsduma, eine qualifizierte Mehrheit, und Medwedew war bei der Abstimmung von 2008 bereits im ersten Wahlgang gewählt worden. Man musste sich also etwas anderes einfallen lassen. Wenn man Wahlen nicht boykottieren kann, dann muss man daran teilnehmen – aber wie?

Die Antwort lautete: taktische Stimmabgabe. Die Leute mussten wählen gehen, um das Monopol von »Einiges Russland« zu brechen, auf welche Art auch immer. »Wählt irgendwen, nur nicht ›Einiges Russland‹«, so lautete seine Empfehlung. Nawalny brachte sie so lautstark unters Volk, dass man sie bald nur noch »Methode Nawalny« nannte. Aber was bedeutet diese Methode in der Praxis?

Autoritäre Regime lassen unzufriedenen Bürgern meist nur die Wahl zwischen mehreren schlechten Optionen. Und sie zwingen sie zu Kompromissen. Für Nawalny hieß das, für die Parteien der »systemischen Opposition« zu stimmen – sprich jene Parteien, die mit ihrer Oppositionsarbeit das bestehende System nicht antasteten. Als Putin an die Macht kam, verbot er nicht die Opposition. Er beschloss, sie zu »managen«. Und das Ergebnis dieses »Managements« war die »systemische Opposition«. Diese Parteien akzeptieren, dass es Grenzen gibt, die sie nicht überschreiten dürfen. Und im Austausch für ihre loyale Oppositionsarbeit erhalten sie Unterstützung – Geld, Sendezeit, das Recht, bei Wahlen anzutreten. Und dies alles, um Russland den Anstrich einer Demokratie zu geben.

Doch nicht jeder, der gegen die herrschende Elite ist, macht gern sein Kreuz bei einer dieser Systemparteien. Nawalny war sich dessen bewusst. In einem Blog-Eintrag vom Februar 2011 versicherte er deshalb seinen Lesern: »Ihr müsst mir nicht erzählen, dass Gerechtes Russland kein Deut besser ist als Einiges Russland, und dass Schirinowski mies ist und die Kommunistische Partei völlig runtergekommen.«[55]

Diese drei waren die einzigen offiziellen Oppositionsparteien, die 2011 im Parlament vertreten waren. Die mächtigste von ihnen ist die Kommunistische Partei der Russischen Föderation (KPRF). Ihr Profil umfasst eine Mischung aus Sozialismus – mit einer kräftigen Prise Sowjetnostalgie – und russischem Imperialismus, durchsetzt von orthodoxem Christentum.[56] An ihrer Spitze steht seit ihrer Gründung im Jahr 1993 der ehemalige sowjetische Apparatschik Gennadi Sjuganow.

Die offiziell linksgerichtete Partei »Gerechtes Russland« wurde vom Kreml aufgebaut, um Stimmen von den Kommunisten abzugraben, die gelegentlich Gefahr liefen, eine echte Opposition zu werden. Und schließlich gibt es noch Wladimir Schirinowski. Er ist bekannter als seine Partei, die Liberal-Demokratische Partei Russlands (LDPR) – die wohl am unpassendsten benannte politische Gruppierung der Politikgeschichte. Denn die LDPR ist weder liberal noch demokratisch und wenn überhaupt einem Lager zuzurechnen, dann eher dem rechtsextremen populistischen Spektrum. Ihr Anführer Schirinowski ist ein berufsmäßiger »Clown«.[57]

Für viele Wähler stellten diese Parteien kaum eine wirkliche Alternative dar. Nawalny jedoch glaubte, dass – so unattraktiv diese Parteien auch sein mochten – es sich lohnen würde, sie zu wählen. Jeder Prozentpunkt, den »Einiges Russland« einbüßte, würde als Verlust für den Kreml zu Buche schlagen. Nawalny war überzeugt: Je mehr Stimmen abgegeben würden, desto schwerer wäre es für die Behörden, die Ergebnisse zu fälschen. Vielleicht würde diese Taktik diese Pseudo-Oppositionsparteien ja zu echten Verbündeten machen und deren systemkritischeren Mitgliedern den Rücken stärken.[58]

Putins Rückkehr

Am 24. September 2011 wurde eine Frage, die viele Russen damals umtrieb, endlich beantwortet: Würde Putin ins Präsidentenamt zurückkehren? Die Antwort lautete ja. Putin werde, so Medwedew, bei den Präsidentschaftswahlen antreten. Es sei eine Entscheidung, die beide schon lange zuvor geplant hätten, wie er anschließend erklärte. Medwedew würde die Liste von »Einiges Russland« bei den kommenden Parlamentswahlen anführen und das Amt des Ministerpräsidenten übernehmen. Die Ankündigung sorgte nicht nur unter den Oppositionellen für Empörung, auch alle, die Medwedews Versprechen von Erneuerung geglaubt hatten, fühlten sich verraten. In ihren Augen war die ganze Präsidentschaft nun kaum mehr als ein riesiger Schwindel, nur dazu gedacht, Putins Sessel warm zu halten und so dem Wortlaut, wenn auch nicht dem Geiste, der Verfassung zu genügen.

Doch alles hatte der Kreml nicht unter Kontrolle. Die Duma-Wahlen vom 4. Dezember 2011 waren ein herber Schlag für »Einiges Russland«. Erstmals seit den frühen Nullerjahren fiel ihr Stimmanteil unter 50 Prozent. Hinzu kam, dass Berichte über Wahlbetrug in Russland und der ganzen Welt über die sozialen Netzwerke verbreitet wurden, penibel festgehalten von engagierten Beobachtern mit Smartphones.

Tags darauf kam es zu den ersten Protesten. Nawalny wurde von ihnen völlig überrascht. Zu der Demonstration hatte die Demokratiebewegung »Solidarnost« aufgerufen. Solidarnost hatte dafür plädiert, bei der Abstimmung ungültige Stimmzettel abzugeben, anstatt Nawalnys taktische Stimmabgabe zu empfehlen, was Letzteren verärgert hatte. Deshalb wollte er an der Kundgebung zuerst nicht teilnehmen, erinnert er sich. »Als ich jedoch die Zahlen für Moskau sah, sah, dass man für ›Einiges Russland‹ 46,5 Prozent erfunden hatte, wo sie selbst in Wladiwostok nur zwischen 25 und 30 Prozent erhalten hatten, drehte ich vor Wut fast durch. Also ging ich hin und dachte, die Kundgebung würde ein Debakel werden.« Er glaubte, niemand würde erscheinen.[59]

Doch es kam anders. Mehrere Tausend Menschen versammelten sich auf dem Tschistoprudny-Boulevard im Zentrum Moskaus. Wie in Russland üblich, hatte die Polizei einen Sicherheitsring mit Absperrungen und Metalldetektoren errichtet, doch der Bereich, den sie abgeriegelt hatte, war zu klein. Nawalny sah viele »neue Gesichter«, so viele gar, dass selbst Jaschin eine halbe Stunde brauchte, um sich durch die Masse einen Weg zur Bühne zu bahnen.[60]

Die Kundgebung im Dezember 2011 war von den Behörden genehmigt worden, ein Marsch zum Gebäude der Zentralen Wahlkommission, nur wenige Hundert Meter vom Kreml entfernt, allerdings nicht. Dreihundert Demonstranten, die trotzdem dorthin aufbrachen, wurden festgenommen und fünfzehn Tage inhaftiert – darunter auch Nawalny. Von einer Gefängniszelle aus verfolgte er die Ereignisse, sah das Ausmaß der Proteste, hatte aber keinen direkten Anteil an ihrer Organisation.

Am 21. Dezember 2011 kam Nawalny frei, und sein erster Text auf Livejournal war voller Optimismus: »Wir gingen in einem Land ins Gefängnis und wachten in einem anderen wieder auf.« Er schrieb, der Kreml habe den Rückhalt der Mehrheit verloren: »Vorher: Klar, es herrscht Betrug, Diebstahl und Gesetzlosigkeit, doch die Mehrheit steht hinter ihnen. Jetzt: Betrug, Diebstahl und Gesetzlosigkeit, doch nun ohne Billigung, und die Mehrheit ist wütend.«[61]

Nawalny war nicht der Einzige, der Hoffnung schöpfte. Was die Teilnehmerzahl betraf, so hatte es schon lange keine Demonstrationen dieser Größenordnung mehr gegeben. Die Proteste zeigten aber auch, dass neue Führungsfiguren auf den Plan getreten waren, und das, obwohl ältere Wortführer wie Boris Nemzow, ein ehemaliger Vizeministerpräsident, noch immer sehr beliebt waren. Die Bewegung vereinte Jung und Alt, zivilgesellschaftliche Gruppierungen und politische Parteien.

Besonders bemerkenswert war die große ideologische Bandbreite der Gruppen, die sich hinter der Forderung nach freien und fairen Wahlen versammelten. Liberale, Sozialisten, Kommunisten und Nationalisten standen bei den Demonstrationen Seite an Seite. Die Proteste fanden in einer fröhlichen, optimistischen Atmosphäre statt, und die Slogans und Transparente strotzten vor Humor. Unter den Rednern waren viele prominente Journalisten, Schriftsteller und Künstler – die *Intelligenzija*.

Aufstieg zum Oppositionsführer

Nawalny galt zu jener Zeit als führender Kopf der Protestbewegung, zumindest in Moskau. Am 24. Dezember nahm Nawalny an einer Demonstration auf dem nur wenige Schritte vom Tschistoprudny-Boulevard entfernten Sacharow-Boulevard teil, benannt nach dem berühmten Dissidenten der Sowjet-Ära, Andrej Sacharow. Die Kundgebung lockte zwischen 30 000 und über 100 000 Menschen auf die Straße (wie immer bei Demonstrationen in Russland stammt die niedrigere Zahl von den Behörden, die höhere von den Organisatoren).

Nawalnys Worte vom 24. Dezember waren provokant und einprägsam, doch unverbindlich: »Ich sehe hier genügend Menschen, um auf der Stelle den Kreml einzunehmen. Aber wir sind eine friedliche Truppe, wir werden es nicht tun – *noch* nicht. Wenn diese Gauner und Diebe aber noch einmal versuchen, uns zu betrügen und anzulügen, werden wir ihn stürmen! Er gehört uns.«[62] Kurz nach der Kundgebung schrieb Nawalny seinen nächsten Blog-Eintrag und schien überzeugt, die Machthaber seien »um des Überlebens willen« bereit, einzulenken.[63]

Anschließend formulierte Nawalny eine Vier-Punkte-Strategie. Erstens: Die Duma-Wahlen seien rechtswidrig gewesen, deswegen forderte er umgehend politische Reformen, gefolgt von Neuwahlen. Zweitens: Die Protestbewegung müsse wachsen und darauf vorbereitet sein, dass die Menschen nicht mehr von den Straßen gingen. Drittens: Die für nächsten März 2012 angesetzten Präsidentschaftswahlen würden nur als rechtmäßig erachtet, wenn die Zulassung der Kandidaten liberalisiert werde. Und viertens rief Nawalny zu Verhandlungen zwischen den Protestierenden und der Obrigkeit auf. Diese Verhandlungen müssten öffentlich sein, und über die Vertreter der Protestbewegung würde online abgestimmt. Ziel sei es, die

Kritik der Regierung zu entkräften, die Opposition vertrete nicht die unterschiedlichen Standpunkte der Menschen auf den Straßen.[64]

Weitere Proteste folgten – doch es gab auch Gegendemonstrationen. Die Machthaber mobilisierten enorme Massen, die für Putin auf die Straße gingen. Jeder wusste, was der Kreml fürchtete: eine russische Version der »Orangen Revolution«, die in der Ukraine in den Jahren 2004 und 2005 die damalige Regierung hinweggefegt hatte und für die der Kreml westliche Provokateure verantwortlich machte. Doch als die Präsidentschaftswahlen näher rückten und immer weniger Menschen auf die Straße zogen, wusste die Opposition bald nicht mehr weiter.

Für Dezember hatte Präsident Medwedew politische Reformen angekündigt und gehofft, den Protest so zu zerstreuen. Er versprach, die strenge Parteigesetzgebung zu lockern und mehr Neugründungen zuzulassen. Ebenso versprach er, die Gouverneure – die Vorsteher der russischen Provinzen – künftig wieder vom Volk wählen zu lassen. Seit 2005 waren sie vom Präsidenten ohne Votum der Bevölkerung bestimmt worden. Doch die Obrigkeit zeigte sich nicht gewillt, direkt mit den Protestierenden zu verhandeln.

Nawalny konzentrierte seine Taktik somit darauf, die Protestbewegung zu vergrößern und zu organisieren – und das Wahlvolk dazu aufzufordern, für irgendeinen Kandidaten abzustimmen, nur nicht für Putin.

Der Protest ebbt ab

Der zweite Punkt von Nawalnys Plan, bei dem die »Menschen nicht mehr von den Straßen gingen«, wollte einfach nicht in Schwung kommen – ganz anders als 2004 in der Ukraine, als man auf dem Maidan im Zentrum Kiews in Windeseile eine Zeltstadt errichtet hatte. Wie es schien, hatte Nawalny sich eben nicht auf ein Szenario »vorbereitet«, bei dem die Massen auf der Straße blieben.

Wenige Tage vor der Präsidentenwahl nahmen vier Journalisten des unabhängigen TV-Senders Doschd (»Regen«) Nawalny zu dem Thema ins Kreuzverhör. Würde die Opposition in der Wahlnacht Zelte verteilen? Die Menschen würden sich »spontan« dazu bereit machen, erwiderte Nawalny, aber es »würde geschehen«.[65] Doch es tauchten keine Zelte auf.

Am 4. März 2012 fand die Präsidentenwahl statt. Laut offiziellen Zahlen waren die Wahlen ein triumphaler Sieg für Putin, der sich mit 63 Prozent im ersten Wahlgang nicht mal einer Stichwahl stellen musste. Nawalny schrieb in seinem Blog: »Wir können nur das Offensichtliche wiederholen. Von heute an gibt es in Russland keine legitime und rechtmäßige Regierung. Und die Gauner, die die Macht im Kreml an sich gerissen haben, wissen das. Deshalb haben sie einen regelrechten Militäreinsatz befohlen. Seit 1993 waren nicht mehr so viele Soldaten in der Stadt.«[66]

Tags darauf fand auf dem Puschkin-Platz eine genehmigte Kundgebung statt – ein traditioneller Ort für Demonstrationen, knapp zwei Kilometer vom Kreml entfernt. Es kamen zwischen 10 000 und 25 000 Menschen zusammen.[67] Als die Reden vorüber waren, blieben rund 1500 Demonstranten auf dem Platz, darunter Nawalny, Sergej Udalzow – Anführer der »Linken Front«, einem Zusammenschluss sozialistischer Gruppen –, Jaschin und andere führende Figuren der Proteste. Die Sicherheitskräfte lösten die Demonstration auf und nahmen 400 Personen fest.[68]

In einem Interview sagte Nawalny später, er habe damals gehofft, die Ereignisse nach der Duma-Wahl würden sich wiederholen, dass es zu einem spontanen Marsch durch das Zentrum Moskaus kommen würde. Das hatte jedoch die massive Polizeipräsenz an jenem Tag unterbunden.[69] Auch glaubte er nicht, dass es in nächster Zukunft zu einer Revolution kommen werde. Die Machthaber hätten sich »neu formiert« und Putins Rückhalt in der Bevölkerung, den Nawalny für echt hielt, gestärkt. Das langfristige Ziel müsse nun darin bestehen, diese Beliebtheit beharrlich zu untergraben.

Im Gegenzug erhöhte der Kreml den Druck auf die Protestbewegung. Am 6. Mai kam es zu einer neuerlichen Kundgebung, diesmal auf dem Bolotnaja-Platz – einem weitläufigen Versammlungsort auf einer Insel inmitten der Moskwa, direkt gegenüber dem Kreml, wo tags darauf Putins Amtseinführung stattfinden sollte.

Die Demonstration, organisiert von Nawalny, Udalzow und Nemzow, endete in Chaos, Gewalt und Repression. Rund 450 Protestierende wurden verhaftet. Wurden die Festgenommenen bei vorherigen Versammlungen für gewöhnlich mit kurzer Verwaltungshaft belegt, reagierten die Behörden diesmal mit drakonischen Strafen. Am Ende wurden achtundzwanzig Aktivisten aus dem gesamten politischen Spektrum zu Gefängnisstrafen zwischen zweieinhalb und viereinhalb Jahren verurteilt.[70] Es würde keinen zweiten Maidan geben, zumindest nicht in Moskau.

Rückkehr in den liberalen Mainstream?

Diese Proteste, die als Bewegung »Für faire Wahlen« bekannt wurden, vereinten auf bemerkenswerte Weise viele unterschiedliche Kräfte des gesamten politischen Spektrums. Anfangs waren zahlreiche Komitees gegründet worden, doch keines davon arbeitete sonderlich effektiv. Die ideologische Uneinheitlichkeit sollte einer längerfristigen Entwicklung der

Bewegung zunehmend entgegenstehen, wie auch das Schicksal des »Koordinationsrats der Opposition« eindrücklich vor Augen führt.

Der Koordinationsrat wurde im Oktober 2012 unter der Leitung von Leonid Wolkow ins Leben gerufen – eine Art Bottom-up-Experiment in online-basierter direkter Demokratie. Mit über 80000 Teilnehmern war die Wahl der Vertreter rein technisch bereits ein Erfolg.[71]

Von Beginn an krankte die Arbeit des Rats an der Vagheit seiner Ziele. Das breite ideologische Spektrum hatte die Reihen der Protestbewegung zwar anschwellen lassen, doch behinderte sie jede strukturierte Organisation. Zerrissen zwischen Radikalen und Moderaten, politischen Fraktionen und Einzelpersönlichkeiten, verlor sich der Koordinierungsrat bald schon in Belanglosigkeit.[72]

Die Bewegung »Für faire Wahlen« hatte Nawalny eine einzigartige Plattform beschert, und er ging als einer ihrer Wortführer daraus hervor. Zudem brachte sie, was seine ideologische Ausrichtung betraf, einen erneuten Strategiewechsel mit sich. In der Bewegung gab es zwar Nationalisten, doch sie stellten nur eine Minderheit. Der Schwerpunkt lag nun auf den Wahlen, und nationalistische Themen waren in den Hintergrund getreten.

Die nationale Agenda, so schien es, hatte Nawalnys Erwartungen nicht erfüllt. Dem Journalisten Ben Judah gegenüber erklärte er: »Ich habe einige konservative Ansichten, aber ich bin damals nicht umsonst bei Jabloko eingetreten ... Ich bin eben, mehr oder weniger, ein liberaler Typ.« Im Allgemeinen halte er nicht viel von »ideologischem Palaver«.[73] Ohnehin war Nawalny nie sehr präzise, wenn es um seine Standpunkte zu jenen Themen ging, die dem nationalistischen Lager wichtig waren. Die auf Russland spezialisierte französische Extremismusforscherin Marlène Laruelle etwa schreibt, Nawalny

»müsse zwangsläufig alle enttäuschen, die von ihm ein Mindestmaß an theoretischem Überbau erwarteten. Er ist ein Macher, kein Denker.«[74]

In einer Hinsicht gleicht Nawalny jedem anderen Politiker: Er gibt ungern zu, wenn er sich geirrt hat. Ob er seine Einstellungen in Bezug auf den Nationalismus revidiert hat oder nicht, bleibt unklar. Nawalny selbst behauptet, er habe seine Ansichten nie geändert, und er hat sich auch seither hin und wieder nationalistischer Argumente bedient. Sein nächster Schachzug jedoch bewies, dass er wieder ganz und gar in den Schoß der liberalen Opposition zurückgekehrt war.

Kandidat Nawalny - zum ersten und zum letzten Mal

Während der Proteste hatte Medwedew zugesagt, man werde auf Regionalebene wieder Wahlen abhalten – und den Anfang machte Moskau. Der Moskauer Bürgermeister Sergej Sobjanin war 2010 berufen worden. Er hatte Juri Luschkow abgelöst – eine schillernde Figur, die die russische Hauptstadt seit 1992 regiert hatte. Im Jahr 2013 beschloss der Kreml, dem farblosen Technokraten Sobjanin durch einen Urnengang neue Legitimität zu verleihen. Also trat Sobjanin am 4. Juni zurück und kündigte für September vorgezogene Neuwahlen an. Die Umfragen sagten ihm einen Erdrutschsieg voraus.

Aufseiten der Opposition zeigte sich Wolkow optimistisch. Am Tag von Sobjanins Rücktritt verkündete er via Twitter: »Kein Boykott. Ein Wahlkampf selbst ist eine gute Story, um Menschen zu mobilisieren, ein Weg, um ein bisschen Staub aufzuwirbeln. Wir sollten unsere Erwartungen nur nicht allzu hoch schrauben.«[75] Nawalny erklärte umgehend, er werde antreten, wenn man ihn denn ließe.[76] Die liberale »Partei der Volksfreiheit«, RPR-PARNAS, befürwortete seine Kandidatur und schaffte es sogar, ihn mit Hilfe von »Einiges Russland« aufstellen zu lassen.

Im Kreml herrschte die nicht allzu stille Hoffnung, Nawalny würde bei dem Urnengang krachend untergehen.[77] Zu jener Zeit erlaubte man häufig schwachen Kandidaten anzutreten. Auf diese Weise konnte man sich auf die Fahnen schreiben, Wahlen abzuhalten, ohne Gefahr zu laufen, sie zu verlieren. War Nawalny nicht nur ein liberaler Blogger, dem der gewöhnliche Russe niemals seine Stimme geben würde? Selbst in Moskau waren seine Umfragewerte anfangs recht bescheiden: Im Juli sahen die unabhängigen Meinungsforscher des Lewada-Zentrums ihn gerade einmal bei 8 Prozent, während Sobjanin auf beeindruckende 78 Prozent kam.[78] Aber die Erwartungen an Nawalny stiegen rasch – und auch die Umfragen sollten diesen Trend schon bald bestätigen.

Dass man Nawalny tatsächlich antreten ließ, war jedoch alles andere als sicher. Denn gleichzeitig stand er wegen Veruntreuung im Kirowles-Fall vor Gericht. Kaum jemand bezweifelte, wie das Urteil ausfallen würde – insbesondere nachdem die Staatsanwaltschaft einen Deal mit Wjatscheslaw Opalew, dem ehemaligen Geschäftsführer von Kirowles, geschlossen hatte. Dieser hatte zugesagt, »die Ermittlungen aktiv mit Informationen« über Nawalnys »kriminellen Plan« zu unterstützen.[79]

Am 18. Juli 2013, dem Tag nach seiner Zulassung als Bürgermeisterkandidat, wurde er schuldig gesprochen und zu fünf Jahren Haft verurteilt, womit er von der Wahl ausgeschlossen gewesen wäre. Er wurde sofort in Gewahrsam genommen. Doch zur allgemeinen Überraschung bat die Staatsanwaltschaft das Gericht, Nawalny bis zur Berufung freizulassen. Was war passiert? *Proekt* – eines der führenden russischen investigativen Online-Magazine – behauptete, den Beamten im Kreml sei offensichtlich ein Fehler unterlaufen: Sie hätten vergessen »beim Gericht anzurufen«, um zu verhindern, dass man Nawalny einsperrte, was ihm die Kandidatur bei der Moskauer Bürgermeisterwahl verwehrt hätte.[80]

Mit dem Antrag der Staatsanwaltschaft sollte dieser Fehler möglicherweise nur korrigiert werden. Und das bedeutete, dass Nawalny vorerst ein freier Mann war. Es schien sich also um einen klassischen Fall von »Telefon-Justiz« zu handeln, bei dem politische Entscheidungsträger Einfluss auf öffentlichkeitswirksame Fälle nehmen.[81]

Nawalny durfte also Wahlkampf machen. Er erhielt die Unterstützung einiger Nationalisten. Doch auch eine beachtlich bunte Riege liberaler Intellektueller scharte sich um ihn, darunter die Schriftstellerin Ljudmila Ulitzkaja (»Mein Ideal ist nicht Nawalny. Es ist Václav Havel. Wir haben keinen Havel, aber wir haben Nawalny«), der Journalist Leonid Parfjonow (»Wir hatten schon so lange keine neuen Politiker mehr!«) und der Galerist Marat Gelman (»Wirklich alles ist transparent, und hier sind so viele engagierte junge Leute«).[82]

Nawalnys einstige Partei Jabloko, die um dieselbe Anhängerschaft buhlte, unterstützte ihn nicht und stellte einen eigenen Kandidaten auf: Sergej Mitrochin, für den Nawalny einst gearbeitet hatte. In einem Interview bekräftigte Mitrochin abermals seine Abneigung gegenüber Nawalnys Nationalismus – einer Ideologie, die er für den Vielvölkerstaat Russland als »zerstörerisch« ansah und die Jabloko »als Partei der Intelligenzija nicht würdig« sei.[83] Obwohl Teile der Moskauer Intelligenzija Nawalny unterstützten, hielten viele ihn nicht für einen von ihnen.

Die Kampagne war ein durchschlagender Erfolg. Schon lange hatte keine kommunale oder regionale Wahl mehr so viel Aufmerksamkeit erregt. Leonid Wolkow prahlte, er und sein Team hätten es im Gegensatz zu früheren Oppositionskampagnen »probehalber einfach mal mit Arbeiten versucht, anstatt nur Blogs zu schreiben«. Bei einem Gespräch mit dem

Journalisten Ilja Asar in seinem Wahlkampfbüro erklärte Wolkow: »Schauen Sie sich doch um: Alle arbeiten. In unserer Zentrale haben wir schon dreihundert Leute sitzen, die rund um die Uhr schuften, das ist echt eine Menge.« Und Asar fügte hinzu, dass allein in den zwanzig Minuten, die er auf Wolkow gewartet habe, sechs neue Freiwillige ins Büro gekommen seien, um ihre Hilfe anzubieten.

Nawalnys Wahlkampf lockte Tausende von Helfern an, die in ganz Moskau Stände errichteten und Flugblätter verteilten. Ihre Ideen bezogen die Wahlkämpfer eindeutig aus dem Westen. Wolkow träumte von »Wahlveranstaltungen wie in amerikanischen Filmen«.[84] Auch Nawalny gestand, dass ihn die dritte Staffel von *The Wire*, in der es um die Bürgermeisterwahl von Baltimore geht, stark beeinflusst habe.[85]

Doch innerhalb des Teams lief nicht alles rund. Einige Jahre später warf Ekaterina Patjulina – damals feste Wahlkampfmitarbeiterin – Wolkow »sexual harassment (im westlichen Verständnis)« vor.[86] Anscheinend hatte er sie während des Wahlkampfes in einer Reihe von Kurznachrichten, die sie später öffentlich machte, dazu gedrängt, mit ihm auszugehen. Als sie seine Avancen zurückwies, entließ er ihren Freund und Teamkollegen Maxim Katz – »aus Eifersucht«, so Patjulina.[87] Mit den Vorwürfen konfrontiert, führte Wolkow gravierende Gründe auf, wieso Katz gehen musste. Auch gab er zu, in Patjulina verliebt gewesen zu sein und dass seine SMS-Nachrichten ihm heute »dumm« vorkämen, leugnete aber, sie je belästigt zu haben. Nawalny schenkte Patjulinas Vorwürfen keinen Glauben und stellte sich hinter Wolkow – wenngleich er später versicherte, sexuelle Belästigung in seinem Team nicht zu dulden.[88]

Sieg trotz Niederlage

Nawalnys Wahlprogramm beschränkte sich nicht allein auf Moskauer Probleme, wie schon sein Wahlspruch deutlich machte: »Verändere Russland – beginne mit Moskau.« Das Konzept hatte er mit Hilfe des Wirtschaftswissenschaftlers Sergej Gurijew entworfen, dem ehemaligen Dekan der Moskauer New Economic School, der zu der Zeit im französischen Exil lebte.[89] Darin versprach er eine »lebenswerte Stadt« die »europäischen Ansprüchen« genüge, doch auch ein Moskau, wo »die persönliche Würde aller freien Bürger geachtet wird und diese direkten Einfluss auf die städtischen Behörden nehmen könnten«. Um dies zu erreichen, setzten Nawalny und sein Team auf direkte Demokratie (Volksentscheide), höhere Transparenz und mehr neoliberale Lösungen. So forderten sie »Wettbewerb im Wohnungs- und Versorgungswesen, im Bildungs- und Gesundheitssektor«, mit anderen Worten: Privatisierungen.[90]

Zwar schien Nawalny nicht sonderlich an der Unterstützung aus dem nationalistischen Lager gelegen zu sein, trotzdem enthielt sein Programm Positionen, die all jene hofierten, die für deren Themen empfänglich waren, wie etwa die Forderung nach strengeren Einwanderungsgesetzen.[91] Zudem brachte er ein Verbot des kaukasischen Volkstanzes »Lesginka« im Stadtzentrum Moskaus ins Gespräch – mit der Begründung, die Moskowiter betrachteten ihn als »Affront gegen die Gesellschaft«, der nicht mit dem »kulturellen Kodex« der Stadt vereinbar sei.[92]

Das Wahlergebnis war ein Triumph für Nawalny. Am 8. September erhielt er offiziell 27,24 Prozent der Stimmen und zwang den Amtsinhaber Sobjanin mit seinen 51,37 Prozent um ein Haar in eine Stichwahl. Trotz der niedrigen Wahlbeteiligung – weniger als ein Drittel der sieben Millionen registrierten Wähler gingen an die Urnen – wurde das Ergebnis weithin als Erfolg gewertet. Nawalny hatte mehr erreicht als jeder andere Oppositionelle seiner Generation.

Nawalny, der Parteigründer

Normale Politiker haben eine politische Partei. Nawalny hatte keine.

Je bekannter er in Russland wurde, desto häufiger wurde er gefragt, ob er nicht in eine Partei eintreten oder seine eigene gründen wolle. Im Juni 2011 erklärte Nawalny: »Wenn man eine Partei gründen will, braucht man zwei Millionen Dollar im Jahr, um sie zu unterhalten, und man muss ins Justizministerium gehen, um sie anzumelden. Das ist kein Ringen um die Macht. Das ist sinnlose Zeitverschwendung.«[93] Bis zur teilweisen Liberalisierung im Jahr 2012 waren die Gesetze bezüglich politischer Parteien in Russland äußerst restriktiv gewesen, was sich in einer schlichten Zahl niederschlug: 2011 waren offiziell nur sieben Parteien zugelassen.

Nawalny verkündete: »Ich gehe einen anderen Weg. Die Schwächung von ›Einiges Russland‹ – der Kampf gegen Gauner und Diebe –, das ist mein politischer Auftrag, mein Ringen um die Macht. Und es ist zehnmal effektiver als jede Partei.«[94]

Unterdessen machten sich seine Freunde aus dem Ural – Wolkow und der Politikberater Fjodor Krascheninnikow – ans Werk und entwarfen die Partei der Zukunft. Im April 2012 ließen sie verlauten, dass sie auf Grundlage ihrer Online-Wahlplattform »Demokratie2« eine neue Partei gründen würden. Beide interessierten sich für radikale technologiebasierte Ideen. Auch brachten Wolkow und Krascheninnikow das Buch *Cloud Democracy* heraus, das das enorme Potenzial der IT für Parteistrukturen zum Thema hatte. Sie waren überzeugt, dass neue Technologien die Kosten von Parteien so drastisch gesenkt hätten, dass sich Strukturen unter anderem mittels Crowdfunding von Grund auf neu aufbauen ließen.[95]

Die Parteigründer hatten sogar davon geträumt, dass direkte Demokratie ihnen bei der Erarbeitung ihres Programms helfen würde:

>»Sind wir als Partei ›für‹ oder ›gegen‹ gleichgeschlechtliche Ehe, einen einheitlichen Einkommensteuersatz oder Einwanderer? Jede Partei muss darauf eine ausgereifte Antwort parat haben. Nicht aber eine Partei, deren Entscheidungsprozesse auf elektronischer Demokratie beruhen. Würde man uns fragen, könnten wir die Meinung der Partei in wenigen Stunden herausfinden, wenn nötig sogar schneller! Wir stimmen ab, und ruckzuck haben wir die Meinung. Heute sind wir für die Homo-Ehe (oder dagegen), aber in einer Woche ...«[96]

Doch diese Ideen wurden bald schon wieder fallengelassen, und die Partei einigte sich auf ein konventionelles Programm. Die Inhalte waren wiedererkennbar: Die Partei, die man bald »Narodni Aljans« (»Volksallianz«) taufte, war eine »Partei der Opposition«. Obwohl sie althergebrachte Zuschreibungen ablehnte, war doch recht deutlich, wo die Partei stand: Sie sah ihre Aufgabe darin, »Putins Regime in eine moderne europäische Demokratie zu verwandeln«.[97]

Bezeichnenderweise enthielt das Programm keine nationalistischen Parolen, und das, obwohl beide Geschäftsführer des Fonds für Korruptionsbekämpfung, Wolkow und Aschurkow, eine Visumspflicht für die zentralasiatischen Länder befürworteten. Der Fokus lag auf der Schaffung von liberalen und demokratischen Institutionen und der »Effektivität des Staates« – eine Ausrichtung, mit der man eindeutig die politische Mitte ansprechen wollte. »Wir sollten in der Mitte stehen und die maximale Aufmerksamkeit der Bevölkerung erzielen«, sagte Aschkurow im August.[98] Internetpolitik wich mehr und mehr einem traditionellen Politikverständnis.

Im September 2013 erklärte Nawalny sich bereit, die Volksallianz anzuführen, und sie wählte ihn zum Vorsitzenden. Jetzt hatte Nawalny eine Partei. Aber er musste sie noch zur Wahl anmelden. Kein kleiner Schritt für ein Oppositionsprojekt in Russland.

Ein letzter Versuch

2013 war ein gutes Jahr für die russische Opposition, jedenfalls was Wahlen anging. Obwohl die Bewegung »Für faire Wahlen« nun Geschichte war, hatten es Oppositionskandidaten geschafft, in einigen großen Städten zu gewinnen. Jekaterinburg, Nowosibirsk und Petrosawodsk wählten oppositionelle Bürgermeister, und Nawalny hatte in Moskau ein beachtliches Ergebnis eingefahren.

Das jedoch ging dem Kreml zu weit. Diese Siege waren ein Realitätscheck, und die politische Führung des Landes beschloss, etwas dagegen zu unternehmen.

Dementsprechend gestaltete sich das nächste Jahr erheblich schwieriger. Der Kreml hatte die Opposition wieder stärker unter Kontrolle gebracht, indem er deren Kandidaten bei vielen kommunalen und regionalen Wahlen ausschloss – der einfachste Weg, nicht zu verlieren. In Sankt Petersburg etwa durfte selbst eine beliebte Kandidatin wie Oksana Dmitrijewa von »Gerechtes Russland« (einer systemische Oppositionspartei) nicht bei den Wahlen vom September 2014 antreten.

Mit diesen neuen Restriktionen war auch Nawalnys Wahltaktik infrage gestellt. Der Ansatz »Wählt irgendwen, nur nicht

›Einiges Russland‹« fußte schließlich auf der Annahme, dass es möglich war, die systemische Opposition zu unterstützen und zu stärken. Da man diesen Parteien wieder alle starken Kandidaten genommen hatte – beliebte Politiker mit Kompetenz und Durchhaltevermögen –, wurde es nahezu unmöglich, zu ihrer Wahl aufzurufen.[99]

All dies erforderte ein Umdenken. In Anspielung auf seine eigene frühere Strategie erklärte Nawalny nun, dass »einfache Strategien, die sich auf einen Slogan reduzieren lassen«, nicht mehr funktionierten. Anstatt nur politisch zu taktieren, müsse die Opposition »moralische Standpunkte« vertreten. Wenn echte Oppositionskandidaten gehindert würden anzutreten, meinte er nun, müsse man die Wahlen eben boykottieren: »Wir kämpfen nicht darum, dass dieser oder jener Kandidat gewählt wird, wir kämpfen um die Rechtsstaatlichkeit Russlands.«[100]

Zur selben Zeit brachten Entwicklungen im Ausland die russische Opposition in eine schwierige Lage. In Kiew hatten die Proteste vom Maidan zum Sturz von Präsident Janukowitsch geführt und das Verhältnis zwischen Russland, der Ukraine und dem Westen in eine tiefe Krise gestürzt. Die Annexion der Krim, der Konflikt im ostukrainischen Donbass und die daraus resultierenden Sanktionen bestimmten die öffentliche Debatte. Dies verhieß nichts Gutes für die Opposition, und schon gar nicht für die liberale. Alle Parteien der systemischen Opposition wie auch die Mehrheit der Bevölkerung hatten die Annexion der Krim begrüßt – beziehungsweise deren »Wiedervereinigung mit Russland«, wie der Vorgang offiziell genannt wurde.

Liberale hatten Friedensmärsche gegen den Krieg in der Ukraine organisiert, wirkten aber zunehmend wie eine versprengte Minderheit. Ständig stellte man sie als fünfte Kolonne der Ukraine und des Westens dar, die deren Interessen vertrete. Die Lage rang den Liberalen bittere Entscheidungen ab und zwang sie abermals zur Überlegung, sich zusammenzutun.

Die Vereinigung aller liberalen Kräfte war ein lang gehegter Traum. Seit den frühen Nullerjahren war sie vielfach diskutiert worden und doch jedes Mal gescheitert.

Im November 2014 kamen die wichtigsten liberalen Gruppierungen in Moskau zusammen, um über diese ewig wiederkehrende Frage zu debattieren. Organisiert hatte die Konferenz Boris Nemzows Partei RPR-PARNAS, die mit einem für russische Liberale zeitlosen Thema aufwartete: Ja zu Europa!

Laut Nemzow stand Russland an einem geopolitischen und zivilisatorischen Scheideweg. Auf der einen Seite sei da »die Partei des chinesischen Wegs« (Putin und seine Verbündeten), die »Partei des Kriegs, der internationalen Isolation, der Repression, Zensur und Korruption«, und sie sei im Begriff, das Land in eine »Rohstoffkolonie Chinas« zu verwandeln. Auf der anderen stehe »die Partei des europäischen Wegs«, die demokratische Opposition. Angesichts einer so epochalen Entscheidung müssten sich die Liberalen zusammenschließen.[101]

Jabloko verweigerte sich umgehend jeder Art von Bündnis mit »Nationalisten, Linksextremen oder Parteien, die diese tolerieren« – ein deutlicher Seitenhieb gegen Nawalny.[102] Auch dieser hatte sich in der Vergangenheit eher skeptisch gezeigt, wenn es um solche Bündnisse ging, freundete sich in den kommenden Monaten aber zusehends mit der Idee an, alle zu vereinen, die »für Europa« seien.[103] Zudem wuchsen seine Bedenken, ob Kandidaten seiner eigenen Partei überhaupt zugelassen würden. Eine Koalition bot sich als Ausweichtaktik also durchaus an.

Die demokratische Koalition

Im Februar 2015 wurde Boris Nemzow – eine Leitfigur der Opposition, die die Vereinigung der liberalen Kräfte vorangetrieben hatte – in der Nähe des Kremls ermordet.

Zwei Monate nach dem dramatischen Ereignis gaben der Vorsitzende von RPR-PARNAS, Michail Kassjanow, und Nawalny bekannt, dass sie eine Koalition gründen würden, um damit bei den kommenden Duma-Wahlen anzutreten.[104]

Laut Nawalny war das vorrangige Ziel der Koalition, Menschen mit demokratischer Gesinnung eine Stimme zu geben: »Sehr viele Leute in diesem Land glauben, dass sich Russland nach europäischem Vorbild fortentwickeln sollte, dass wir wechselnde Machtverhältnisse, unabhängige Gerichte und freie Medien brauchen.«[105] Trotz dieser breiten Unterstützung säßen dennoch keine »Leute mit demokratischen Ansichten« im Parlament – und genau das wolle er ändern.

Aber das würde nicht leicht werden. Seit 2007 waren keine Politiker liberaler Parteien mehr in der Duma. Die »Demokratische Koalition« hoffte, bei den 2016 anstehenden Parlamentswahlen wieder Sitze zu erringen. Bis dahin wollte man bei den Regionalwahlen 2015 erste Schritte in diese Richtung unternehmen. Die Koalition beabsichtigte, in vier Wahlkreisen anzutreten, durfte aber nur in einem davon Kandidaten aufstellen: der Region Kostroma, einem dünn besiedelten ländlichen Gebiet rund 300 Kilometer nordöstlich von Moskau, also weitab der Hauptstadt.[106]

Der Wahlkampf in einer derart ländlichen Region, praktisch ohne gleichgesinnte Wahlhelfer vor Ort, erwies sich als extrem schwierig. Und trotz der überschaubaren Zahl von Oppositionellen setzten die Regierungsstellen eine Vielzahl fauler Tricks und »administrativer Ressourcen« gegen die »Demokratische Koalition« ein. So fuhr bei einer Wahlversammlung etwa ein dunkelhäutiger Mann in einem Wagen mit gefälschten US-Diplomatenkennzeichen vor, um die Kandidaten als amerikanische Marionetten zu diskreditieren.[107] Mit nur zwei Prozent der Stimmen war das Ergebnis eine bittere Enttäuschung.

Die Duma-Wahlen im September 2016 hätten die nächste Herausforderung werden sollen, doch die »Demokratische Koalition« sollte sie nicht mehr erleben. Die Strategie der Koalition beruhte massiv darauf, dass RPR-PARNAS – im Gegensatz zu Nawalnys eigener Partei – offiziell zur Teilnahme an Wahlen zugelassen war.

Doch RPR-PARNAS steckte in einer tiefen Krise. Eine ihrer Führungsfiguren, Wladimir Ryschkow, war ausgetreten, und die Partei hatte sich in PARNAS umbenannt. Nemzow war ermordet worden. Michail Kassjanow, ein ehemaliger Ministerpräsident unter Putin, hatte die Partei nun vollständig unter seiner Kontrolle.

Die »Koalition« bestand vor allem aus PARNAS, Nawalnys Unterstützern sowie einer Reihe kleinerer Gruppierungen.[108] Nawalny und seine Anhänger hofften, dass Vorwahlen entscheiden könnten, wer die Liste der »Demokratischen Koalition« bei den kommenden Duma-Wahlen anführen solle – und dass er sich letztlich durchsetzen würde. Doch gemäß den russischen Partei- und Wahlgesetzen hatte Kassjanow in dem Bündnis schließlich das Sagen und entschied somit auch über die Liste. Seine Verbündeten mussten ihm den Vortritt lassen. Als Stimmenmagnet war Kassjanow allerdings kaum die erste Wahl. Er galt als langweiliger Technokrat. Am Ende jedoch lenkten Nawalny und sein Team ein und beugten sich Kassjanows Anspruch auf den ersten Listenplatz, wenn auch nur zähneknirschend.

Skandal im Hotelzimmer

Im April 2016 sorgte ein Bericht des kremltreuen Staatsfernsehens für einen Skandal. In einem Enthüllungsmagazin strahlte der Sender NTV heimlich gefilmte Videos aus, die den verheirateten Kassjanow halb nackt mit einer Parteikollegin in einem Hotelzimmer zeigten. Ein ehemaliger Angestellter des Senders erklärte später, seine Chefs hätten »nie ein Geheimnis daraus gemacht«, dass der Kreml den Beitrag befohlen habe. Das Filmmaterial habe der Inlandgeheimdienst FSB geliefert.[109]

Der Sexskandal war ein herber Schlag für die »Demokratische Koalition«. Die Opposition empörte sich zwar über die schmutzige Attacke gegen ihren Kandidaten, doch die Ausstrahlung hatte seinen Ruf erheblich beschädigt. Nawalny griff Kassjanow an und rief ihn auf, nun endlich Vorwahlen zuzulassen, um zu entscheiden, wer die demokratische Liste anführen solle – nicht ohne anzumerken, dass selbst »Einiges Russland« solche Wahlen abhielt.[110] Auch wies er noch einmal darauf hin, dass es Kassjanow an der nötigen Ausstrahlung fehle. Kassjanow aber gab nicht nach, worauf Nawalny und sein Team die Zusammenarbeit aufkündigten und die Koalition in sich zusammenbrach.[111]

Nawalny hatte eine Menge Zeit und Mittel in die Strategie der Koalition investiert, und nun lag sie in Trümmern. Schließlich gelangte er zur Einsicht, dass eine Zusammenarbeit mit liberalen Parteien in Russland nicht mehr infrage komme. Für die Opposition gerieten die Duma-Wahlen 2016 zu einem Fiasko: Jabloko erhielt gerade einmal 2 Prozent, was die Partei jedoch nicht davon abhielt, ihren Gründer Jawlinski gleich für die Präsidentschaftswahl 2018 zu nominieren. Kassjanows Partei schnitt sogar noch schlechter ab: PARNAS erhielt mickrige 0,73 Prozent der Stimmen.

Nawalny gab die Schuld der »alten Garde« in der liberalen Führungsriege:

> »In den vergangenen dreizehn Jahren haben sie nur verloren ... In der Weltpolitik ist es noch nie vorgekommen, dass eine Partei mit demselben Namen und derselben Führungsspitze dreizehn Jahre in Folge verloren hat, und plötzlich macht es ›Zack‹ – gewonnen! Das ist unmöglich. Nach solchen Niederlagen müssen Parteien ihren Namen ändern, ihre Führer müssen abtreten. So wollen es die Wähler. Nur so können Parteien überleben. So funktioniert Politik in demokratischen Staaten.«

Nawalny warf den liberalen Parteien vor, sie seien unnütz und unfähig. Zwischen Wahlen »dämmern sie in einer Art trägem Halbschlaf dahin, und dann, einen Monat vor der Wahl, springen sie plötzlich auf und sagen: Wählt uns, wir sind die Besten, die es gibt. Und dann verlieren sie.«[112] Und wenn sie dann verloren hätten, so Nawalny, gäben sie den Wählern die Schuld.

Nawalnys strategische Überlegungen waren auch eine Art Bilanz seiner Kampagne für faire Wahlen und deren Schwachstellen. Bei der Initiative ging es vor allem um ein ordnungsgemäßes Wahlverfahren, wie im Slogan »Meine Stimme zählt«. Von nun an wollte er darum kämpfen, dass echte Kandidaten zugelassen würden, angefangen mit ihm und seiner Bewegung. Nawalny richtete seinen Blick bereits auf die nächsten, für 2018 angesetzten Präsidentschaftswahlen, und die würde er sich nicht noch einmal durch Bündnisse verderben lassen, die er nicht kontrollieren konnte.

Der Präsidentschaftswahlkampf 2018

Die Präsidentenwahl von 2018 versprach, ein bloßer Volksentscheid für Putin zu werden. Seine Wiederwahl stand nie in Zweifel. Allein der Termin, der 18. März, war symbolträchtig gewählt: Auf den Tag genau vier Jahre zuvor hatte Putin das Gesetz zur »Wiedervereinigung« der Krim mit Russland unterzeichnet.

Es war keine Alternative zu Putin in Sicht. Die systemische Opposition in der Staatsduma hatte die Ukraine-Politik des Präsidenten öffentlich unterstützt. Schirinowski, der rechtsextreme Populist, der erstmals 1991 für das Präsidentenamt kandidiert hatte, würde antreten. Doch er war im Grunde eine Witzfigur, die sich am Ende immer auf die Seite des Kremls schlug.[113] Nawalny hatte ihn und seine Partei, die LDPR, nie ernst genommen. Die Kommunistische Partei dagegen wartete mit einer Überraschung auf. Statt ihres Vorsitzenden, der schon viermal angetreten war, nominierte die Partei den unbekannten Geschäftsmann Pawel Grudinin.

Obwohl die Kommunisten die wichtigste Partei der systemischen Opposition darstellte, konnte auch dieser Coup das Rennen nicht wirklich spannend machen. Putin hatte astronomische Beliebtheitswerte, noch immer getragen von einer Welle der Unterstützung infolge seiner Annexion der Krim. Er schwebte über allen, wie es schien, war kein normaler Kandidat. Der Regierungsapparat strebte 70 Prozent für Putin an, im ersten Wahlgang und bei einer Wahlbeteiligung von ebenfalls 70 Prozent. Und man hoffte, dies ohne zu viel Tricksereien hinzubekommen.

Mit dem Ende der »Demokratischen Koalition« waren alle Hoffnungen auf einen gemeinsamen Kandidaten der liberalen Opposition zerbrochen. Jawlinski, der schon 1996 und 2000 angetreten war, würde sich zur Wahl stellen. Obwohl er den

Vorsitz von Jabloko 2008 abgegeben hatte, genoss er noch immer hohes Ansehen in der Partei. Der Kreml brachte seinen »Bürgerbeauftragten für die Wirtschaft«, Boris Titow, dazu, für den staatstreuen Liberalismus anzutreten. Doch dessen »Wachstumspartei« führte so gut wie keinen Wahlkampf.

Die einzige wirkliche Überraschung war Xenia Sobtschak. Die 1981 geborene Tochter von Anatoli Sobtschak – dem ersten gewählten Bürgermeister von Sankt Petersburg und Putins Mentor – war eine echte Celebrity. Fast jeder in Russland kannte sie als TV-Moderatorin und Produzentin, als It-Girl und erfolgreiche Geschäftsfrau. Sobtschak hatte sich den Protesten von 2011/12 angeschlossen, was sie viele Fernsehaufträge gekostet hatte, und sich der regierungskritischen Politik und dem Journalismus zugewandt.[114]

Trotz dieser Ausflüge in die Opposition hielten sich hartnäckig Gerüchte, wonach der Kreml Sobtschak absichtlich ins Rennen geschickt habe, um den Wahlkampf zu beleben – was sie vehement bestritt.[115] Die anderen Bewerber, von denen es acht auf den Stimmzettel schafften, waren praktisch chancenlos.

Als Nawalny im Dezember 2016 seine Kandidatur bekannt gab, erklärte er, dies werde kein gewöhnlicher Wahlkampf werden. Noch immer zweifelnd, ob man ihn überhaupt würde antreten lassen – schließlich kannte er sich mit Wahlen in Russland mittlerweile aus –, steckte er sich hohe Ziele:

»Es ist an uns allen, im Jahr 2018 für eine echte Wahl zu sorgen. Das ist keine leichte Aufgabe, denn seit 1996 hat es in Russland keine echten Wahlen mehr gegeben. Es wird nicht einfach werden, ein Verfahren, das seit zwanzig Jahren bedeutungslos war, in eine wirkliche Auseinandersetzung von Ideen, Ansätzen und Kampagnen zu verwandeln. Aber ich möchte eure Stimme sein, euer Repräsentant in dieser Wahl.

Ein echter Politiker, der den Menschen nah ist und ihre Interessen vertritt.«[116]

Nawalny trat jetzt für das höchste Staatsamt an. Doch als Politiker hatte er einige Handicaps. Das erste davon war paradoxerweise sein Ruf als Korruptionsbekämpfer: Viele hielten ihn für einen Kandidaten mit nur einem Thema. Noch 2012 hatte er in einem Artikel betont, der Kampf gegen die Korruption sei sein vorrangiges Ziel. »Das ist mein Wirtschaftsprogramm«, schrieb er damals. Das aber war vielen zu wenig und brachte ihm heftige Kritik ein.[117]

Das zweite Handicap war, dass die wirtschaftspolitischen Vorstellungen der Liberalen bei der Mehrheit der Wähler nicht sonderlich gut ankamen – um es milde auszudrücken. Dies war ein Kritikpunkt, den Nawalny insbesondere auch gegen Sobtschak richtete, die er als »Karikatur« der Demokraten aus den 1990ern bezeichnete, mit »kannibalistischen Ansichten über Politik und Wirtschaft« (wobei mit »Kannibalismus« hier radikal-marktliberale Konzepte gemeint sind, die in den Ohren gewöhnlicher Russinnen und Russen wie blanker Hohn klingen mussten).[118] Nawalny musste als kompetenter Politiker erscheinen, ohne Menschen, die dem Wirtschaftsliberalismus skeptisch gegenüberstanden, vor den Kopf zu stoßen.

»Hört auf, die Oligarchen zu füttern!«

Die Lösung seines Dilemmas bot das Thema Ungleichheit. Bei der Bekanntgabe seiner Kandidatur widmete Nawalny sich nun ausführlich der »ungeheuren Ungleichheit von Wohlstand und Chancen«, an der Russland kranke – dem Kernpunkt seines Wahlprogramms. Eine »kleine Gruppe von Menschen« habe die Macht »an sich gerissen«, sagte er, und zwar jene

»0,1 Prozent der Bevölkerung«, die »88 Prozent des Volksvermögens« besäßen. Diese Menschen seien keine »innovativen Geschäftsleute, die Unternehmen aufgebaut hätten, sondern Nutznießer großflächiger Privatisierungen und Bürokraten«.[119]

Worauf Nawalnys Wahlprogramm hinauslief, war ein dritter Weg zwischen Wirtschaftsliberalismus und einer deutlich linken Agenda. Auf diese Weise grenzte Nawalny sein Konzept gegenüber den drei Gruppen ökonomischer Entscheidungsträger ab, die damals die Diskussion beherrschten: den Neoliberalen, die das Pensionsalter anheben wollten, den Befürwortern von Planwirtschaft und Isolation – sowie Putins Regierung, die sich damit zufriedengebe, einfach »nichts zu tun« und »Beamte reich zu machen«.[120]

Wolkow bestätigte, dass man vorhabe, die Verknüpfung zwischen »Liberalen« und rechtsgerichteter Wirtschaftspolitik zu kappen.[121] Um Ungleichheit zu bekämpfen, schlug Nawalny vor, Mindestlohn und Sozialleistungen anzuheben und Wohnraum bezahlbar zu machen. Zudem forderte er die Besteuerung der privatisierten Infrastruktur. Der Slogan »Hört auf, die Oligarchen zu füttern!« bot den Vorteil, dass er sich gegen ohnehin verhasste Gruppen richtete (Oligarchen und Bürokraten), und zugleich sein soziales Profil schärfte und erweiterte. Dieser Wahlspruch sei »sowohl politisch links (für soziale Gerechtigkeit) als auch rechts (gegen Monopole), sowohl konservativ als auch liberal«.[122]

War das Populismus? Gängige Definitionen des Begriffs betonen, dass Populisten stets das »wahre Volk« gegenüber einer »korrupten Elite« abgrenzen und behaupten, Politik müsse Ausdruck des »allgemeinen Volkswillens« sein. Daran, dass sich auch Nawalny gegen eine »korrupte Elite« stellt, besteht kein Zweifel. Auch fordert er, dass Politik den Willen des Volkes respektieren müsse, und wendet sich gegen die Vereinnahmung der Macht durch eine herrschende Elite. Seine Antworten auf diese Missstände allerdings sind durch und durch liberal: Rechtsstaatlichkeit, Gewaltenteilung und Pluralismus der politischen Kräfte. Zudem beabsichtigt er, mehr Befugnisse vom Präsidentenamt auf das Parlament zu verlagern.[123]

In anderen Worten, Nawalny sieht die derzeitige Konfrontation zwischen einer korrupten Elite und dem geeinten Volk nur als vorübergehend. Wolkow und er haben häufig klargestellt, ihr politisches Ideal sei ein System, in dem unterschiedliche demokratische Kräfte gegeneinander anträten und in dem Nawalnys Partei nur eine unter vielen sei.[124]

Tendierten Teile seines Wirtschaftsprogramms eher nach links, so wiesen andere durchaus nach rechts in Richtung Neoliberalismus – eine Ideologie, die auf Marktmechanismen, Wettbewerb und Eigeninitiative gründet. Hier forderte er mehr Transparenz, die Zerschlagung von Monopolen, mehr Wettbewerb, Entbürokratisierung sowie eine geringere Besteuerung von Arbeit und Kleinunternehmen. Diese neoliberalen Maßnahmen waren jedoch nur für den Übergang gedacht – den »Übergang vom oligarchischen Kapitalismus zum sozialen Kapitalismus«. Einer seiner Berater erklärte gegenüber einer Journalistin: »Wenn Sie ihn fragen, wird er sagen: Wirtschaft ist gut, Wettbewerb ist gut, Ratschläge aus dem Westen sind gut … Jetzt aber legt er mehr Wert auf sozial ausgewogene Maßnahmen und Gerechtigkeit. Wenn Sie ihn irgendwie einordnen wollen: In den USA wäre er ein Demokrat, in Europa wäre er Mitte rechts.«[125]

Nationalismus ade?

Nawalnys Wahlkampagne bewies, dass er sich vom Nationalismus als Strategie der Opposition größtenteils verabschiedet hatte. Zwar verstand er sich noch immer als »russischer Nationalist« und erklärte, er sei seit 2011 »keinen Millimeter« von seinen früheren Positionen abgewichen.[126] Doch war der Nationalismus fraglos nicht mehr seine offizielle Ideologie.

In Bezug auf die wohl umstrittenste Frage, die der Krim, hatte Nawalny bereits einen pragmatischen Ton angeschlagen. Im Jahr 2014 erklärte er:

> »Obwohl die Krim in grober Verletzung des internationalen Rechts annektiert wurde, gehört sie nun zur Russischen Föderation – so sind die Realitäten. Machen wir uns nichts vor. Und auch den Ukrainern rate ich eindringlich, sich nichts vorzumachen. Die Krim wird ein Teil Russlands bleiben und auch in absehbarer Zukunft nicht mehr ukrainisch werden.«[127]

Mit dieser Erklärung schlug er einen Mittelweg zwischen den Liberalen und den Nationalisten ein. Viele Liberale plädierten für eine einseitige Rückgabe der Krim an die Ukraine. Nawalny nicht. Viele Nationalisten sahen kein Problem in dem, was auf der Krim geschehen war, betrachteten es nicht als »Annexion«, sondern als rechtmäßige Wiedervereinigung mit Russland. Nawalny nicht.

Nie kam diese pragmatische Haltung besser zum Ausdruck als bei einer Diskussion mit Igor Strelkow, einem der Anführer der Separatisten im Donbass. Bei diesem Streitgespräch im Juli 2017 erklärte Nawalny: »Ein schlechter Friede ist besser als ein guter Krieg.« Gewiss seien die Russen ein »geteiltes Volk«, doch lehne er alle »phantastischen« Militärabenteuer ab, um es in Russlands »nahem Ausland« zu verteidigen. Nawalny betrachtet Russen und Ukrainer als ein und dasselbe Volk.

Im Mittelpunkt von Nawalnys Überlegungen zur Ukraine standen jedoch die Interessen russischer Staatsbürger, nicht die des »russischen Volkes« im ethnischen Sinne, wie er betonte. Für Nawalny waren diese Interessen vor allem materieller Natur: Die Subventionierung des Krieges im Donbass würde dem russischen Steuerzahler schlicht zu große Lasten aufbürden – ganz zu schweigen von den tragischen Folgen des Konflikts im Allgemeinen. Dieser Standpunkt war himmelweit entfernt von der emotionalen Beschwörung nationaler Größe, mit der die Ereignisse in offiziellen Reden und im Staatsfernsehen versehen wurden. Bei der Wahl zwischen Butter und Kanonen entschied sich Nawalny eindeutig für die Butter.[128] Der einzige Punkt, der noch an seine nationalistische Agenda erinnerte, war die Forderung nach einer Visumspflicht für Bürger der zentralasiatischen Republiken. Die Themen, mit denen Nawalny nun Wahlkampf machte, aber hatten kaum noch etwas gemein mit den üblichen nationalistischen Parolen.

Sein Wahlprogramm war äußerst umfangreich, und es enthielt Unmengen von Zahlen und Graphiken, als müsste es seine Seriosität unter Beweis stellen. Nawalny erklärte, es sei von »Meinungsführern und Experten auf den Gebieten der Wirtschaft, des Rechts und der Kultur verfasst und erarbeitet worden«. Auf seiner Kampagnen-Website hieß es, diese Fachleute stünden für ein »ausgewogenes und realistisches Programm«. Zu ihnen zählten der Wirtschaftsexperte und ehemalige Energieminister Wladimir Milow, der Leiter der Menschenrechtsorganisation »Agora« Pawel Tschikow, die Juraprofessorin Elena Lukjanowa sowie der ehemalige Vizechef der russischen Zentralbank Sergej Alexaschenko – alles Persönlichkeiten mit einem ausgesprochen liberalen Profil.

Nawalny führte seinen Wahlkampf ähnlich wie vier Jahre zuvor in Moskau, nur in anderem Maßstab – nämlich jetzt in ganz Russland. Als Wahlkampfmanager fungierte wieder Leonid Wolkow. Die Kampagne war professionell und zentral organisiert, getragen von einem Heer freiwilliger Helfer und bezahlter Mitarbeiter.

Nach einem Jahr Wahlkampf gab sich Nawalny mehr als zufrieden: »Zum ersten Mal in der jüngeren Geschichte Russlands haben wir eine echte und gewaltige politische Struktur aufgebaut, mit Büros in dreiundachtzig Städten und fast 200 000 Freiwilligen im ganzen Land.«[129] Selbst unter Berücksichtigung der üblichen Übertreibungen, die man von solchen Zahlen kennt, war dies eine beachtliche Leistung. Am Ende, so hieß es, habe man für den Wahlkampf – auf völlig transparente Weise – Spenden in Höhe von 368 Millionen Rubel eingesammelt (über 4,8 Millionen Euro).[130]

Das Hauptziel der Kampagne bestand darin, durch eine Reihe von Kundgebungen die breite Unterstützung für Nawalny zu demonstrieren. Die Teilnehmerzahl bewegte sich zwischen mehreren Hundert und einigen Tausend.[131] Dieser umfassende und öffentlich zur Schau gestellte Rückhalt diente Nawalny dazu, eine seiner zentralen Behauptungen zu untermauern: dass sich der Kreml vor ihm und seinen Anhängern fürchtete. Dass seine Anhänger von den Behörden eingeschüchtert und verhaftet wurden, war nur ein weiterer Beleg dafür. Wieso die ganzen Repressionen, wenn er keine Bedrohung darstellte?

Zur »echten« Wahl, auf die Nawalny so gehofft hatte, sollte es nicht kommen. Er durfte nicht antreten. Der Kirowles-Fall holte ihn erneut ein. Nach seiner Verurteilung von 2013 hatte Nawalny den Fall vor den Europäischen Gerichtshof für Menschenrechte gebracht – und gewonnen. Im Jahr 2016 gelangte das Gericht zu dem Urteil, die »innerstaatlichen Gerichte« Russlands hätten »das Strafrecht willkürlich angewendet«.[132]

Die russische Justiz gab jedoch nicht auf. Man stellte Nawalny erneut vor Gericht und verurteilte ihn zu einer Bewährungsstrafe von fünf Jahren.[133] Laut Gesetz durfte er nun rund zehn Jahre lang bei keiner Wahl mehr antreten.[134] Die Vorsitzende der Zentralen Wahlkommission spielte die Bedeutung der Entscheidung herunter: Nawalny sei ein »junger aussichtsreicher Politiker. Wenn diese Zehn-Jahres-Frist vorüber ist, etwa im Jahr 2028, wird er wieder bei Wahlen kandidieren können. Dann soll er mit seinen Ideen zeigen, nicht aber mit dem Druck der Straße, dass er des Präsidentenamtes würdig ist.«[135]

Doch ein Erfolg?

Nawalny reagierte auf die Entscheidung, indem er öffentlich verkündete, dass »Wahlen bei uns nicht stattfinden, weil Wladimir Putin schreckliche Angst hat, sich vor dem Wettstreit mit mir fürchtet … und seinen Dienern von der Zentralen Wahlkommission befohlen hat, meine Registrierung abzulehnen«.[136] Nawalny beschloss, die Wahl zu boykottieren und daraus einen »Wählerstreik« zu machen. Der Begriff sollte etwas Aktiveres vermitteln als die Vorstellung, dass Boykotteure am Wahlabend einfach zu Hause auf dem Sofa sitzen blieben. So umfasste dieser Streik etwa die Entsendung von Beobachtern und die Organisation von Protesten.

Schwer zu sagen, ob Nawalnys »Wählerstreik« erfolgreich war. Nawalny selbst behauptete es. Aber wie gesagt – »normale« Politiker räumen in der Regel nur ungern Niederlagen ein.[137]

Die Beteiligung an den Präsidentschaftswahlen von 2018 fiel hoch aus: über 67 Prozent, zumindest laut offizieller Zählung. Putin wurde im ersten Wahlgang mit über 76 Prozent der Stimmen wiedergewählt.

Beachtlich war nur das schlechte Abschneiden der liberalen Kandidaten. Sobtschak und Jawlinski erhielten weniger als 2 Prozent. Nawalny hatte nur Spott für sie übrig, eine Opposition, die er als Relikte der Vergangenheit bezeichnete.

Und er schmiedete ehrgeizige Pläne: »Wir sollten nicht über die Vereinigung der Opposition reden, sondern über deren Schaffung. Zuerst, was die Ideen betrifft und dann im Sinne ihrer Organisation … Wir sollten darüber diskutieren, wie wir 60 Prozent holen können.«[138]

Nawalny war seit zwanzig Jahren in der Politik und landesweit bekannt – ein Politiker von nationaler Bedeutung. Zwar fehlte sein Name 2018 auf dem Stimmzettel, doch sein Wahlkampf selbst war ein Erfolg. Nawalny hatte keine Partei, aber er war in der Lage, Tausende von Anhängern in ganz Russland zu mobilisieren. Die letzten Worte auf seiner Wahlkampfwebsite lauteten: »Wir haben im ganzen Land ein Netzwerk aus Zweigstellen aufgebaut und unterhalten. Sie werden ihre politischen Aktivitäten weiterführen, sie werden weiter für unsere Rechte kämpfen und die Herrschenden nicht ruhen lassen. Schließt euch uns an!«

Der verhinderte Politiker

Nawalnys Weg als Politiker wirkt auf den ersten Blick verwirrend. Manchmal hat er die liberale Opposition aufgerufen, sich zusammenzutun. Ein andermal wollte er es allein versuchen. Das Gleiche gilt für Wahlen: Zuweilen hat er zum Boykott aufgerufen, dann zur Unterstützung anderer Oppositioneller und schließlich zur Protestwahl. Manchmal sind Slogans von zentraler Bedeutung. Ein andermal lehnt er sie als zu simpel ab. Dann stehen sie wieder hoch im Kurs.

Was sollen wir von all diesen Volten halten? Diesen Widersprüchen?

Eine Antwort lautet, dass dieses Hin und Her überhaupt nicht widersprüchlich *ist* – dass es sich dabei lediglich um flexible Anpassungen an ein politisches System handelt, das aus der Ferne statisch wirken mag, aber in ständigem Wandel begriffen ist. Nachdem etwa der Kreml – wiederum in Reaktion auf die »Faire Wahlen«-Bewegung – die Zulassungsbeschränkungen für Parteien gelockert hatte, versuchte auch Nawalny, an Wahlen teilzunehmen, obwohl er sie bisher für bedeutungslos gehalten hatte. Doch als der Kreml aussichtsreiche Kandidaten wieder ausschloss, war auch Nawalny bereit, seinen Kurs erneut zu ändern.

Solche Anpassungen finden sich auch in seiner Ideologie. Als Nawalny klar wurde, dass er mit Nationalismus die Massen nicht auf seine Seite ziehen konnte, verlegte er sich auf das Thema der wirtschaftlichen Ungleichheit.

Angesichts all dieser Wendungen könnte man ihn sprunghaft und opportunistisch nennen, wie es seine weniger pragmatischen Kollegen aus dem liberalen Lager stets getan haben. In Wahrheit aber spiegeln sie lediglich Nawalnys Bereitschaft wider, sowohl seine Taktik als auch maßgebliche inhaltliche Forderungen dem einen Ziel unterzuordnen, dem er stets beachtlich treu geblieben ist: dem Kampf gegen ein autoritäres System, das sich der Korruption und der Repression bedient, um seine Macht zu sichern.

Nawalnys Geschichte wirft jedoch auch ein Schlaglicht auf die ewigen Probleme der russischen Opposition. Wieso ist den Oppositionellen die Zusammenarbeit in der Vergangenheit so schwergefallen? Eine mögliche Erklärung wäre: Die Politik ist nicht zuletzt ein Tummelfeld ausgeprägter Egos. Dass etwa Jawlinski trotz seiner Unbeliebtheit auf der Präsidentschaftskandidatur für Jabloko beharrte, ist nur ein Beispiel solcher politischen Eitelkeiten – und es hat massive Spannungen mit Nawalny ausgelöst.

Doch das ist längst nicht alles. Ein weiterer Faktor ist die unglaubliche Vielzahl politischer Positionen, wie sie etwa während der Moskauer Proteste vom Dezember 2011 zutage trat. Der Widerstand gegen Putin und der Ruf nach freien und fairen Wahlen mag die verschiedenen Gruppierungen auf kurze Sicht zusammenbringen, eine längerfristige Kooperation erwies sich jedoch oft als unmöglich.

Und selbst wenn die Akteure dieselben Ideen vertreten, sind die Möglichkeiten der Opposition im autoritären russischen System begrenzt. Dennoch bleibt eine Reihe von Optionen: Ein Boykott birgt stets den Vorteil moralischer Integrität, bedeutet er doch, dass man fingierte Scheinwahlen nicht noch dadurch billigt, dass man daran teilnimmt. Andere Oppositionskräfte hingegen haben sich auf Wahlen eingelassen und versucht, sie durch taktische Stimmabgabe freier und fairer zu gestalten. Denn im Gegensatz zu in sich geschlossenen Diktaturen bietet ein System wie das russische noch immer einige wenige Partizipationsmöglichkeiten. All diese Optionen sind im Grunde schlechte Alternativen, was innerhalb der Opposition immer wieder zu Streit darüber führt, welchen Kurs man wählen sollte.

Zudem herrscht im oppositionellen Lager nicht selten tiefes Misstrauen, und das nicht ohne Grund. Schon oft hat der Kreml Menschen und Organisationen jedweder Gesinnung umworben und für seine Zwecke eingespannt. Folglich ist Paranoia unter Oppositionellen weit verbreitet – selbst in Fällen, wo der Kreml seine Hände nicht im Spiel hat.

Unter der scheinbar so stillen Oberfläche von Putins Herrschaft ist die russische Politik alles andere als monoton und vorhersehbar. Sowohl der Kreml als auch die Opposition passen sich ständig den Gegebenheiten an. Doch als Nawalny von den Präsidentschaftswahlen 2018 ausgeschlossen wurde, war allen klar, dass der Kreml ihm jede Chance genommen hatte, ein »normaler« Politiker zu werden.

Eines war ihm nun bewusst: Er musste protestieren. Und das tat er nicht zum ersten Mal. Während eines Großteils seiner politischen Laufbahn hatte er Straßenproteste angeführt und für seinen Präsidentschaftswahlkampf begonnen, im gesamten Land eine Bewegung aufzubauen. Um Nawalnys Geschichte zu verstehen – die Geschichte von Nawalny, dem Straßenaktivisten –, müssen wir Moskau hinter uns lassen und in die Provinzen aufbrechen, zu den Aktivisten vor Ort.

4

DER STRASSENAKTIVIST

»Wir haben keine Angst!«

Wladiwostok, 23. Januar 2021. Tausende von Demonstranten versperren die Swetlanskaja-Straße – eine bedeutende, von Geschäften und historischen Gebäuden gesäumte Verkehrsstraße im Herzen von Russlands östlichster Hafenstadt. Das unweit der Grenze zu China und Nordkorea gelegene Wladiwostok ist Russlands Hauptzugang zum Pazifik.

Im Laufe des Tages sollte sich eine Stadt nach der anderen in ganz Russland den Protesten anschließen. Rund vierzigtausend Demonstranten sind allein auf Moskaus Straßen unterwegs.

Doch ein Mann fehlt. Nawalny ist in Gewahrsam und wartet auf seinen Gerichtstermin am 2. Februar, an dem sich entscheiden wird, ob er eine Gefängnisstrafe antreten muss.

Überall in Russland fordern Menschen Putins Rücktritt. Sie verlangen auch, dass der russische Präsident »den Palast dem Volk zurückgibt«, eine Reaktion auf das Video *Ein Palast für Putin*, das am 19. Januar vom Fonds zur Korruptionsbekämpfung auf YouTube veröffentlicht wurde.

Nachdem er das verworrene Netz von Geldgebern und die unglaubliche Pracht des offenbar für Putin persönlich erbauten und instand gehaltenen Palasts am Schwarzen Meer dargelegt hat, wendet sich Nawalny der Kamera zu:

»Putin und alle, die ihn schützen, die in seinem Namen stehlen und Wahlbetrug betreiben, das sind maximal einige Hun-
derttausend Leute. Aber wir sind zig Millionen. Wir glauben nicht einfach nur an unsere eigene Stärke. Wenn zehn
Prozent der Unzufriedenen auf die Straße gehen, werden
sie nicht wagen, die Wahlen zu fälschen ... Wir müssen nur
aufhören, nachsichtig zu sein.«[1]

Der Film ist Teil einer dramatischen Abfolge von Ereignissen.
Nawalny kehrt nach Russland zurück und wird wie erwartet festgenommen. Während die Welt das Geschehen verfolgt,
veröffentlicht sein Team das Video und gießt Öl ins Feuer.
Einige Tage später folgen die Proteste.

Ihr Ausmaß ist beispiellos. In einigen Städten hat es solche
Menschenmassen auf den Straßen seit Jahrzehnten nicht gegeben.

Und all das geschieht nicht einfach durch Zufall. Die Wut
der Menschen ist ehrlich und aufrichtig. Aber dass sie in genau
diesem Augenblick auf die Straße gehen, spiegelt die Arbeit
von Nawalnys Team wider, das jahrelang Protestenergie gelenkt und gebündelt hat.

Im Folgenden zeichnen wir Nawalnys Entwicklung vom
parteilosen Moskauer Politiker zum Anführer von Russlands
größter politischer Bewegung ohne eine Verbindung zum
Kreml nach. Wir zeigen, wie der Protest ein so entscheidender
Bestandteil von Nawalnys Rüstzeug wurde – unter anderem
weil die Protestmobilisierung zu den wenigen Dingen zählte,
die in dem restriktiven politischen Umfeld von Wladimir
Putins dritter Präsidentschaftszeit noch möglich waren. Wir
zeichnen nach, wie Nawalny aus den Demonstrationen »Für
faire Wahlen« von 2011 und 2012 lernte und Protest bewusst
einsetzte, um für seine landesweite Organisation Unterstützung zu mobilisieren und Aktivisten zu motivieren.[2]

Nawalnys Mobilisierung der Menschenmassen war keine einseitige Manipulation. Er benutzte die Menschen nicht einfach für seine eigenen Zwecke. Wenn unzufriedene Russen aus allen Bereichen der Gesellschaft bereit sind, die immer stärkeren Repressionen in Kauf zu nehmen, mit denen die Behörden auf den politischen Aktivismus reagieren – Drohungen, Festnahmen, Überwachung und Gewalt –, dann nicht deswegen, weil Nawalny sie dazu verführt hätte, seinen Aufrufen blind zu folgen, sondern weil sie in ihm jemanden sehen, der ihren eigenen Bemühungen um politische Veränderungen dienlich sein kann.

Wir zeigen, mit anderen Worten, wie aus dem Menschen Nawalny die Bewegung Nawalny wurde.

Politiker ohne Amt

Protest ist für Nawalnys Aktivitäten maßgeblich. Über seine YouTube-Videos hinaus erhielt er die größte öffentliche Aufmerksamkeit, wenn er im Rahmen von Demonstrationen für ein »Russland ohne Putin« auftrat, Wahlbetrug anprangerte und Korruption aufdeckte.

Aber er hat den Preis dafür gezahlt. Seine Haftstrafe von 2021 nicht mitgezählt, hat er mehr als 250 Tage im Gefängnis verbracht.[3] Dazu zählten viele kurze Haftzeiten, wenn er dafür bestraft wurde, gegen einige der vielen komplizierten Vorschriften verstoßen zu haben, die von den Behörden aufgestellt wurden, um Proteste einzudämmen. Beispiele für solche Verstöße sind der Aufruf zu behördlich nicht genehmigten Versammlungen oder eine angebliche »Weigerung, der rechtmäßigen Anordnung eines Polizisten Folge zu leisten«. Aber Nawalny hat seine Aufenthalte im Gefängnis oft als positiv dargestellt und gesagt, er habe dort Zeit zum Lesen gehabt und Menschen aus allen Gesellschaftsschichten kennengelernt.[4]

All das erfahren wir aus den Medienberichten über Nawalny und seine Bewegung. Aber dringt man tiefer in die Materie ein, wird offensichtlich, dass der Protest für Nawalnys Leben als Oppositionspolitiker durchaus grundlegend ist. Ohne Protest würden seine oppositionellen Aktivitäten sehr anders aussehen – und vielleicht nicht einmal existieren.

Opposition als solche ist in Russland nicht verboten. Aber Russland ist auch keine Demokratie. Wir können Demokratien von Nichtdemokratien unterscheiden, indem wir eine einfache Frage stellen: Verlieren die Regierungsparteien manchmal eine Wahl? In Russland – und anderen Nichtdemokratien – werden entscheidende Wahlen in aller Regel nur von Oppositionsparteien verloren. Russische Politiker, die sich weigern, die Übermacht des Kreml zu akzeptieren, haben es sehr schwer. Der Kreml bedient sich aller Mittel, um sicherzustellen, dass das gewünschte Wahlergebnis erzielt wird. Er wählt dabei aus einem »Menü der Manipulation« aus, wie es der Politologe Andreas Schedler formulierte, um bei Wahlen für ungleiche Bedingungen zu sorgen.[5] Eine Möglichkeit stellt etwa Wahlfälschung dar – und die sozialen Medien sind voll von Bildern, die Betrugsversuche im Umfeld russischer Wahlen dokumentieren. Aber andere Arten der Manipulation sind vermutlich sogar noch wichtiger, vom Vereiteln der Aufstellung oppositioneller Kandidaten bis hin zu verzerrter Berichterstattung.

Ein aufstrebender Oppositionspolitiker wie Nawalny hatte von Anfang an beschränkte Möglichkeiten. Das war schlecht für jemanden, der sich als einen »normalen«, innerhalb politischer Institutionen agierenden Politiker betrachtet – als Wahlkämpfer, als Parteiführer, selbst als angehenden Präsidenten. Er schien von Anfang an chancenlos zu sein.

Protest als die Lösung

Aber in der Politik geht es nicht nur um Wahlen. Selbst in den liberalen Demokratien der Welt ist die Wahl nur ein Mittel der politischen Aktivität. Der Protest ist ein weiteres, und angesichts der informellen, aber strengen Beschränkungen, die die Behörden der institutionellen Politik auferlegten, ist es dasjenige, dem Nawalny zuneigt.

In einem der Opposition gegenüber intoleranten System wird der Protest zu einer bedeutenden Möglichkeit, sich politisch zu engagieren. Wenn Oppositionspolitiker daran gehindert werden, sich zur Wahl aufzustellen und in den Medien aufzutreten, wenn sie juristisch verfolgt werden, dann ist öffentlicher Protest einer der wenigen Kanäle, um sich Gehör zu verschaffen, neue Unterstützer zu gewinnen und Druck auf die Behörden auszuüben.

Das soll nicht heißen, dass das Protestieren einfach war. Demonstrationen sind in Russland im Laufe der Jahre zunehmenden Beschränkungen unterworfen gewesen, insbesondere nach den Schockwellen, die die Proteste »Für faire Wahlen« 2011 und Anfang 2012 im Kreml ausgelöst haben. Aber bei allen Einschränkungen war und ist Protest zu einem gewissen Grad noch immer möglich. Und Nawalny konzentrierte sich zunehmend auf den Protest, weil dies schlicht eine der letzten Möglichkeiten war, die ihm noch zur Verfügung standen.

Nawalny machte das Beste aus seiner Lage. Weil er zur Straßenpolitik gezwungen war, nahm er sie ernst. Und das bedeutete, den Protest von einem gelegentlichen lebhaften, aber unkoordinierten Ausbruch von Unzufriedenheit in eine politische Strategie zu verwandeln.

Zwei Geschichten aus den Provinzen

Rostow am Don, 10. Dezember 2011. Sechs Tage sind seit den landesweiten Parlamentswahlen vergangen, und die Proteste breiten sich mit rasender Geschwindigkeit über das ganze Land aus. In Rostow marschieren mehrere Hundert junge Menschen durch die Stadt und halten leere Blätter in die Luft. Die Botschaft ist klar: Warum irgendetwas schreiben, wenn alle wissen, was Sache ist?

Rostow ist eine große Stadt, eine Metropole mit mehr als einer Million Einwohnern im Süden Russlands. Die von imposanten weißen Häusern gesäumten Hauptverkehrsstraßen zeugen von ihrer Vergangenheit als wichtigem Handelszentrum im Zarenreich. Und es ist noch immer eine reiche Stadt. Doch im Gegensatz zu anderen Städten, in denen in der postsowjetischen Ära wachsender Reichtum mit dem Aufkommen politisch unabhängiger Unternehmen und Medien zusammenfiel, war Rostows politische Sphäre stets strengen Kontrollen unterworfen.

Während der ersten beiden Jahrzehnte nach dem Ende der Sowjetunion scheute sich der politisch einflussreiche Gouverneur Wladimir Tschub nicht, jeden unter Druck zu setzen, der seine Macht infrage stellte, einschließlich Journalisten und politisch engagierten Unternehmern. Daher war die politische Opposition in Rostow von Anfang an auf einen kleinen Kreis kampferprobter Aktivisten unterschiedlicher politischer Couleur beschränkt. Wenn sie sich zu ihren kleinen, als *pikety* – »Mahnwachen« – bezeichneten Demonstrationen versammelten, standen Liberale neben Nationalbolschewiken – jener von Eduard Limonow angeführten radikalen Gruppierung, die Faschismus mit Staatssozialismus und Punk-Ästhetik kombiniert. Koalitionen dieser Art – die viel stärker auf persönlichen Verbindungen und gemeinsamer Opposition den Behörden gegenüber als auf Ideologie beruhen – sind in Russland nicht unüblich.

Aber in Rostow ist Solidarität unter Dissidenten besonders wichtig – einfach, weil es so wenige von ihnen gibt.

Als junge Menschen ihre weißen Blätter durch die Boulevards der prächtigen Stadt tragen, sind die altgedienten Aktivisten verblüfft: Woher kommen diese Leute? Wochenlang bemühen sie sich, eine Verbindung zu den jungen Demonstranten aufzubauen, auch weil die Behörden die Konten in den sozialen Medien, wo solche Protestmärsche koordiniert werden, rasch schließen, ihre Organisatoren festnehmen und die Studenten der Universität von Rostow vorsorglich vor der Teilnahme warnen. Nichtsdestoweniger gelingt es den erfahrenen Aktivisten und den Neulingen, im Winter 2011/12 gemeinsame Kundgebungen zu organisieren, und eine Zeit lang hat es den Anschein, als gäbe es in Rostow echtes Potenzial für eine wachsende Opposition.

Aber die erfahrenen Aktivisten wissen nicht, wie sie die Neulinge zu irgendetwas anderem als ihren kleinen regelmäßigen Mahnwachen animieren sollen. Entsprechend zerstreuen sich die so unerwarteten, inspirierenden und zu Beginn geradezu schockierenden Kundgebungen bald. Alles endet in der üblichen Frustration. Als Leonid Wolkow im Oktober 2012 den Koordinierungsrat der Opposition organisiert, um eine Basis für die landesweite Bewegung zu schaffen, ist Daria, einer der wenigen verbliebenen Neuzugänge, hoffnungsvoll: »So etwas brauchen wir auch für Rostow!« Aber Boris, ein seit langem aktiver liberaler Aktivist, antwortet: »Wozu denn? Es würden doch sowieso nur dieselben fünf Leute kommen.«

Perm, 11. Dezember 2011. Die Welle der Demonstrationen »Für faire Wahlen«, die das Land überspült, erreicht die Stadt an einem Sonntag, einen Tag nach den meisten anderen Städten wie Rostow. Aber die Art der Proteste ist auffallend ähnlich. Mit Hilfe einer Social-Media-Gruppe organisieren Menschen zwischen zwanzig und dreißig eine lebhafte Demonstration, die Beobachter ebenso wie altgediente Bürgerrechtsaktivisten verblüfft.

In Perm ist der bestehende Aktivismus sehr viel professioneller organisiert als in Rostow. In dem Industriezentrum mit einer Million Einwohnern am Ural wurde in der Vergangenheit oft liberal gewählt. Repressalien spüren die Menschen hier weniger. Vor allem existiert hier ein einzigartiger Zusammenschluss von NGOs und Bürgerrechtsgruppen, die bei regionalen Themen regelmäßig mit den Behörden zusammenarbeiten und manchmal sogar Gesetzesentwürfe einbringen.

Aber die Menschen verstehen auch etwas vom Demonstrieren.

Als die frisch mobilisierten Demonstranten mit ihren selbstgemalten Schildern frohgemut die Plätze der Stadt bevölkern, ist die alte Riege der Aktivisten anfangs skeptisch. »Wir dachten, für sie seien die Proteste nur ein Spiel, ein Scherz«, erinnert sich Sergej, ein bekannter liberaler Organisator. Aber sie sehen auch das Potenzial. Daher treten sie mit den Leitern der Social-Media-Gruppe in Kontakt und bauen im Laufe der Zeit gemeinsam eine Ad-hoc-Organisation auf: die »Versammlung 24. Dezember«, benannt nach dem Tag der größten Kundgebung von 2011.

Die »Versammlung« organisiert viele Arbeitskreise, zum Beispiel eine lokale Gruppe zur Überwachung von Wahlen, die im Jahr 2021 noch immer existiert. Sie ist damit eine Art Koordinationszentrum, in dem sich die Erfahrungen und die Ressourcen von Perms erprobter Zivilgesellschaft mit der Motivation einer neuen Generation von Demonstranten verbinden.

Aber sie ist auch ein Ort der Auseinandersetzung. Die Neulinge fordern neue Parlamentswahlen und mehr Transparenz in der Politik. Sie drängen auf breite, weitreichende Veränderungen, haben jedoch kein klares politisches Programm. Sergej und seine Kollegen stehen den Neulingen zwar wohlwollend gegenüber, haben aber ihre eigenen, sehr spezifischen lokalen Ziele. Vor allem bekämpfen sie den Gouverneur der Region, Oleg Tschirkunow. Der ist intelligent und durchaus zugänglich, trägt aber gleichwohl die Moskauer Politik mit, die die Selbstverwaltung der Stadt beschneiden und damit ihre politische Macht schmälern will.[6] Manche der unerfahrenen Mitglieder haben den Eindruck, ihre Initiativen würden »von Leuten ausgenutzt, die ihre eigenen Interessen verfolgen«, wie sich einer der jungen Organisatoren erinnert. Auch wenn die Versammlung demokratische Verfahrensweisen etabliert hat, fühlen sich die neuen Demonstranten von den wahren Entscheidungsprozessen ausgeschlossen – und ziehen sich, nachdem sich die Proteste beruhigt haben, frustriert von »der Politik«, der Politik im Allgemeinen, zurück.

Wir sind nicht allein

Diese Geschichten von Ende 2011 und Anfang 2012 halten einige wichtige Lektionen über Proteste in Russland bereit – und Lektionen, die Nawalny sich zu Herzen genommen hat.

Die erste ist, dass der Protest ein großes Potenzial besitzt, vormals getrennte Gesellschaftsgruppen zu vereinigen und zu motivieren. Die Proteste von 2011/2012 wurden nicht von einer bestimmten Person koordiniert. Oppositionelle Gruppen hatten die Wahlbeobachtung organisiert, aber die Mobilisierung selbst – der Umstand, dass die Menschen auf die Straße gingen – vollzog sich größtenteils spontan.

Viele Demonstranten nahmen nicht mit einem bestimmten Ziel an den Kundgebungen teil. Als die Proteste begannen, machten die Menschen ihrer Wut über Wahlfälschungen Luft sowie über die Erklärung vom September 2011, dass Putin abermals als Präsident antreten wolle. Dabei hatten viele Demonstranten keine scharf umrissene politische Identität. Sie waren weniger »Liberale«, »Demokraten« oder »Sozialisten« als vielmehr besorgte Bürger, die es nicht gewohnt waren, sich mit Politik zu befassen, geschweige denn auf der Straße zu demonstrieren. Politische Ansichten entwickelten sich erst im Zuge der Proteste, lösten sie aber nicht aus.

Im Jahr 2011 protestierten viele erstmals in ihrem Leben. Und als sie auf den Plätzen standen und durch die Straßen ihrer Heimatstädte zogen, trauten viele ihren Augen kaum. »Es war so unglaublich«, erinnert sich Tanja aus Perm. »Dass es so viele Gleichgesinnte gibt!« Vom Tahrir-Platz in Kairo bis zum Majdan in der Ukraine ist diese Art der Erkenntnis oft der erste Schritt zu einer großen und anhaltenden Mobilisierungswelle.

Die Erfahrung des Protests kann das eigene Selbstverständnis und die Auffassung von der eigenen Rolle in der Gesellschaft grundlegend verändern und eine kollektive Identität schaffen. Letzten Endes erzielten die Demonstrationen »Für faire Wahlen« in politischer Hinsicht nur wenige positive Veränderungen. Im Gegenteil: Als er 2012 wieder Präsident wurde, ging Wladimir Putin massiv gegen viele der zaghaften Liberalisierungen vor, die während Dmitri Medwedews Präsidentschaft vorgenommen wurden. Viele Demonstrationsteilnehmer wurden zu langen Haftstrafen verurteilt. Aber für viele war es der erste Schritt in die Politik. Es war vor allem der Augenblick, in dem sie erkannten, dass sie nicht allein waren.

Protest – und dann?

Diese Erkenntnis kann unheimlich motivierend sein. Aber die Geschichte aus Rostow zeigt, dass Proteste trotzdem rasch wieder abflauen können. Die zweite Lektion für Nawalny war daher, dass man für einen echten politischen Effekt die durch Proteste freigesetzte Begeisterung wachhalten muss, dass man ihr Ziele geben muss – kurz: dass Protest der Organisation bedarf.

Die »Versammlung« in Perm tat genau das. Sie bot denen, die durch die Proteste motiviert wurden, eine Struktur für fortgesetzten Aktivismus. Und sie brachte neue, junge hochmotivierte Demonstranten mit denen zusammen, die durch jahrzehntelange Bürgerrechtsarbeit das für wirkungsvollen Aktivismus notwendige Wissen und die entsprechenden Netzwerke geschaffen hatten.

Materielle Ressourcen waren ebenfalls entscheidend. Der »Versammlung« gehörten einige unabhängige Geschäftsleute aus der Region an, die ein kleines Gehalt für den Vorsitzenden der »Versammlung« beisteuerten, und die neue Wahlbeobachterorganisation durfte ihre Zentrale in einem Gebäude einrichten, das einem der Mitglieder der »Versammlung« gehörte.

Perm und viele andere Städte zeigten, wie viel Wissen und Erfahrung in den Provinzen vorhanden war. Im Gegensatz zur gängigen Meinung des typischen Liberalen in Moskau gab es jenseits der Hauptstadt nicht nur Leben, sondern auch das Potenzial für politische Arbeit. Mit anderen Worten: Protestpolitik in Russland war nicht nur in Moskau und Sankt Petersburg möglich.

Allerdings zeigten die Ereignisse in Perm und anderswo auch die Probleme auf, die entstanden, wollte man sich für langfristige politische Projekte auf Protest stützen. Wie sich die Proteste entwickelten, hing zu einem hohen Maß von ört-

lichen Gegebenheiten ab. Wenn sie wie in Rostow nicht früh-
zeitig in feste Bahnen gelenkt wurden, hielten sie nicht lange
an. Und selbst in Perm konnte die »Versammlung« nicht ihr
volles Potenzial nutzen, da innere Streitigkeiten und Unstimmigkeiten zwischen älteren Aktivisten und einigen der Neulinge vor allem Letztere frustrierten.[7]

Wenn Nawalny mit seinem Kampf gegen Autokratie und
Korruption erfolgreich sein wollte, musste er daher Proteste
organisieren, die zu langfristigem Engagement motivierten,
und er musste eine Struktur erschaffen, die die Erfahrung und
das Wissen in den Regionen nutzte, ohne dabei von einem
bestimmten Kreis örtlicher Aktivisten abhängig zu sein. In seinem einjährigen Wahlkampf für die Präsidentschaftswahl von
2017 setzte Nawalny sich genau das zum Ziel.

Aber er tat dies nicht allein.

Der Kopf der Bewegung

»Erster Eintrag – damit der Raum hier nicht ganz frei bleibt.«[8]
Mit diesen wenig aufregenden Worten in seinem neuen Blog
beschritt Leonid Wolkow einen Weg, der sein Leben von
Grund auf veränderte.

Der 1980 geborene Wolkow erlebte als Teenager in den
neunziger Jahren die wirtschaftlichen Unruhen und gesellschaftlichen Katastrophen mit, aber sein eigenes Berufsleben
nahm seinen Anfang, als es mit dem Land aufwärts zu gehen
begann. Mit noch nicht einmal dreißig Jahren war er bei »SKB
Kontur« – einer großen IT-Firma in seiner Heimatstadt Jekaterinburg – bis in die Geschäftsführung aufgestiegen. In einer
Familie von Mathematikern aufgewachsen, begann er als Pro-
grammierer, war aber schon bald als Manager tätig. Und in der
Blütezeit des Bloggens in Russland begann er mit Livejournal

zu experimentieren, derselben Plattform, die Nawalny und unzählige andere seinerzeit für ihre öffentlichen Mitteilungen verwendeten.

Anfangs war Wolkow sich nicht sicher, worum es in seinem Blog gehen sollte, doch schon bald verlagerte sich der Schwerpunkt von privaten Mitteilungen in Richtung Politik. Im Dezember 2007 – knapp drei Monate nach dem ersten Eintrag – berichtet Wolkow, er habe an einem Einführungskurs für freiwillige Wahlbeobachter teilgenommen: »Gestern war ich bei einer Übungsstunde für Beobachter und habe viel über mögliche Arten von Verstößen erfahren. Ich habe versucht, mir alles zu merken. Das war hochinteressant. Vieles hätte ich mir nie vorstellen können, vor allem nicht, wie leicht es ist, das gewünschte Ergebnis hinzubekommen!«[9]

Die Parlamentswahlen von 2007 mitzuerleben, machte auf Wolkow großen Eindruck. In einem nur wenige Stunden nach Schließung der Wahllokale veröffentlichten Beitrag lieferte er eine detaillierte Analyse der Fälschungen, die er beobachtet hatte. Wolkow kam zu dem Schluss, Putins Verbündete hätten sich sowohl gute Ergebnisse für ihre Kandidaten als auch eine hohe Wahlbeteiligung gewünscht, ohne Manipulationen aber nicht beides zugleich haben können.

Wolkows Blog ist ein Protokoll seiner Politisierung in Echtzeit. In den nächsten zwei Jahren entwickelte sich der Blog von einer privaten Spielwiese zu einem wichtigen Informationsorgan in Jekaterinburg. Wolkow konnte zu einem Teil der russischen Gesellschaft sprechen, der sich zuvor nicht für Politik interessiert hatte – genau der Gruppe, die vier Jahre später die Straßen von Moskau bevölkern würde, um gegen den Ausgang der Parlamentswahlen zu protestieren. In Jekaterinburg begannen sich die gebildeten und relativ wohlhabenden Bürger 2007 langsam zu politisieren – nicht zuletzt angeregt von Wolkows Blog.

Es dauert nicht lange, bis Wolkow beschließt, sich als unabhängiger Kandidat für den Stadtrat zu bewerben. Es ist das erste Mal, dass er einen Wahlkampf organisiert, eine Tätigkeit, die bald zu seinem Beruf werden wird. In einem Blog-Eintrag listet er auf, was Teil dieses Wahlkampfs war und was nicht: »Anzahl der Freiwilligen – 36. Gesamtauflage der Wahlkampfmaterialien – 61 548 Exemplare. Anzahl verteilter Geschenke – 0.«[10]

Wolkow macht sich hier über die etablierte Praxis lustig, sich Stimmen mit »Geschenken« zu erkaufen, und stellt ihr seinen eigenen demokratischen, »normalen« Wahlkampf gegenüber.

Er erhält den Sitz im Stadtrat und macht sich an die Arbeit. Die Mitgliedschaft im Finanzausschuss des Stadtrats verschafft ihm Zugang zu den Finanzplänen der Stadt, die er im Blog erörtert. Er organisiert Livestreams von Parlamentssitzungen. Er macht die Lokalpolitik populär. Und zugleich leitet er die örtliche Niederlassung der Demokratiebewegung »Solidarnost« und die Ortsgruppe der Wahlüberwachungsorganisation »Golos«. Wolkow verkörpert nun den liberalen Aktivismus in Jekaterinburg.

Hört man sich bei seinen Freunden und Helfern um, sind sie voll des Lobes. »Rührig, kompetent, intelligent«, sagt einer. »Ein kluger Kopf, der sich alles rasch aneignet«, sagt ein anderer. Die Geschäftsleute vor Ort, erinnert sich ein weiterer, hätten Wolkow als einen »anständigen jungen Mann« betrachtet. Sie arbeiteten gern mit Wolkow zusammen und steuerten auch Mittel zu seinem Wahlkampf bei.

Aber es gibt auch andere Stimmen. Wolkow sei immer ein liberaler Extremist gewesen, sagt Dmitri, ein ehemaliger Mitstreiter von Wolkow und inzwischen Chefredakteur der offiziellen Zeitung der Bezirksverwaltung. Wolkow könne ziemlich ungnädig sein, »intolerant allen gegenüber, die seine Auffassungen nicht sofort teilen«. Aber selbst Dmitri räumt ein, dass Wolkow 2009 zum »Epizentrum der Bewegung« geworden sei.

Ein wesentlicher Bestandteil dieser Bewegung ist der Protest. 2010 organisierte Wolkow große, bunt zusammengesetzte Demonstrationen gegen den Bau einer Kirche auf einem zentralen Platz in Jekaterinburg und für die Beibehaltung der Direktwahlen für das Bürgermeisteramt. Wie ein kommunistischer Delegierter aus der Stadt es formuliert, waren dies die ersten Proteste, die nicht wirtschaftliche oder gesellschaftliche Anliegen wie Lebenshaltungskosten, Renten und Sozialleistungen verfolgten. Stattdessen gingen Wolkows Anhänger aus der Mittelschicht für urbane Themen und für politische Freiheit auf die Straße und veränderten die im Rahmen der Proteste gestellten Forderungen. Und Wolkow war der Kopf oder doch zumindest der Katalysator dieser Veränderung.

Ein politischer Führer trifft seinen Strategen

In Moskau blieben diese Vorgänge nicht unbemerkt. Nawalny erinnerte sich später, dass Jekaterinburg entscheidend für seine Bemühungen gewesen war, eine über Moskau hinausgehende Zuhörerschaft anzusprechen.[11] Und wenn Jekaterinburg seine Aufmerksamkeit auf sich zog, dann war auch offensichtlich, wen er dort treffen musste.

Im Herbst 2011 entscheidet sich Wolkow, einen Schritt weiter zu gehen. Er will Delegierter des Regionalparlaments werden – eine Stufe höher in der Rangordnung des russischen Politsystems, als es sein Sitz im Stadtrat von Jekaterinburg war. Wieder begibt er sich in den Wahlkampf, diesmal mit der Erfahrung von zwei Jahren im Stadtrat und dem Beistand mehrerer Helfer. Er erhält auch reichlich finanzielle Unterstützung: Als er 2010 gebeten wird, seine Firma zu verlassen – möglicherweise, weil sein politisches Profil nicht mehr zum Image des Unternehmens passte –, erhält er eine großzügige Abfindung, die er in politische Projekte investiert.

Aber die Behörden wissen inzwischen, wer er ist. In ihren Augen ist er nicht länger der harmlose »pfiffige jüdische Programmiererjunge«, ein Eindruck, den die Behörden laut Fjodor Krascheninnikow, Politikwissenschaftler und Freund Nawalnys, von Wolkow hatten. Er ist zur Bedrohung geworden. Und wenn jemand eine Bedrohung ist, greifen die Sicherheitsmaßnahmen des Systems: Wolkows Kandidatur wird abgelehnt, angeblich wegen fehlerhafter Unterschriften.

Mit der Unterstützung von Jekaterinburgs liberalen Aktivisten organisiert Wolkow eine Demonstration, um gegen die Entscheidung zu protestieren – und Nawalny reist nach Jekaterinburg. Sie sind sich schon mindestens einmal begegnet, in Garri Kasparows Moskauer Wohnung. Aber dies ist Nawalnys erster politischer Auftritt auf einem Podium außerhalb der Hauptstadt.[12]

Von nun an arbeiten Wolkow und Nawalny zusammen. Wolkow, der bis 2012 ein aufstrebender Politiker war, der eines Tages Bürgermeister von Jekaterinburg zu werden hofft, ist unterdessen zu der Erkenntnis gekommen, dass es ihm nicht liegt, ständig im Rampenlicht zu stehen. Er hat Wahlkampf geführt und Reden gehalten, aber am meisten interessiert hat ihn immer die Organisationsarbeit. Zudem wäre es in der gegenwärtigen Situation wenig sinnvoll, zwei konkurrierende liberale Oppositionsgruppen zu etablieren – eine unter Nawalny und eine unter Wolkow. Und so beschließt Wolkow, das zu tun, was ihm am meisten liegt – zu organisieren. Nawalny, der Politiker, hat seinen Strategen gefunden.

Wie baut man eine Bewegung auf?

Zeitsprung zum Dezember 2016. Die Proteste von 2011/12 sind längst vorbei, Nawalnys Partei durfte sich nicht auf die Wahlliste setzen lassen, und die »Demokratische Koalition« mit Jaschin und Kassjanow ist gescheitert. Aber inzwischen arbeiten Nawalny und Wolkow seit Jahren erfolgreich zusammen, und der Fonds zur Korruptionsbekämpfung hat sich zu einem gut funktionierenden politischen Apparat entwickelt. Es ist Zeit für den nächsten Schritt.

Als Nawalny im Dezember 2016 ankündigt, bei den Wahlen 2018 als Präsidentschaftskandidat antreten zu wollen, ist ihm bewusst, dass sich ihm die Behörden höchstwahrscheinlich in den Weg stellen werden. Als sie ihn 2013 bei der Moskauer Bürgermeisterwahl antreten ließen, war das ein strategischer Fehler, den sie wohl nicht wiederholen würden. Aber selbst wenn Nawalnys Kandidatur letztlich scheitern sollte, kann er diesen Wahlkampf durchaus nutzen, um seine Reichweite endlich über Moskau hinaus auszudehnen und eine echte russlandweite politische Struktur aufzubauen. Dieser Gedanke steht Ende 2016 im Mittelpunkt seines Plans.

Wolkow macht sich an die Arbeit. Das Ziel ist recht einfach: diejenigen mobilisieren, die Nawalny unterstützen (oder zumindest seinen Anti-Putin-Kurs befürworten), und in den größeren Städten des Landes Wahlkampfbüros eröffnen, um Nawalnys künftige Aktionen zu koordinieren. Wie Nawalny wiederholt sagt, ist es schlicht das, was Präsidentschaftskandidaten in »normalen« Demokratien tun: durchs Land reisen, Wahlkampfbüros eröffnen, mit potenziellen Wählern sprechen. Eben Politiker sein.

Aber der Aufbau der größten vom Kreml unabhängigen politischen Vereinigung ist im heutigen Russland kein normaler Vorgang. In einem Land, in dem die politischen Möglichkeiten – selbst jene der nominellen Oppositionsparteien – streng reglementiert werden und die nichtsystemische Opposition nur eine sehr geringe Chance hat, in den landesweiten traditionellen Medien aufzutauchen, hat bislang niemand gewagt, einen Plan dieser Größenordnung umzusetzen. Doch es gibt einen Weg – und dieser Weg ist der Protest.

Vier Kreise des Widerstands

Um zu verstehen, wie Nawalny diese immense Aufgabe in Angriff nahm, ist es hilfreich, seine Kampagne als vier konzentrische Kreise zu betrachten. Nawalny und sein FBK-Kernteam stehen im Zentrum. Dort werden die Entscheidungen getroffen. Der erste Kreis besteht aus den regionalen Büros, ihren Mitarbeiter und den freiwilligen Aktivisten, die die tägliche Wahlkampfarbeit verrichten. Der zweite Kreis enthält die Sympathisanten – Menschen, die selbst keine Aktivisten sein wollen, aber bereit sind, Nawalny zu unterstützen und seine Botschaft in ihre Familien, Schulen und Arbeitsstellen hineinzutragen. Die beiden äußeren Kreise bestehen schließlich aus der breiten Bevölkerung, deren Stimmen erst noch gewonnen werden müssen. Der dritte Kreis besteht aus jenen, die *möglicherweise* für Nawalny stimmen würden, während der vierte jene umfasst, die ihm entweder misstrauen oder gegen ihn sind – oder nicht einmal wissen, dass es ihn gibt.

Protest ist das Hauptinstrument, um Menschen in Richtung Mitte zu ziehen.

Nawalny erreicht das unter anderem, indem er Aufmerksamkeit erregt. Wenn Hunderte oder Tausende skandierend und Schilder schwenkend durch ein Stadtviertel ziehen, wenn Dutzende von Polizeitransportern im Stadtzentrum vorfahren und das Alltagsleben unterbrochen wird, wenn Journalisten

Teilnehmer interviewen und Bilder von Menschenmassen im Internet zu sehen sind, dann nehmen die Menschen das wahr, selbst wenn sie nicht unmittelbar beteiligt sind.

Nawalnys Sichtbarkeit ist tatsächlich durch einige wenige aufsehenerregende Aktionen erhöht worden.[13] Vor 2011 kannten nur 6 Prozent der Teilnehmer an landesweiten repräsentativen Umfragen seinen Namen. Nach den Demonstrationen »Für faire Wahlen« von 2011/12 hatte sich diese Zahl auf 34 Prozent erhöht. Während seiner Bürgermeisterkandidatur von 2013 in Moskau erhöhte sie sich erneut, diesmal auf über 50 Prozent, dann stieg sie abermals während seiner Präsidentschaftskandidatur von 2017/18 und 2020/21 im Zuge seiner Vergiftung. Im Jahr 2021 sind jene, die Nawalny nicht kennen, in der Minderheit – 25 Prozent.[14] In all diesen Zeitabschnitten war der Protest ein wichtiger Faktor bei der Steigerung von Nawalnys Bekanntheitsgrad: Er führte zu medialer Aufmerksamkeit, was wiederum die namentliche Bekanntheit verstärkte.

Namentliche Bekanntheit ist natürlich nicht mit Unterstützung gleichzusetzen. Aber sie ist eine notwendige Bedingung. Und im Gegensatz zu früheren Zeiträumen stiegen Nawalnys Sichtbarkeit und seine Unterstützungsrate im Jahr 2017 parallel an.[15] Sein – zu einem großen Teil von Protest befeuerter – Wahlkampf machte ihn nicht nur bekannter, sondern auch beliebter.

Eine weitere Art, wie Protest Menschen in die Bewegung hereinziehen kann, ist durch die Erfahrung selbst. Protest sozialisiert und motiviert. Wie schon während der Demonstrationen für faire Wahlen zu beobachten war, können diese Protestaktivitäten die Art, wie Menschen ihre Umgebung wahrnehmen, deutlich verändern. Menschen, die bislang glaubten, mit ihren Ansichten allein zu sein, die dachten, alle Leute um sie herum seien entweder völlig gleichgültig oder aber Putin-Anhänger – sie konnten nun plötzlich sehen, dass es »so viele Gleichgesinnte« gab, wie Tanja aus Perm es ausgedrückt hatte.

2017 waren Proteste Teil einer dreistufigen Mobilisierungsstrategie, um Nawalnys Präsidentschaftswahlkampf in Gang zu setzen: Öffentlichkeitsarbeit in den sozialen Medien, landesweite Protestmobilisierung und die Eröffnung lokaler Wahlkampfbüros. Phase eins war der am 2. März auf YouTube veröffentlichte Film *Für euch ist er kein »Dimon«*, in dem es um die Korruptionsvorwürfe gegen den ehemaligen Präsidenten Dmitri Medwedew ging.

Phase zwei folgte einige Wochen später, als Nawalny Antworten von Medwedew forderte.

Am 26. März veranstaltete Nawalnys Team Kundgebungen in siebenundneunzig Städten, die größte Protestwelle seit 2012. Als am 12. Juni zu einer zweiten Protestwelle aufgerufen wurde, stieg die Zahl der Städte, in denen Menschen auf die Straße gingen, auf 154 an.[16] Wie schon 2011 brachten die Kundgebungen viele Menschen zusammen, die noch niemals demonstriert hatten. In den meisten Regionen waren es die größten Kundgebungen seit mindestens 2012, in einigen waren es die ersten großen Proteste seit Jahrzehnten. Und Nawalnys Team war klug genug, sie breit und inklusiv anzulegen.

Nawalny war bewusst, dass die Ablehnung der Korruption, das politisierte Justizsystem und das Fehlen politischer Konkurrenz nicht zwangsläufig in Unterstützung für ihn münden würden. Statt die Proteste mit seiner eigenen Präsidentschaftskandidatur in Zusammenhang zu stellen, gestalteten sein Team und er sie daher als Proteste gegen politische Korruption im Allgemeinen. Sie wurden zweifellos von dem Medwedew-Video befeuert, waren aber getragen von einer allgemeinen Wut auf den prunkvollen Lebensstil der Eliten und die scheinbare Unmöglichkeit, »Einiges Russland« – und Putin – loszuwerden.

Sie zogen eine viel breitere Masse als nur Nawalny-Anhänger an – besorgte, mitunter wütende Bürger und Aktivisten des gesamten politischen Spektrums. Viele distanzierten sich offen von Nawalny, nutzten aber nichtsdestoweniger die Gelegenheit, um ihrer Unzufriedenheit Luft zu machen – etwas, was sich Anfang 2021 wiederholen sollte.

Die Proteste kamen genau im richtigen Moment. So wie die Proteste fünf Jahre zuvor machten sie den Menschen Mut. Ein neuerlicher Optimismus machte sich breit, verbunden mit einem Gefühl von Einflussnahme und Beteiligung. Aber anders als 2011/12 gab es jetzt eine überregionale Bewegung, der sie sich anschließen konnten. Man war nicht länger auf die regionalen Oppositionsgruppen mit ihren internen Querelen angewiesen, um zu protestieren.

Mit Phase drei folgte die Gründung regionaler Wahlkampfbüros. In Städten wie Moskau, Sankt Petersburg, Jekaterinburg und Samara waren diese Büros schon im Februar oder März offiziell eröffnet worden – oft mit einem Besuch von entweder Wolkow oder Nawalny. In den meisten anderen Städten war die Eröffnung für April, Mai oder Juni 2017 geplant. Und selbst in den bereits vorhandenen Büros lief die Anwerbung fester Mitarbeiter und freiwilliger Wahlkampfhelfer erst allmählich an. Jetzt konnten diejenigen, die sich der Bewegung anschließen wollten, einfach an die Tür von Nawalnys neuem Büro klopfen oder in ihren örtlichen sozialen Netzwerken nachsehen, wann es öffnen würde. Die Proteste hatten den gewünschten Effekt: Sie zogen Leute von außen nach innen – vom äußeren Kreis derer, die Nawalnys Namen noch nie gehört hatten, in den Kreis der potenziellen Unterstützer und weiter in den Kreis der Aktivisten.

Die Entstehung eines Aktivisten

Manchmal vollzog sich dieser Übergang von außen nach innen sehr rasch. An einem der weißen Ikea-Tische sitzend, die für Nawalnys Büros im ganzen Land typisch sind, beschreibt der einundzwanzigjährige Oleg, wie er in weniger als vier Monaten vom passiven Konsumenten von YouTube-Videos zum bezahlten Mitarbeiter in Nawalnys Wahlkampfteam wurde. »Erfahren habe ich von der Kampagne Anfang März durch den Film *Für euch ist er kein ›Dimon‹*«, sagt er. »Zu der Zeit hatte ich noch keine Ahnung, dass hier ein Wahlkampfbüro eröffnet werden sollte.« Oleg lacht ungläubig über seine eigene Karriere als Aktivist.

Der Film faszinierte ihn. Und als er einige Tage später hörte, dass in seiner Heimatstadt eine Demonstration stattfinden sollte, beschloss er hinzugehen. »Meine Freunde hatten keine Lust, aber ich ging trotzdem. Dort traf ich ein paar Leute, die mir von diesem Büro erzählten.« Oleg sah es sich an, es gefiel ihm, und er wurde freiwilliger Wahlhelfer, mit allem, was dazugehörte: Veranstaltungen organisieren, Flugzettel verteilen und Wahlkampfmaterial verstecken, wenn die Polizei kam, um es zu beschlagnahmen. Er lernte Menschen kennen, schloss neue Freundschaften, und als eine bezahlte Stelle frei wurde, nahm er sie.

Es gibt zahlreiche Geschichten dieser Art. Eine Anfang 2018 online durchgeführte Umfrage in Nawalnys Social-Media-Gruppen ergab, dass ganze 35 Prozent durch den YouTube-Film über Medwedew von der Kampagne erfahren hatten.[17] Die Hälfte der Befragten, die an den Protesten vom 26. März oder 12. Juni 2017 teilgenommen hatten, hatte wie Oleg noch nie zuvor demonstriert. Und 60 Prozent derer, die anschließend freiwillige Helfer oder feste Mitarbeiter wurden, hatten zuvor keine Erfahrung als Aktivisten.[18] Es ist daher nicht übertrieben zu sagen, dass die Proteste die Geburt einer neuen Generation von Aktivisten in Russland markierten.

Die Anwerbung der Regionen

Begeisterte Aktivisten und Ikea-Tische waren allerdings nicht die einzigen wiederkehrenden Bestandteile. Ganz gleich, welches der Büros man aufsuchte, die im ganzen Land aus dem Boden schossen – in Wolgograd, Moskau oder Krasnodar –, man hatte den Eindruck, die Filiale einer angesagten landesweiten Ladenkette zu betreten. Aber statt mit Turnschuhen wurde hier mit Politik gehandelt.

Das Farbschema, das sich durch sämtliche Wahlkampfmaterialien zog, die Bürowände eingeschlossen, erinnerte an eine aufgefrischte, modernisierte russische Flagge: Weiß, Rot mit einem leichten Stich ins Lachsfarbene und ein helles, ins Grün spielende Blau. Die Farben unterstrichen auf subtile Weise, wie Nawalny seine Kampagne nach außen darstellen wollte: als einen patriotischen Versuch, Russland eher zu erneuern, als zu revolutionieren, ihm zu helfen, sein volles Potenzial zu entfalten.

Nawalny selbst war überall. Der Wahlkampfslogan »Nawalny 2018« prangte auf den Wänden, den hellgrauen Sweatshirts der Mitarbeiter und Wahlhelfer und den Werbemitteln. Passanten wurden von den Fenstern aus mit Sätzen aus seinem Wahlprogramm wie »Wohlstand für alle statt Reichtum für die 0,1 Prozent« begrüßt. Und Nawalnys Konterfei zierte unzählige Broschüren, die die Aktivisten an Besucher verteilten.

Durch das einheitliche Branding wurde nicht nur sichergestellt, dass man überall im Land den gleichen Eindruck von Nawalnys Kampagne bekam. Es sorgte auch dafür, dass sich der Wahlkampf mehr oder weniger unabhängig von den lokalen Gegebenheiten machte – ein Problem, mit dem die Aktionen in den Jahren 2011/12 zu kämpfen hatten. Die Büros waren alle gleich aufgebaut: ein funktionaler, optisch ansprechender Raum mit genügend Wahlkampfmaterial zum Verteilen. Besetzt waren sie mit zwei bis drei bezahlten Mitarbeitern einschließlich eines »Koordinators« sowie jemandem mit juristischem Fachwissen, der sich mit den Behörden auseinandersetzen konnte, wenn sie Zubehör beschlagnahmten, Kundgebungen abbrachen oder Vermieter unter Druck setzten. So wurde auch sichergestellt, dass neue Aktivisten sofort über einen vollständig eingerichteten Raum verfügten, an dem sie ohne großes Vorwissen oder Erfahrungen augenblicklich mit der Arbeit beginnen konnten. Es war ein Musterbeispiel an professioneller politischer Organisation.

Aber bei aller Vereinheitlichung sorgte das Team von Wolkow und Nawalny auch dafür, dass sich die Büros in die lokale Aktivistenszene eingliederten. Das war nicht nur sinnvoll, um den Eindruck einer Kolonisation und Fernsteuerung von Moskau aus zu vermeiden, sondern schlicht, weil es großes aktivistisches Potenzial und lokale Erfahrungswerte gab, die man heranziehen und aus denen man schöpfen konnte.

Bald wurden die Büros zu wahren Kulturzentren. Lokale Aktivisten hielten Gastvorträge zur Wahlüberwachung und zum Umgang mit der Polizei, aber auch zu eher philosophischen Themen. Ein Aktivist aus der oppositionellen »Partei der Volksfreiheit« (PARNAS) in Kasan veranstaltete beispielsweise zwei Vortragsreihen zum Thema Gesellschaftstheorie, und in Jekaterinburg sprach ein erfahrener Aktivist über die verschiedenen Spielarten des Liberalismus. Es herrschte ein großer Wissensdurst.

Noch wichtiger aber waren die praktischen Möglichkeiten, die die Büros boten. Als Nawalny im Herbst 2017 durchs Land reiste, lehnten die Behörden die meisten Anträge für öffentliche

Versammlungen ab, was häufig im Widerspruch zur russischen Verfassung stand. Aber »nicht genehmigte« Versammlungen abzuhalten, hätte der Polizei einen Vorwand für Verhaftungen und Repressalien gegeben, was die Wahlkämpfer vermeiden wollten. Sie suchten daher nach großen privaten Räumen. In Perm fanden sie ein ziemlich ungewöhnliches Ambiente: Nawalny, ein erklärter Liberaler, errichtete eine Bühne im Hof einer sozialistisch geführten Wohnkommune. Das wäre nicht möglich gewesen ohne die lokalen Verbindungen, die für gewöhnlich unabhängig von Parteizugehörigkeiten existieren.

Das Potenzial der jeweiligen Regionen zu nutzen, beinhaltete auch die Rekrutierung von Personal. Selbst wenn es Fälle wie in Wolgograd gab, wo der Leiter des örtlichen Wahlkampfbüros aus Leonid Wolkows Umfeld kam und keinerlei Verbindungen zur Stadt hatte, waren doch die meisten Mitarbeiter in den Büros Ortsansässige.

Der Auswahlprozess ähnelte dabei eher den Praktiken einer großen Firma als denen einer sozialen Bewegung. Üblicherweise kündigte die Wahlkampforganisation die Eröffnung eines örtlichen Büros an und forderte interessierte Kandidaten auf, einen Lebenslauf einzureichen. Wolkow machte deutlich, dass die Auswahl wettbewerbsorientiert war und klaren Kriterien folgte. Das lag nicht nur an seiner Vergangenheit in der Geschäftswelt. Es hatte auch Signalfunktion: Mit allem, was Nawalnys Team tat, versuchte es ein Beispiel dafür zu geben, wie das »wunderbare Russland der Zukunft« – einer von Nawalnys bevorzugten Slogans – aussehen könnte. Die Zielvorgaben der Bewegung sind klar und alle Abläufe transparent – das ist das Bild, das sie auch nach außen vermitteln wollen.

Wie Wolkow deutlich gemacht hatte, war die Leitung eines Regionalbüros weniger eine politische als vielmehr eine organisatorische Aufgabe. Auch wenn erprobte Aktivisten wertvolle Erfahrungen beisteuern konnten, war Führungskompetenz das hauptsächliche Auswahlkriterium. Als sich das Wahlkampfteam in der südlichen Stadt Krasnodar für einen Koordinator entschied, der vor Ort die seit 2005 stattfindenden »Russischen Märsche« der Monarchisten und Rechtsextremen organisiert hatte und der landesweiten »Bewegung gegen illegale Einwanderung« angehörte, sagte Wolkow dazu nur, es habe einen offenen Wettbewerb gegeben, in dem der Kandidat die Wahlkampfleiter davon überzeugt habe, dass er für die Aufgabe am besten geeignet war.[19]

Keine Graswurzelbewegung

Die Verwirklichung von Zielvorgaben ist vielleicht nicht gerade das, was einem in den Sinn kommt, wenn man an politischen Aktivismus denkt. Aber das war das Ziel der Kampagne: rasch wachsen, möglichst viele Unterstützer mobilisieren und Unterschriften für Nawalnys Präsidentschaftskandidatur sammeln. Auch wenn sich die Kampagne auf lokales Wissen und Erfahrungswerte stützte, hatten die örtlichen Zentralen bei der Auswahl ihrer Aktivitäten oder ihrer Strategie nicht viel Spielraum. Ein Mitarbeiter in einer Region an der Wolga beklagte, dass der Wahlkampfstil zu stark auf ein junges urbanes Publikum ausgerichtet sei. Sie hatten ihre Aktivitäten anpassen wollen, um auch Rentner anzusprechen. Aber die Bildsprache mit den gelben Enten – eine Anspielung auf den Ententeich, der in dem Medwedew-Film eine Rolle gespielt hatte – ziehe bei Menschen außerhalb der Großstädte einfach nicht, sagte er resigniert. Trotzdem waren die Anweisungen aus Moskau deutlich: keine Veränderungen beim Wahlkampfmaterial.

Ein junger Aktivist aus einer südlichen Stadt hatte eine ähnliche Beschwerde. Eine von Nawalnys sechs wichtigsten Forderungen während des Wahlkampfs von 2017/18 lautete:

»Vertraut den Menschen, entscheidet nicht alles in Moskau.« Dass Nawalny und sein Team den Menschen wirklich vertraute, diesen Eindruck hatte er nicht. »Es ist alles sehr professionell«, sagte er, »aber auch ein wenig autoritär.« Jeden Post, jedes veröffentlichte Video musste er als Social-Media-Manager zuerst zur Freigabe an die Zentrale schicken. Als er für die liberale Partei Jabloko gearbeitet habe, erinnerte er sich, hätten die Dinge anders gelegen. Dieses mangelnde Vertrauen in die eigenen Mitarbeiter gab ihm zu denken: »Ich weiß nicht, ob sie in anderen Fragen demokratischer, liberaler sein werden. Ich bin mir da einfach nicht sicher.«

Doch er und die meisten anderen mit ähnlichen Einwänden verstanden die Gründe für die strikte Top-down-Organisation. Die Wahlkämpfer operierten in einem feindlichen Umfeld, mit nur einem Bruchteil der Ressourcen, über die ihre Gegner – die Behörden – verfügten. Wenn sie eine Chance haben wollten, musste oft sehr schnell reagiert werden, das war entscheidend, für lange demokratische Diskussionen war da keine Zeit. Warum werden die Büros *shtab* genannt (ein deutsches Lehnwort für ein militärisches Hauptquartier), fragt ein Koordinator und gibt sich die Antwort gleich selbst: »Weil wir hier vollständig mobilisiert für den Kampf sind.«

Dennoch gab es sicherlich Spannungen zwischen den lokalen Aktivisten und dem Graswurzel-Geist, der auf den Massenversammlungen wehte, auf der einen und der effizient arbeitenden, gut geölten politischen Maschinerie auf der anderen Seite. Es war diese Kombination, die die Kampagne stark, attraktiv und anpassungsfähig machte, aber sie führte auch zu einem Zusammenprall zweier Welten, über den nicht alle glücklich waren.

»Die Jugend des Landes manipulieren«

Seit Jahren wirft die Kreml-Propaganda Nawalny vor, er benutze die Jugend des Landes für sein Eigeninteresse. Wenn Wladimir Putin über Alexej Nawalny spricht – auch wenn er nie ausdrücklich seinen Namen nennt –, evoziert er immer das Bild des Strippenziehers.

Der Kreml hat kein Problem damit, Schulkinder an Aufmärschen für »Einiges Russland« teilnehmen zu lassen oder die Lehrer der Nation – die während der Wahlen oft Stimmlokale betreiben – für die Durchführung von Wahlbetrug zu gewinnen.[20] Aber wenn es um die »naiven und leicht verführbaren« Kinder und Jugendlichen geht, die Nawalny für seine eigenen Machtspiele manipuliert, inszeniert sich Putin als der Beschützer der Jugend.

Der Kreml bedient mit seinen Vorwürfen zugleich die Vorstellung, Politik als solche sei etwas Schlechtes. Diese Vorstellung ist weit verbreitet, vor allem in postkommunistischen Ländern, in denen politische Auseinandersetzungen noch immer mit dem Chaos und den Entbehrungen der neunziger Jahre in Verbindung gebracht werden. Für die Menschen, die so denken, ist die Politik nicht die Kunst des Möglichen, sondern die Kunst der Täuschung, ein zynisches Spiel, bei dem die Akteure einzig und allein auf ihren eigenen Vorteil bedacht sind. Politik ist daher etwas, von dem man sich fernhält, etwas, das man den Erwachsenen überlässt – jenen an der Macht.

Der Kreml hat alles getan, diese Sichtweise zu bestärken. Eine der liebsten Übungen regierungsfreundlicher Kanäle ist es, die Aufmerksamkeit auf Auseinandersetzungen innerhalb der Opposition zu lenken – die schmutzige Veröffentlichung von Kassjanows Bettgeflüster ist nur ein Beispiel dafür. Und selbst das Justizsystem wird herangezogen, um Beweise zu erbringen: Im Januar 2021, kurz nach der ersten Welle breiter

Proteste gegen Nawalnys Inhaftierung, leiteten die Behörden ein Verfahren gegen Wolkow ein, weil er »Minderjährige zur Teilnahme an ungenehmigten Massenversammlungen in Moskau und anderen russischen Städten angestiftet« habe.[21]

Dem Vorwurf der Instrumentalisierung – dass Nawalny Menschen für seine eigenen Zwecke benutze und sie dadurch sogar in Gefahr bringe – liegt die Annahme zugrunde, dass die Menschen Nawalny auf den Demonstrationen blind folgen, dass sie möglichen Konsequenzen gegenüber ahnungslos sind, dass sie über keine eigene Handlungsfähigkeit verfügen.

Wenden wir uns der Frage zu, ob dies tatsächlich der Fall sein kann.

Keine Protestbewegung reicher Kinder

Die Umfragen zeigen, dass Nawalny eine beträchtliche Gruppe potenzieller Wähler um sich geschart hat – für den Fall, dass er je wieder auf einer Wahlliste stehen sollte. Diese bilden, um das Bild der konzentrischen Kreise noch einmal aufzugreifen, den dritten Kreis. Aber jede politische Kraft braucht eine echte Basis – jene, die mehr sind als nur potenzielle Wähler. Unterscheiden sie sich vom Rest Russlands? Und wenn ja, inwiefern?

Da diese Gruppe der treuen Anhänger naturgemäß viel kleiner ist als jene der potenziellen Wähler, kann man für Informationen über sie unmöglich auf allgemeine Bevölkerungsumfragen zurückgreifen. Allerdings geben die Ergebnisse einer Anfang 2018 – auf dem Höhepunkt von Nawalnys Präsidentschaftswahlkampf – von einem der Autoren durchgeführten Umfrage Aufschluss. Die Umfrage richtete sich an Abonnenten von Nawalnys Social-Media-Gruppen in Moskau, Sankt Petersburg und anderen Städten wie Wladiwostok,

Barnaul und Iwanowo. Da diese Menschen offenkundigen Pro-Nawalny-Gruppen beigetreten und ihre Profile öffentlich einsehbar sind, können wir bei ihnen von einer stärkeren Überzeugung ausgehen als bei den Teilnehmern allgemeiner Umfragen. Sie verkörpern daher nicht den »typischen Nawalny-Anhänger«, was hilfreich ist, wenn wir seine Bewegung genauer in den Fokus nehmen wollen.[22]

Um besser zu verstehen, wie sich diese Gruppe Menschen von anderen Menschen in Russland unterscheidet, kann man sie mit den Teilnehmern anderer, zu einem ähnlichen Zeitpunkt durchgeführter Umfragen vergleichen.[23] Weil die Umfrage von 2018 online und nur in großen Städten durchgeführt wurde, sollte sie mit den Antworten derer verglichen werden, die in Städten mit über 500 000 Einwohnern leben und regelmäßig das Internet nutzen.

Im Allgemeinen sind Nawalnys treueste Anhänger im Internet jünger und gebildeter als andere städtische Internetnutzer.[24] Aber die Daten widersprechen eindeutig dem vom Kreml verbreiteten Stereotyp, Nawalnys Anhänger seien fanatisierte Minderjährige. Auf den Fanatismus werden wir weiter unten noch eingehen, aber die Alterszahlen zeigen eindeutig, dass Minderjährige weniger als ein Fünftel aller Befragten ausmachen.

Männer sind deutlich überrepräsentiert. Sie machen zwei Drittel der Gruppe aus. Das spiegelt den Eindruck der in den Wahlkampfbüros durchgeführten Interviews wider. Das heißt nicht zwangsläufig, dass Nawalnys Ideen für Männer interessanter sind, aber Männer brachten ihre Unterstützung für Nawalny offener zum Ausdruck.

Ein weiteres Stereotyp, das der liberalen Opposition seit den Protesten von 2011/12 anhängt, ist, dass es sich um eine Bewegung der Begüterten handelt – der urbanen Mittelschicht, die den Kontakt zu den Hoffnungen und Ängsten des »wahren

Russlands« verloren hat. Nach dem, was wir über die Zusammensetzung der damaligen Demonstranten wissen, steckt darin ein Körnchen Wahrheit: Die Moskauer Demonstranten waren tatsächlich bessergestellt als andere Einwohner von Moskau.

Aber auf Nawalnys Bewegung trifft das nicht zu. Die Daten zeigen, dass Nawalnys Gruppe bessergestellt ist als die Bevölkerung auf dem Land, aber im Durchschnitt etwas ärmer als Menschen, die in großen Städten leben.[25] Das ist bemerkenswert. In Verbindung mit den Erkenntnissen zum Alter zeigt es, dass das Bild von der »Protestbewegung reicher Kinder« schlicht falsch ist: Es sind weder Kinder, noch sind sie reich.[26]

Es braucht Mut, um Aktivist zu sein

Im Januar 2021, kurz nachdem Nawalny bei der Ankunft auf dem Moskauer Flughafen verhaftet worden war, barst das Netzwerk TikTok – das nicht gerade für politische Inhalte bekannt ist – vor Pro-Nawalny-Inhalten schier aus allen Nähten. Es tauchten viele Videos auf, in denen fünfzehn- oder sechzehnjährige Schülerinnen und Schüler in Klassenzimmern und auf Fluren die offiziellen Porträts von Präsident Putin durch Nawalny-Porträts austauschten. Die Videos waren oft mit Musik unterlegt. Zu hören war der von dem verstorbenen sowjetischen Rocksänger Wiktor Zoi geschriebene Protestklassiker »Chotschu peremen!« (»Ich will Veränderungen!«) oder ein aktuelles Stück des Rappers Face mit der markanten Textzeile »Gegen die Obrigkeit zu sein, heißt nicht, gegen das Mutterland zu sein«.

Im Kreml war man beunruhigt. Auf Grundlage einer eiligen Entscheidung der Prokuratura forderte Roskomnadsor (die Regulierungsbehörde für Massenmedien, Telekommunikation und Datenschutz), TikTok müsse aufhören, Informationen zu verbreiten, die »darauf abzielten, Minderjährige zur Teilnahme an illegalen Aktivitäten anzustiften« – ein ähnlicher Vorwurf wie der, dem Wolkow ausgesetzt war.[27]

Die Videos wurden so beliebt, dass sie bald auf andere soziale Netzwerke überschwappten. Unterdessen versuchte der Kreml, die Urheber der Videos als irregeleitete Schulkinder zu denunzieren.

Was also bringt Menschen – junge wie ältere – dazu, Nawalny öffentlich zu unterstützen? Und welche Risiken entstehen dadurch für sie?

Die Umfrage von 2018 zeigt, dass mehr als die Hälfte der Teilnehmer mit anderen über ihre Unterstützung für Nawalny gestritten hatte – in ihren Familien, in der Schule oder am Arbeitsplatz. Die Anzahl steigt auf mehr als zwei Drittel bei denjenigen, die sich wie Oleg aus Jekaterinburg aktiv in Nawalnys Wahlkampf engagierten, Flugblätter verteilten und Projekte koordinierten – also einen »normalen« Wahlkampf unter unnormalen Umständen führten.

Natürlich sind private Konflikte unangenehm und halten möglicherweise viele potenzielle Aktivisten davon ab, sich zu engagieren, aber die Überzeugungsarbeit, die treue Nawalny-Anhängerinnen und -Anhänger leisten, geht weit über Diskussionen mit einem pro Putin eingestellten Elternteil oder einem Arbeitskollegen hinaus.

Die Organisation »OVD-Info« bietet Menschen juristische Hilfe an, die aufgrund ihrer politischen Aktivitäten Schwierigkeiten bekommen haben. Sie hat die Repressalien, denen Nawalny-Unterstützerinnen und Unterstützer ausgesetzt sind, in allen Einzelheiten dokumentiert.[28] Die Liste ist lang und entmutigend. Allein während des Wahlkampfs von 2017/18 kam es zu Hunderten von Verhaftungen und Razzien in Nawalnys regionalen Büros. Polizisten bedrohten freiwillige Helfer, Mitarbeiter und ihre Verwandten. Universitätsmitarbeiter führten »präventive Gespräche« mit Studenten. Unbekannte Angreifer und Gruppen von offenen Putin-Anhängern wie die »Nationale Befreiungsbewegung« (NOD) attackierten Freiwillige, während die Polizei wegschaute. Und nach Protestkundgebungen verbrachten regionale Koordinatoren regelmäßig fünf bis sieben Tage in Gewahrsam, weil sie gegen eine oder mehrere der undurchschaubaren Demonstrationsauflagen verstoßen hatten. Insgesamt zeigt die Umfrage, dass einer von zwei Aktivisten mindestens eine dieser repressiven Maßnahmen am eigenen Leib erfahren hatte.

Nach potenziellen Konsequenzen für ihr eigenes Leben befragt, antworteten die meisten Aktivisten, sie hofften, die Auswirkungen würden minimal sein, seien aber bereit, sich allem zu stellen, was auf sie zukomme. »Natürlich rechne ich mit Schwierigkeiten«, sagte ein Aktivist aus Rostow. »Ich wurde schon einmal wegen einer Ordnungswidrigkeit verurteilt« – für die Teilnahme an einer nicht genehmigten Kundgebung –, »und ich weiß, wenn ich noch zweimal verurteilt werde, kann ich strafrechtlich verfolgt werden.« Und neben der konkreten Gefahr rechtlicher Auswirkungen ist da noch die ständige Überwachung durch das »Anti-Extremismus-Zentrum« – eine 2008 von Putin gegründete Einheit innerhalb des Innenministeriums, die regelmäßig zur Einschüchterung eingesetzt wird. Doch der Aktivist tut das schulterzuckend ab: »Wenn wir mit diesen Agenten reden, sagen sie Dinge wie: ›Ich weiß, dass Sie nicht zu Hause übernachtet haben.‹ Aber das macht mir überhaupt keine Angst. ›Wenn euch solche Sachen interessieren, könnt ihr mich gerne überwachen‹«, spottet er.

Polina, sechsundzwanzig, eine tatkräftige Mitarbeiterin und erfahrene Aktivistin in Jekaterinburg seit den Protesten von 2012, legt bei einem 2017 geführten Gespräch eine ähnlich gelassene Einstellung an den Tag.

Vielleicht, räumt sie ein, werde ein künftiger Arbeitgeber Angst haben, dass die Behörden das Unternehmen aufgrund ihres politischen Engagements mit übergründlichen Steuerprüfungen oder Gesundheitsauflagen schikanieren könnten. »Aber kein Chef, der bei klarem Verstand ist, hätte davor Angst – und für jemanden zu arbeiten, der nicht bei klarem Verstand ist, wäre sowieso keine gute Idee«, sagt sie lachend.

Im Rahmen einer Befragung spielen manche dieser Menschen ihre Angst gewiss herunter. Aber es braucht ganz eindeutig Mut, um sich im heutigen Russland politisch zu engagieren. Diese Menschen sind sehr mutig, aber sie sind keine Helden. Es sind gewöhnliche Russen aus allen gesellschaftlichen Schichten. Doch an irgendeinem Punkt haben sie beschlossen, sich dem Konflikt, den Drohungen, den potenziellen Problemen für ihre berufliche Zukunft zu stellen.

Warum? Was sehen Nawalnys Unterstützer in ihm?

Das Persönliche im Politischen

Es gibt nicht den einen Grund, der alle Nawalny-Anhänger vereint. Die Bewegung ist vielfältig, wie der persönliche Hintergrund der oben genannten Anhänger nahelegt. Aber allgemein gilt, dass diejenigen, die der Bewegung am nächsten stehen, die sich am stärksten in die Wahlkampfarbeit einbringen, meist nicht nur von einer persönlichen Bewunderung für den Menschen Nawalny angetrieben sind.

Natürlich hat Nawalny echte Fans – solche, die ihn hauptsächlich als eine charismatische Figur bewundern und positiv auf jeden Instagram-Beitrag von ihm und seiner Familie reagieren. Der ehemalige Koordinator eines regionalen Büros spricht über seine eigenen jugendlichen Töchter: »Sie empfinden alles, was ihm widerfährt, als eine große menschliche Tragödie. Meine älteste Tochter, sie ist siebzehn, hat geweint, als sie hörte, dass Nawalny ins Gefängnis musste. Sie haben auch große Sympathie für Nawalnys Frau Julia.«

Den *Menschen* Nawalny zu unterstützen ist auch ein Anliegen der Wahlkampfaktivisten. Als er beispielsweise 2013 in Moskau Wahlkampf betrieb, fand Polina aus Jekaterinburg, Nawalny sei anders als jeder andere Oppositionspolitiker zuvor. »Wenn ich mir die Kandidaten für das Gouverneursamt oder für das Parlament angesehen habe, dann haben die auf mich alle falsch gewirkt, unaufrichtig. Aber in Nawalnys Kampagne habe ich Aufrichtigkeit gesehen, ich habe gesehen, dass der Mann wirklich etwas Gutes bewirken will.« Ein Umfrageteilnehmer teilte diese Ansicht: »Mir gefällt, dass er Dinge durchsetzen will, die viele in diesem Land aus irgendeinem Grund für unerreichbar und utopisch halten.«

Nawalny kann sehr inspirierend wirken. In einem System, das lange die Entpolitisierung der Menschen betrieben hat, das nicht müde wird, Politiker und ihr legitimes Tun in Misskredit zu bringen, in einem solchen System sticht ein Mensch heraus, der dazu aufruft, unbeirrt an die Möglichkeit der Veränderung zu glauben. Dieser Optimismus wird zusammen mit seinem trockenen Humor und seiner Bereitschaft, sich Herausforderungen zu stellen, bei Gesprächen mit seinen Anhängern am häufigsten genannt. Nach Nawalnys wichtigsten persönlichen Qualitäten befragt, sagt Juri – ein ehemaliger Wahlkampfkoordinator aus Jekaterinburg – schlicht: »Ich teile vielleicht nicht alle seine Ansichten, aber einen mutigeren Menschen habe ich noch nicht getroffen.«

Es überrascht daher nicht, dass viele Umfrageteilnehmer persönliche Eigenschaften als einen Grund angeben, sich für Nawalnys Sache einzusetzen. »Er ist mutig und charismatisch«, schreibt einer. »Ich glaube an ihn!«, ein anderer, und ein Dritter ist sich sicher: »Er ist der Einzige, dem ich die Führung dieses Landes anvertrauen würde. Den Glauben an alle anderen habe ich verloren.«

Eine alternativlose Alternative

Diese und viele andere Aussagen unterstreichen, dass Nawalny als Mensch vieles an sich hat, was auf andere Menschen anziehend wirkt. Aber die meisten – ganz egal, ob es sich um Online-Fans, freiwillige Wahlhelfer oder bezahlte Mitarbeiter handelt – bringen mit ihrer Unterstützung für Nawalny ein größeres Ziel zum Ausdruck. Für viele ist Nawalny eine außergewöhnliche Person und ein inspirierender Politiker. Doch sie unterstützen ihn nicht nur aufgrund dieser Qualitäten, sondern weil er am ehesten in der Position ist, die gegenwärtige politische Ordnung anzufechten. Ein Umfrageteilnehmer bringt das Persönliche und das Politische auf prägnanteste Weise zusammen: »Ehrlich, klug, stark, tatkräftig, mutig. Und es gibt keine Alternative.«

Diese Aussage mag paradox erscheinen. Wenn jemand Nawalny mag, weil er stark und mutig ist, warum sollte es ihn dann interessieren, ob es andere fähige Politiker gibt oder nicht? Doch die scheinbare Widersprüchlichkeit unterstreicht, dass für die meisten das politische Ziel an erster Stelle und Nawalny, derjenige, der es verwirklicht, an zweiter Stelle steht.

In der Umfrage ist das Wort »Alternative« einer der Begriffe, die in Verbindung mit Nawalny am häufigsten fallen – und er wird auf zwei Arten verwendet. Die erste stellt Nawalny als eine Herausforderung für das existierende politische System dar. »Nawalny ist eine Alternative für die gegenwärtigen Behörden«, heißt es etwa. Oder: »Ich kann dieses unveränderliche Regime nicht mehr ertragen. Wir brauchen eine Alternative. Wir brauchen politischen Wettbewerb.« So gesehen bietet Nawalny schlicht etwas anderes. Es geht weniger um ihn als vielmehr um die Herausforderung für Putin, »Einiges Russland« und das autoritäre politische System, das Putin mit Russland gleichsetzt. Das ist die Interpretation, die der Rapper Face aufgreift, wenn er textet: »Gegen die Obrigkeit zu sein, heißt nicht, gegen das Mutterland zu sein«.

Die zweite Sichtweise betrachtet Nawalny – zumindest für den Augenblick – als den Einzigen, der in der Lage ist, eine solche Veränderung einzuleiten. So wie Polina es zum Ausdruck gebracht hat, als sie ihre Enttäuschung über die »falschen« Oppositionskandidaten teilte, sind viele Anhänger und Aktivisten überzeugt, dass es außer Nawalny niemanden gibt, der das von Putin geführte politische System erfolgreich anfechten kann.

Wie auch immer man Alternative also verstehen möchte – Nawalnys Stellung innerhalb der russischen Politik wird sehr deutlich: Er bietet eine Alternative für Putins System – und er ist der Einzige, der das mit einer landesweiten Bekanntheit und ausreichenden Ressourcen im Rücken tut. Er ist eine alternativlose Alternative.

Wer benutzt wen?

Die Mitarbeiter in den regionalen Büros teilen diese Sichtweise. Manche von ihnen bringen Bewunderung für die Person Nawalny zum Ausdruck, wie jener Angestellte, der einräumt, sein Zugang zur Politik sei stets personenbezogen. »Ich folge Persönlichkeiten«, sagt er, »und Nawalny ist jemand, der dich nicht im Stich lässt oder verrät – jemand, der Ideale hat und sie verfolgt.«[29] Aber zugleich sind die meisten darum bemüht zu betonen, dass es ihnen um die Sache geht und nicht um die Person.

Ein Argument, das sich durch viele Befragungen zieht, ist, dass die Mitarbeiter ihre Verbindung mit Nawalny als zeitlich begrenzt betrachten. Im Augenblick, sagen sie, verdient Nawalny die Unterstützung der Russen, weil er als Einziger eine Bewegung aufgebaut hat, die den politischen Wettbewerb stärken kann, die für ein unabhängiges Gerichtswesen und gegen Korruption und Günstlingswirtschaft kämpfen kann. Etwaige Differenzen zwischen uns, so geben viele an, spielen keine Rolle, solange es ein autoritäres System gibt, gegen das wir uns zur Wehr setzen müssen.

Ein Aktivist aus Perm – der schon für eine bessere Wohnpolitik gekämpft hatte, als Nawalny noch Blogger war – lächelt beispielsweise, als er gefragt wird, ob er in politischer Hinsicht mit Nawalny einig sei. In Bezug auf die Wohnpolitik sei Nawalny auf dem Irrweg, sagt er. »Aber ich verzeihe ihm, weil das im Moment zweitrangig ist.«

Aussagen wie diese gibt es zuhauf. Einige Linke sind nicht einverstanden mit Nawalnys Forderung nach einer Visumpflicht für Staatsangehörige ehemaliger Sowjetrepubliken in Zentralasien, einige Mitte-rechts-Liberale sind nicht einverstanden mit seiner Forderung nach besserem Sozialschutz und höheren staatlichen Investitionen, und manche kritisieren Nawalny für das Zugeständnis, dass die Krim weiter zu Russland gehören soll. Aber alle sind bereit, zugunsten der in ihren Augen übergeordneten, drängenderen Ziele über diese Meinungsverschiedenheiten hinwegzusehen.

Viktor, ehemaliger Koordinator in Jekaterinburg, gibt dieser Idee einen Namen: Nawalny sei ein »Instrument«, sagt er, eine Waffe im Kampf gegen Autoritarismus und Korruption.

Für viele ist Nawalny die momentan bestplatzierte politische Figur, und das hängt eindeutig mit seinen persönlichen Fähigkeiten zusammen, was jedoch nicht mit kritikloser, fanatischer Verehrung für ihn gleichbedeutend ist. Das Bild, das der Kreml von »Nawalny, dem Manipulator« zeichnet, trifft nicht zu. Weder benutzt Nawalny naive Russen für seine sinistren Machtspiele, noch benutzen »der Westen« oder Oligarchen oder Kreml-Clans Nawalny. Es sind gewöhnliche Russen, die ihn »benutzen«. Sie investieren ihre Zeit, ihr Geld und manchmal ihre Gesundheit, weil sie in ihm einen Motor der Veränderung sehen, jemanden, der ihren eigenen Vorstoß für eine bessere Zukunft beschleunigen und lenken kann.

Es geht um die Wirtschaft - oder etwa doch nicht?

Was Nawalnys Bewegung eint, ist offensichtlich. Es ist die Forderung nach einem Mitspracherecht darüber, wer das Land regiert, nach einem unabhängigen Gerichtssystem, das nicht länger für politische Zwecke instrumentalisiert werden kann, ein Russland, das nicht länger aus politischen Motiven seine eigenen Bürger schlägt und inhaftiert. In einem autoritär regierten Land ist das sinnvoll: Es ist der Versuch, die Bedingungen für politischen Einspruch zu schaffen, für eine »normale« repräsentative Demokratie, in der Parteien und Kandidaten um die Stimmen der Wähler kämpfen.

Aber haben Nawalnys Anhänger noch weitere Gemeinsamkeiten – im Hinblick auf wirtschaftliche Fragen, auf Außenpolitik, auf Einwanderung?

Eine in klassischem Kreml-Jargon formulierte Kritik an Nawalny lautet, sein Kampf gegen die Autokratie sei nur eine »negative Agenda«. Er steuere nichts Positives bei. Er könne lediglich kritisieren. Das ist eindeutig unwahr, wie die Entwicklung seiner politischen Plattform zeigt. Aber wie stehen seine Anhänger zu solchen Fragen?

Um zu verstehen, wie gewöhnliche Menschen über komplexe politische Sachverhalte denken, bitten die Forscher Umfrageteilnehmer manchmal, sich auf einer Skala zwischen zwei extremen Positionen einzuordnen. Bevorzugen die Teilnehmer eine vollständig staatlich kontrollierte oder eine ganz und gar marktbasierte Wirtschaft oder irgendetwas dazwischen? Nawalnys Anhänger entscheiden sich in großer Mehrheit für den Markt. In dieser Hinsicht sind sie klassische Wirtschaftsliberale, viel stärker als die russische Gesellschaft in ihrer Gesamtheit.[30]

Fragt man sie, ob der Staat Bedürftigen helfen solle, oder ob die Menschen mehr Verantwortung für sich selbst tragen sollten, ziehen Nawalnys Anhänger andererseits ein staatliches Eingreifen vor. In ähnlicher Weise ist eine große Mehrheit der Ansicht, die Lohnungerechtigkeit sei zu groß. Nur ein kleiner Bruchteil stimmt der Auffassung zu, es brauche »größere Lohnunterschiede als Anreize für individuelle Anstrengungen«. Hier scheinen sie sich eindeutig bei den Linken zu verorten – diesmal in Übereinstimmung mit der Mehrheit der Russen.

Ist das ein Widerspruch? Spiegelt es schlicht Nawalnys liberale und in jüngerer Zeit linksgerichtetere Forderungen wider, ohne Aufschluss darüber zu geben, was seine Anhänger tatsächlich wollen? Ja und nein. Es stimmt, dass Nawalny bemerkenswert effektiv darin ist, Menschen mit unterschiedlichen politischen Ansichten anzuziehen und sie im Zeichen seines Kampfes gegen Putin und die Korruption zu vereinigen.

Aber das ist nicht alles.

Sowohl die Umfrageergebnisse als auch die Positionen der Mitarbeiter spiegeln das wider, was man in einem westeuropäischen Kontext als ein sozialdemokratisches Profil bezeichnen würde. Seine Anhänger glauben, dass jeder seines Glückes Schmied sei, und sind der Meinung, der Staat solle sich nicht in die wirtschaftlichen Entscheidungen der Menschen einmischen. Das ist auch der Grund dafür, warum viele Aktivisten staatliche Korruption hassen: Machtpositionen für wirtschaftlichen Gewinn zu nutzen, schadet dem Wettbewerb und enthält ehrgeizigen und talentierten Menschen das vor, was ihnen zusteht.

Aber wie Viktor aus Jekaterinburg es formuliert, hat der Staat auch eine Verantwortung: »Der Staat sollte jeden Geld verdienen lassen, der kann und will, aber zugleich sollte er diejenigen unterstützen, die wirklich nicht in der Lage sind, selbst Geld zu verdienen.«

Worauf sich wohl die meisten Nawalny-Anhänger einigen könnten, ist daher eine Wirtschaft, die sich fest in privater Hand befindet, die individuelle Initiative belohnt, aber von staatlicher Seite durch Umverteilungen kontrolliert und gemäßigt wird. Das steht im Einklang mit Nawalnys eigenen Positionen, wie sie von zwei linken russischen Denkern zusammengefasst werden: »Er plädiert für einen normalen Kapitalismus mit einer funktionierenden Demokratie, einer breiten Mittelschicht und einem Sozialstaat, der imstande ist, Einkommensungerechtigkeiten auszugleichen.«[31]

Ob sich dieses Ziel in Russland in naher Zukunft umsetzen lässt, ist eine andere Frage. Eine weitere ist, ob Nawalny in der Lage wäre, seine Position zu halten, sollte er je an die Macht kommen – oder ob er sich dem Druck seiner derzeit viel marktfreundlicheren Berater beugen würde. Aber falls die Stimmung innerhalb seiner Bewegung nicht umschlägt, wären seine Anhänger eindeutig eine Kraft für eine Wirtschaft, die liberal, aber stärker auf Umverteilung ausgerichtet ist als Putins oligarchischer Staatskapitalismus.

Nationalismus und Fremdenfeindlichkeit

Nawalny hat bewiesen, dass das Thema Korruption in ideologischer Hinsicht unterschiedlichste Gruppierungen vereinigen kann. Beim heiklen Thema Nationalismus eine ähnlich inklusive Haltung zu finden, ist weitaus schwieriger.

Nawalnys Position zur Visumpflicht für zentralasiatische Länder hat sich nicht verändert. Befürwortern zufolge würde eine solche Visumpflicht die illegale Einwanderung nach Russland senken. Diese Maßnahme ist eine beliebte Forderung der nationalistischen Szene in Russland. Nawalny hat hin und wieder Bedauern über seine nationalistische Vergangenheit gezeigt, sich aber nie vollständig von ihr distanziert.[32] Zieht seine Bewegung also Fremdenfeinde und Nationalisten an?

Das tut sie – aber seine Anhänger sind nicht nationalistischer oder fremdenfeindlicher als die übrige russische Bevölkerung. Es ist schwierig, Fremdenfeindlichkeit zu »messen«, weil die Befragten ihre wahren Ansichten oft vor Forschern und Demoskopen verbergen.[33] Die Forscherinnen und Forscher versuchen dem mit subtilen Fragen Rechnung zu tragen. Um Haltungen verschiedenen gesellschaftlich marginalisierten Gruppen gegenüber zu beurteilen, fragt die »World Values Survey« (ein weltweites Langzeit-Umfrageprojekt) Menschen etwa danach, wen sie nicht gern als Nachbarn hätten. In einer für die russische Gesellschaft repräsentativen Umfrage von 2017 gab ein Drittel der Befragten an, sie hätten nicht gern Arbeitsmigranten als Nachbarn. Dieser Anteil entspricht exakt dem von Nawalnys Anhängern. Mit anderen Worten: Nawalnys Anhänger sind nicht fremdenfeindlicher als die übrige russische Bevölkerung.

Es verwundert daher nicht, dass rassistische Stereotype hinsichtlich angeblich krimineller Arbeitsmigranten – die gleichen Stereotype, auf die Nawalny in der Vergangenheit mitunter zurückgegriffen hat – bei Gesprächen mit Aktivisten eine Rolle spielen.

Eine 2017 befragte Aktivistin gab eine ganze Reihe von Gründen dafür an, warum sie die Visumpflicht unterstützte. Ein Grund war, eine amtliche Registrierung würde die Einwanderer, wie von Nawalny behauptet, vor der heftigen Ausbeutung am Arbeitsplatz schützen, der viele von ihnen derzeit ausgesetzt sind – weil Unternehmen nicht zur Verantwortung gezogen werden können, wenn sie nichtregistrierte Arbeiter illegal beschäftigen. Viktor stimmt zu: »Die jetzige Situation wird hauptsächlich von skrupellosen Arbeitgebern ausgenutzt. Schlecht ist das in erster Linie für die Einwanderer selbst.«

Aber ein zweiter Grund ist für die junge Aktivistin das, was sie »die kriminelle Komponente« nennt. Wenn man nachts durch einige Teile der Stadt gehe, sagt sie, »nimmt einem jemand das Telefon oder die Brieftasche ab oder Schlimmeres. Und wenn du Anzeige erstattest, wird der Schuldige nie gefunden.« Sie glaubt, ein offizielles Registrierungssystem wie etwa die Abnahme von Fingerabdrücken bei der Einreise könnte abschreckend wirken.

Als sie im Jahr 2021 nochmals nach ihren Positionen befragt wird, unterstützt sie die Visumpflicht noch immer – gibt aber an, weder ihren ehemaligen Kollegen aus Nawalnys Büro noch ihren zentralasiatischen Freunden gefiele das besonders. Sie macht allerdings deutlich, in ihren Augen sei Kriminalität keine Frage der Ethnie, sondern resultiere schlicht aus der fehlenden Registrierung der Einwanderer.

Das Thema ist vielschichtig. Ohne der Aktivistin eine rassistische Motivation unterstellen zu wollen, zeigt der Fall, dass die Forderung nach einer Visumpflicht mit verschiedenen Positionen vereinbar ist, darunter auch unverhohlenem

Rassismus. »Klar«, sagt ein anderer Aktivist, »wenn Usbekistan und Tadschikistan zivilisierte und reiche Länder werden, die keine Bedrohung mehr darstellen, dann herzlich willkommen!«

Allerdings scheinen nicht viele Nawalny-Anhänger Ansichten wie diese zu teilen. Nach einem »Sonderstatus« für ethnische Russen in der Gesellschaft befragt, distanzierte sich die große Mehrheit von solchen Forderungen und betont den multinationalen Charakter der russischen Gesellschaft. »Alles andere ist schlicht Blödsinn«, knurrt Viktor, der Koordinator aus Jekaterinburg. »Ich mag es gar nicht, wenn die ethnische Abstammung so betont wird. Es macht nicht den geringsten Unterschied. Du lebst in Russland und zahlst hier deine Steuern? Dann bist du Russe.«[34]

Tatsächlich stehen einige von Nawalnys Stammaktivisten der Visumpflicht kritisch gegenüber. »Das ist ein Thema der Rechten, und ich betrachte mich als Linken«, sagt einer. Ein anderer nennt auf die Frage, welche Teile von Nawalnys Programm er nicht unterstütze, sofort die Visumpflicht: »Als Sozialliberaler halte ich das nicht für notwendig.«

Im Gegensatz zu sozialverantwortlichem Kapitalismus, über den Nawalny sich mit den meisten Aktivisten einig zu sein scheint, ist die Visumpflicht (mit namhaften Ausnahmen) etwas, was Nawalnys Basis eher toleriert als aktiv vertritt. Aber es ist auch kein Thema, das viele gegen Nawalny aufbringen würde.

All das zeigt, dass Nawalny erfolgreich darin ist, Positionen zu formulieren, die von unterschiedlichsten Gruppierungen unterstützt werden können. In Bezug auf andere Themen als die Bekämpfung von Autokratie und Korruption heißt das manchmal, bewusst vage zu bleiben und Menschen eher eine Projektionsfläche für ihre eigenen Wünsche und Forderungen zu bieten. Das ist eindeutig ein strategischer Zug – und einer, für den Nawalny kritisiert werden kann und auch kritisiert wird. Aber es zeigt nur einmal mehr, dass Nawalny Standpunkte und Absichten nicht vorgeben kann, dass er von der Unterstützung des russischen Volks abhängig ist, wenn er irgendetwas bewegen will.

Person und Politik

Während er Seite an Seite mit 20 000 Demonstranten den Sankt Petersburger Newski-Prospekt hinuntermarschiert und gegen Nawalnys Verhaftung Anfang des Jahres 2021 protestiert, macht Stepan, ein neunzehnjähriger Student, eines sehr deutlich: »Ich bin kein Fan von Nawalny. Ich bin ein Fan der Rechtsstaatlichkeit.«[35]

Nawalny hat seine Bewegung auf der Straße ins Leben gerufen. Über die Jahre hinweg hat er Protestaktionen und Demonstrationen ganz bewusst als Mittel zur Mobilisierung eingesetzt und – zunächst vor allem mit Leonid Wolkows Hilfe – eine eindrucksvolle politische Kraft geschaffen. Aber wie wir gezeigt haben, bedeutet das nicht, dass Nawalny getragen würde von einem Heer von treu ergebenen, unkritischen Befürwortern und Bewunderern.

Mit seinem Mut und seinem Optimismus mag Nawalny die Menschen motivieren, aber diese Menschen treffen ihre eigenen Entscheidungen. Menschen wie Stepan, die sich nicht zu Nawalnys Parteigängern zählen, aber dennoch an seinen Demonstrationen teilnehmen. Sie alle verfolgen ein Ziel, das von der Person Nawalny unabhängig ist: ein Russland, das frei von politischer Unterdrückung und korrupten Eliten ist und dessen gewaltiger Reichtum auf gerechtere Weise verteilt wird.

Aber auch wenn es letztlich nicht immer um Nawalny geht,

hat er das Drängen der Menschen auf Veränderung immer wieder vereinigt und gelenkt.

Und wie sich zeigt, haben seine Taten auch eine tiefgreifende Wirkung auf den Kreml.

5

DER KREML GEGEN NAWALNY

»Vollkommener Unsinn.«

Das war die Antwort, die Putins Pressesprecher Dmitri Peskow auf die Frage eines Journalisten gab, die allen durch den Kopf ging: Hat Putin »Angst vor Alexej Nawalny«?[1]

Es ist der 19. Januar 2021, zwei Tage nach Nawalnys Rückkehr nach Russland. Sein Flugzeug war zu einem anderen Flughafen umgeleitet worden, seinen Anhängern hatte sich die Bereitschaftspolizei entgegengestellt, und seine Mitarbeiter waren festgenommen worden. Er selbst hatte kaum den Fuß auf russischen Boden gesetzt, als er auch schon verhaftet wurde.

Angesichts all dessen, was sich ereignet hatte, war die Frage des Journalisten durchaus vernünftig, aber das wollte Peskow natürlich nicht zugeben. Und auch die Protestkundgebungen zur Unterstützung Nawalnys, die für die nächsten Tage angekündigt worden waren, bereiteten dem Kreml angeblich kein Kopfzerbrechen.

Aber wer an diesem Samstag – und erneut eine Woche später – sah, was auf den Moskauer Straßen los war, mochte durchaus einen anderen Eindruck bekommen. Überall standen Polizisten. Ein Mannschaftstransporter nach dem anderen kam in der Stadt an, im gesamten Stadtzentrum wurden Metallsperrzäune aufgestellt, Tausende Beamte gingen an den Straßenrändern in Stellung. Die Metrostationen in der Innenstadt wurden gesperrt, Polizisten in Zivilkleidung patrouillierten vor den Cafés und »baten« die Betreiber, ihre WLAN-Hotspots abzustellen.[2] Man konnte fast den Eindruck bekommen, die Stadt wappnete sich gegen eine Revolution.

Ungefähr 160 000 Menschen nahmen am 23. und ungefähr 66 000 erneut am 31. Januar überall im Land an nicht genehmigten Kundgebungen teil.[3] Eine »Revolution« fand zwar nicht statt, aber die Polizei bemühte sich dennoch, so zu tun, als müsste sie eine solche verhindern. Bis Mitte Februar dokumentierte die russische Bürgerrechtsorganisation »OWD-Info« über 11 000 Festnahmen und 140 Fälle von Polizeigewalt gegen unbewaffnete Demonstranten. In 90 Fällen wurden Strafverfahren gegen Protestteilnehmende eingeleitet.[4]

Das waren Zahlen, die in Putins Russland bisher noch nicht vorgekommen waren. War es also nicht doch so, dass sich der Präsident vor Nawalny fürchtete?

Eines ist jedenfalls sicher: Der Kreml nimmt Nawalny sehr ernst. Wie Journalisten von Quellen innerhalb der russischen Sicherheitsdienste erfuhren, will auch der Inlandsgeheimdienst FSB herausfinden, warum die Menschen Nawalny unterstützen, und erfasst die jeweiligen Teilnehmerzahlen der Protestmärsche.[5] Und Peskow hat zugegeben, dass Putin regelmäßig über Nawalny informiert wird. Der russische Präsident hat selbst eingestanden, er habe im August 2020 persönlich die Erlaubnis erteilt, dass Nawalny für seine Behandlung nach Deutschland ausgeflogen werden dürfe.[6]

Wir werden vielleicht niemals erfahren, ob sich Putin tatsächlich vor Nawalny fürchtet. Aber möglicherweise ist das weniger wichtig als die Frage, ob und wie der Kreml auf die Aktionen eines Mannes reagiert, den er angeblich für unwichtig hält.

Die fünf Aspekte des Wandels

Bisher haben wir dargestellt, wie Nawalny auf den Kreml und auf die politischen Entwicklungen unter Putin reagiert. Sowohl Nawalnys Antikorruptionsaktivismus als auch seine Mobilisierung des Protests waren eindeutig Reaktionsformen, die seinen eingeschränkten Möglichkeiten entsprachen, die es ihm nicht erlaubten, als »normaler« Politiker zu agieren, also durch freie und faire Wahlen in einen Konkurrenzkampf um die Macht zu treten. Nawalny bemüht sich, das Beste aus einer zunehmend schwierigen Situation zu machen.

Aber nicht nur Nawalny reagiert auf die politische Macht, auch der scheinbar so monolithische, unbewegliche Kreml reagiert seinerseits auf Nawalny und seine Bewegung. Dabei tritt der Kreml im Laufe der Jahre immer unverhohlener autoritär auf. Seit dem Ende der Präsidentschaft Medwedews und den Massenprotesten von 2011 und 2012 hat Putin die Repressionen kontinuierlich verstärkt, um die Menschen von der Teilnahme an Protestkundgebungen abzuschrecken. Der Zugang zu Informationen über Amtsträger wurde eingeschränkt, was die vom FBK-Team durchgeführten Recherchen erschwert. Ohne die Opposition direkt zu verbieten, wurde deren Zugang zu den Wahlen weiter begrenzt, selbst für die weniger wichtigen unteren Ebenen des Wahlsystems. Oppositionelle werden diskreditiert und als Verräter gebrandmarkt.

Aber der Kreml agiert nicht nur zunehmend repressiv, sondern bemüht sich auch, emotionale Bindungen zu Teilen der Bevölkerung herzustellen und Allianzen mit ausgewählten Teilen der Zivilgesellschaft aufzubauen. Mit anderen Worten: Der Kreml versucht, echte Unterstützung zu mobilisieren – und das nicht ohne Erfolg.

All diese Veränderungen, die vom Kreml ausgehen, sind Reaktionen auf die Herausforderungen, vor denen Putin während seiner Herrschaft steht. Bislang haben wir viele dieser Aspekte aus Nawalnys Perspektive betrachtet: wie er versucht, Unterstützung in der Bevölkerung aufzubauen, wie er gegen die Korruption kämpft, wie er Proteste organisiert und wie er als Wahlkämpfer auftritt. Jetzt ist es an der Zeit, den Blick darauf zu richten, wie sich die staatlichen Institutionen diesen Herausforderungen anpassen. Wir konzentrieren uns dabei auf fünf Bereiche: Putins Gefolgschaft, Informationsfreiheit, Zivilgesellschaft, Proteste und Wahlen.

Nawalny ist zur wichtigsten politischen Gegenmacht des Landes geworden – und sein zweitwichtigster Politiker, auch wenn Peskow das niemals zugeben würde. Die Reaktionen des Kremls haben daher sehr viel mit Nawalny zu tun.

Aber Nawalny ist nicht einfach aus dem Nichts aufgetaucht, und der Kreml reagiert nicht auf ihn allein. Wie wir bezogen auf die fünf Bereiche zeigen werden, gehört zur russischen Politik mehr als nur Nawalny. Er ist Teil einer breiteren Bewegung von Bürgerschaft und Organisationen, in Moskau wie auch in den Regionen. In allen genannten Bereichen ist Nawalny mal mehr, mal weniger präsent, aber wo immer er auftritt, löst er eine verblüffende Dynamik aus, die nicht zu dem Bild vom statischen, erratischen Machtapparat zu passen scheint.

Wir werden zunächst zeigen, wie der Kreml seinen gesellschaftlichen Rückhalt und seine Kontrolle zu festigen versucht, sowohl mit Blick auf Nawalny als auch auf die Gesellschaft insgesamt.

Herz und Bewusstsein

Wladimir Putin betritt den Georgiewski-Saal. Es ist der größte Saal des Kreml-Palasts, im 19. Jahrhundert für die Zarenfamilie erbaut. Die Wände zieren Gemälde zu Ehren der großen mili-

tärischen Siege des russischen Reiches. Als Putin ans Redner-
pult tritt, wendet er sich mit einem ruhigen, selbstbewussten,
entschlossenen Gesichtsausdruck und einem kaum merklichen
Lächeln an die Zuhörerschaft. Was er heute zu sagen hat, wird
in die Geschichtsbücher eingehen.

»Guten Tag, sehr verehrte Mitglieder des Föderationsrats,
sehr verehrte Abgeordnete der Staatsduma! Sehr geehrte Vertreter der Republik Krim und der Stadt Sewastopol – Sie sind
heute hier, Bürger Russlands, Einwohner der Krim und Se-
wastopols ...«[7] Putin kann seine Begrüßung nicht einmal zu
Ende bringen, als er auch schon den ersten stehenden Applaus
erhält: Bei der Erwähnung der Republik Krim stehen alle auf
und applaudieren. Putins Miene bleibt auch jetzt so ruhig wie
zuvor, aber sein Lächeln ist ein wenig breiter geworden.

Wir schreiben den 18. März 2014, und Russland ist gerade
im Begriff, die Halbinsel Krim offiziell zu annektieren. Oder,
wie Putin es nennt, »mit Russland wiederzuvereinen«.

Die Annexion ist ein klarer Verstoß gegen das ukrainische
Recht und das Völkerrecht. Sie wird dazu führen, dass Russland international isoliert wird und der Westen Wirtschaftssanktionen gegen das Land verhängt, die wiederum harte Ge-
gensanktionen auslösen werden. Aber in Putins Rede geht es
um etwas anderes. Es geht für ihn und für die Zuhörer um
historische Gerechtigkeit und nationale Größe und um eine
ruhmreiche Vergangenheit, die nun mit einer ruhmreichen
Zukunft verknüpft wird.

Putin spricht über die Wurzeln des orthodoxen Christen-
tums, die die Völker Russlands, der Ukraine und Weißruss-
lands vereinen. Er spricht über den multinationalen Charakter
der Krim, einem einzigartigen Schmelztiegel der Kulturen,
durch den sie dem großen Russland so sehr ähnlich sei, und er
spricht über den Hafen von Sewastopol, der im Kampf gegen
die Nationalsozialisten eine heldenhafte Rolle gespielt habe.

»Auf der Krim ist buchstäblich alles von unserer gemeinsamen Geschichte und unserem gemeinsamen Stolz durchdrungen«, fährt er fort. »Im Herzen und im Bewusstsein der Menschen war und bleibt die Krim stets ein nicht wegzudenkender Teil Russlands.«

Es ist nicht schwer, die gesamte Szene als ein gut inszeniertes Spektakel des russischen Herrschaftsapparats abzutun – der Abgeordneten, führenden Militärs, der Exekutivorgane, der Kleriker der Russisch-Orthodoxen Kirche und der muslimischen und jüdischen Gemeinschaften –, die allesamt eifrig bemüht sind, dem Führer der Nation ihre Unterstützung zu bekunden. Darum geht es. Aber es geht noch um viel mehr. Das hier sind nicht die dumpfen, ausdruckslosen Gesichter von Untertanen, denen eine weitere Belehrung durch Putin erteilt wird, die man so oft in den TV-Berichten über andere Versammlungen zu sehen bekommt. Denn die Augen der hier anwesenden Zuhörer leuchten vor Freude.

Emotionen ansprechen

In der Strategie des Kremls zur Festigung der Macht Putins markiert seine Rede eine Hinwendung zur Emotionalität. Die ersten zehn Jahre seiner Präsidentschaft waren von einem starken wirtschaftlichen Erholungsprozess und der Stärkung des Zentralstaats geprägt. Stabilität und Wachstum überzeugten die Menschen von der Führungsrolle des Kremls.

Aber die Massenproteste »Für faire Wahlen« von 2011 bis 2012 haben gezeigt, dass der unausgesprochene Gesellschaftsvertrag, wonach der Staat einen steigenden Lebensstandard im Austausch für politische Fügsamkeit zusichert, nicht von allen akzeptiert wird. Obwohl bei den Demonstrationen ganz unterschiedliche Botschaften artikuliert wurden, machten sie deutlich, dass viele Russen ein Mitspracherecht einforderten.

Anfang 2012 entschied der Kreml, dass man unmöglich alle Bürgerinnen und Bürger zufriedenstellen könne. Also wandte man sich nunmehr an die Menschen, die die Proteste nicht billigten, die nach wie vor mit dem bestehenden Gesellschaftsvertrag zufrieden waren oder einfach vor Veränderungen zurückscheuten. Um diese unterschiedlichen Teile der Bevölkerung hinter der Führung zu vereinen, machte sich der Kreml daran, »Putins Mehrheit« neu zu strukturieren.

Emotionen spielten bei diesem Unterfangen eine wichtige Rolle. Und die Ereignisse von 2013/14 in der Ukraine leisteten dabei eine unerwartete Hilfestellung.

Im November 2013 setzten sich viele Menschen in der Ukraine für eine engere Bindung ihres Landes an Europa und gegen die korrupte Amtsführung von Präsident Wiktor Janukowytsch ein. Obwohl Putin das Gegenteil behauptete, erwies sich der ukrainische Majdan-Protest – der nach einem gewaltsamen Höhepunkt zum Sturz von Janukowytsch führte – als nützlich für den Kreml, weil er den emotionalen Appell in der Agenda der russischen Führung verstärkte.

Das Chaos in Kiew und der spätere Krieg in der Ostukraine ließen die Furcht vor revolutionärer Gewalt auch zu Hause, in Russland, wiederaufleben. Eine pro-westliche Regierung in der Ukraine weckte die Besorgnis über eine erneute Expansion der Nato. Nach Auffassung vieler musste Russland verteidigt werden. Aber die russische Antwort – die schnelle Annexion der Krim, die nach einem wochenlang geplanten Szenario erfolgte[8] – ermöglichte es dem Kreml auch, der emotionalen Gemengelage nun weitere Elemente wie Stolz und Freude hinzuzufügen. Putin, so die Botschaft, schützte nicht einfach nur Russland, sondern er stellte auch die wahre Größe des Landes wieder her.

Nicht alles ist Propaganda

Das alles klingt, als hätte der Kreml seine Reaktion auf die innenpolitischen Herausforderungen sorgfältig geplant. Es klingt, als hätte Russland seine Spezialkräfte eingesetzt, um die Krim zu annektieren, ein loyales Parlament veranlasst, die dafür nötigen Gesetze zu verabschieden, die staatlich kontrollierten Medien dazu gebracht, die entsprechende Propaganda zu verbreiten und eine Strategie umgesetzt, die neue russische Herrschaft von einer passiven und massiv beeinflussten Bevölkerung legitimieren zu lassen. Aber genauso wenig, wie Nawalny die Russen einfach für seine politischen Ziele einspannen kann, kann auch der Kreml sie nicht einfach nach Gutdünken manipulieren.

Wie die Politikwissenschaftler Sam Greene und Graeme Robertson darlegen, ist die Macht in Russland »ko-konstruiert«.[9] Der Begriff beschreibt sehr zutreffend eine wichtige Eigenart der russischen Politik: Obwohl die formellen demokratischen Institutionen in hohem Maße fehlerhaft sind, da sie die derzeitigen Machtstrukturen begünstigen, gründet sich Putins Macht auf die Bevölkerung selbst. Sie ist weit davon entfernt, sich einfach nur aus Propaganda und Unterdrückung zu speisen. Vielmehr hängt sie von der alltäglichen, realen Unterstützung durch Millionen Russinnen und Russen ab. Diese Unterstützung manifestiert sich für manche durch die Teilnahme an Pro-Putin-Kundgebungen, manchmal aber auch dadurch, dass Kreml-Kritiker schikaniert werden. Aber zum größten Teil erfolgt diese Festigung der Macht Putins in eher alltäglichen Räumen, in Schulen, am Arbeitsplatz oder in den Familien. Das ist der Grund, warum Nawalnys Gefolgsleute allzu häufig nicht nur mit den offiziellen Organen des Staates in Konflikt geraten, sondern auch mit Kollegen, Freunden und Mitgliedern der eigenen Familie. Hier zeigt sich, dass auch scheinbar unpolitische Interaktionen in Wirklichkeit von Politik durchdrungen sind.

Der Kreml hat erkannt, dass die Macht des Präsidenten von der Unterstützung durch breite Schichten der Bevölkerung abhängt. Deshalb experimentiert er immer wieder mit Angeboten an die Bevölkerung, um sie auf seine Seite zu ziehen. Die Aufnahme emotionaler Elemente in die Strategie war ein solches Angebot und erwies sich als ganz besonders wirksam. Millionen Bürgerinnen und Bürger empfinden positive Gefühle wie Stolz auf Russlands wiederhergestellte Größe oder negative Gefühle wie Furcht vor dem Chaos und der Vorherrschaft fremder Mächte, wodurch nicht nur emotionale Verbindungen zueinander hergestellt werden, sondern auch zu ihrer nationalen Führung.

»Putin ist Russland, Russland ist Putin«

Was hat das alles mit Nawalny zu tun? Die neue emotionale Strategie wurde entwickelt, um eine Mehrheit zu konstruieren – aber auch eine Minderheit. Denn sie zielt bewusst darauf ab, jene Bevölkerungsgruppen auszuschließen, die Russland auf den »europäischen Weg« bringen wollen, den Weg einer engeren Bindung an westliche Länder, der eine Begrenzung der präsidentiellen Machtbefugnisse vorsieht und Russland zu einem demokratischen Land machen soll. Die Strategie schließt auch all jene aus, die ein liberales Gesellschaftsmodell anstreben, betont stattdessen das russisch-orthodoxe Christentum und assoziiert Homosexualität mit dem »moralisch dekadenten« Westen.

Damit verstärkt der Kreml die Polarisierung der russischen Gesellschaft und versucht, sie auf zwei gegnerische Lager zu reduzieren – eine »patriotische Mehrheit« und alle anderen.[10]

Die Strategie richtet sich nicht gegen Nawalny allein, stellt jedoch eine klare Antwort auch auf die Herausforderung dar, die von unzufriedenen Bürgern gegenüber dem Kreml artikuliert wurde, sowohl durch die Proteste »Für faire Wahlen« als auch während Nawalnys Moskauer Wahlkampf. Die Antwort lautet unmissverständlich: »Ihr seid eine kleine, entfremdete Minderheit.«

Die neue Kreml-Strategie gründet sich auf Nationalismus. Putin holte die Krim »zurück nach Hause«. Er hat dafür gesorgt, dass sich Russland endlich »von den Knien« erhoben hat, nach der Erniedrigung der neunziger Jahre, als Russland nach Überzeugung vieler vom Westen gedemütigt wurde. Putin hat sich damit als wichtigster Verteidiger des Nationalinteresses seines Landes etabliert. Und mehr als das: Er wird mit Russland gleichgesetzt. Wie es der Sprecher der Staatsduma Wjatscheslaw Wolodin ausdrückte: »Gibt es Putin, gibt es Russland. Ohne Putin gibt es kein Russland.«[II]

Es war ein Nationalismus mit einer ganz spezifischen Eigenart: dem von Putin fortwährend betonten multiethnischen Charakter der russischen Gesellschaft. Dennoch gelang es ihm, einen großen Teil der russischen Nationalisten für sich zu gewinnen, indem er erfolgreich einen Keil in ihr Lager trieb, in dem sich zuvor auch oppositionelle Ansichten beheimatet fühlten. So sagt auch Boris, ein Rechtsradikaler aus Perm, der wegen Anstiftung zum Rassenhass verurteilt worden war und Putins Migrationspolitik kategorisch abgelehnt hatte: »Für die Krim kann ich Putin viel verzeihen.«

Nawalny hatte, wie oben erwähnt, ein paar Jahre zuvor den Nationalismus als öffentliche Ideologie mehr oder weniger aufgegeben. Die Annexion der Krim hat jedoch dafür gesorgt, dass die Opposition den Nationalismus so bald nicht wieder zu einem nützlichen Thema machen kann.

Emotionale Erfahrungen erzeugen einen Gemeinschaftssinn und können sich daher als nützlicher erweisen als rationale Kosten-Nutzen-Kalkulationen, um die Herzen und das Bewusstsein der Menschen zu gewinnen.[12] Das kommt in dem berühmten russischen Spruch vom »Kampf zwischen Fernseher und Kühlschrank« zum Ausdruck, wonach Propaganda obsiegen kann, auch wenn sich die materiellen Bedingungen weiter verschlechtern.

Aber der Spruch stimmt nur zur Hälfte, denn er setzt eine passive Bevölkerung voraus, die leicht in die Irre zu führen ist (wie kremlnahe Medien ja immer wieder von Nawalnys Gefolgschaft sagen, dass sie nur »verführt« worden ist). Die wichtigsten Medien zu kontrollieren ist ein großer Vorteil, erlaubt es den Behörden jedoch nicht, die Menschen nach Gutdünken zu manipulieren. Putins Macht hängt davon ab, dass die Bevölkerung seine Angebote annimmt. Das stärkt seine Herrschaft zwar, macht sie aber auch anfällig.[13]

Die Freude war daher echt, die sich auf den Gesichtern der Zuhörer im Georgiewski-Saal im Kreml spiegelte, so echt wie die Gefühle von Freude und Stolz, die Millionen Russen 2014 empfanden. Aber es ist schwierig, Emotionen dauerhaft auf hohem Niveau zu halten. Die Euphorie, die mit der Annexion der Krim einherging, war ein wirksames Instrument, um Putins Herrschaft zu stärken, aber seit 2018 sind die Zustimmungswerte für Putin von den astronomischen Höhen, die sie nach der Annexion erreichten, wieder deutlich gesunken. Der Rückgang der Zustimmung wurde durch die Entscheidung der Regierung ausgelöst, das Rentenalter heraufzusetzen. Aber der Trend setzte sich fort, nicht nur aufgrund der stagnierenden Wirtschaftsaussichten, sondern auch, weil es an positiven emotionalen Ereignissen fehlte.

Das bedeutet nicht, dass die emotionale Strategie des Kremls gescheitert ist. Anfang 2021 stand Nawalny nicht nur wegen einer Verletzung seiner Bewährungsauflagen vor Gericht, sondern auch, weil er angeblich einen Veteranen des Großen Vaterländischen Kriegs – wie die Russen den für die Sowjetunion entscheidenden Teil des Zweiten Weltkriegs bezeichnen – beleidigt hatte.[14] Der 94-jährige ehemalige Soldat war – neben einem Kosmonauten, einem Schauspieler und anderen berühmten Russen – in einem Werbevideo des staatlichen Senders RT aufgetreten, mit dem vor dem Referendum 2020 um Stimmen für die Verfassungsreform geworben wurde. In typisch scharfem Tonfall hatte Nawalny die Mitwirkenden des Videos als »korrupte Lakaien« beschimpft. Den Veteranen hatte er zwar nicht persönlich erwähnt, aber dessen Mitwirkung im Video hatte gereicht, um Nawalny zu verklagen. Nawalny, so lautete der Vorwurf, habe sich einer schweren moralischen Beleidigung eines Kriegsveteranen schuldig gemacht und solle und müsse dafür bestraft werden. Auch das war die emotionale Strategie in Aktion. Dieses Mal jedoch wurde etwas mobilisiert, das für die Identität vieler Russen fundamental ist: die Erinnerung an den Großen Vaterländischen Krieg.

Geheimsache

»ЛСДУ3« und »ЙФЯУ9«. Diese beiden rätselhaften Codes schwirrten 2016 durch das russische Internet. Was hatten sie zu bedeuten?

Es handelt sich um die Codenamen von Artjom und Igor Tschaika, den Söhnen von Juri Tschaika, der von 2006 bis 2020 Russlands Generalstaatsanwalt war. Die Familie Tschaika stand im Fokus einer Antikorruptionsrecherche, deren Ergebnisse Nawalnys Organisation am 1. Dezember 2015 öffentlich machte, zwei Tage vor Putins jährlicher Rede zur Lage der Nation.[15]

Nawalnys FBK präsentierte dabei Beweise, die belegen sollten, dass die Tschaika-Söhne über ein großes Wirtschaftsimperium herrschten. Putins Pressesprecher Peskow fegte die Anschuldigungen beiseite und sagte, sie hätten mit dem Generalstaatsanwalt selbst nichts zu tun. Juri Tschaika erklärte, die Ermittlung sei »ein übler Verriss, der die Macher nichts kostete«.[16]

Die FBK-Recherche hing entscheidend von offiziellen Berichten ab, die Artjom und Igor Tschaika sowie ihre Verwandten mit bestimmten Immobilien und Unternehmen in Verbindung brachten. Eine der offiziellen Quellen, die Nawalny und seine Mitstreiter nutzten, war »Rosreestr« – der »Föderale Dienst für staatliche Registrierung, Kataster und Kartographie«, der unter anderem Informationen über Immobilienbesitz verwaltet.

Am 9. Juni 2016 gab Nawalny bekannt, Rosreestr habe in der amtlichen Registratur die tatsächlichen Namen der Tschaika-Söhne ausgetauscht.[17] Er präsentierte auf seiner Website eine Reihe von »Vorher-Nachher«-Screenshots, die zeigten, dass in den offiziellen Dokumenten die Realnamen der Söhne durch die oben erwähnten Codes ersetzt worden waren. Und er erklärte unmissverständlich, worin er den Zweck des Austausches sah – Informationen zu verschleiern, durch die sich Korruption auf hoher Ebene nachweisen lasse:

»Wir glauben, dass die Rosreestr-Beamten Verbrecher sind, dass das, was sie tun, illegal ist und dass sie dafür zur Rechenschaft gezogen werden sollten. Dass sie dies eindeutig auf Anordnung des Kremls tun, ändert nichts daran. Wir werden Rosreestr verklagen für jeden Fall, wo die Namen von Beamten und ihren Kindern als geheim eingestuft oder geschwärzt wurden.«[18]

Nawalny fügte auch Bilder des »Protokolldroiden« C-3PO und dessen Weggefährten R2-D2 hinzu, zwei Charaktere aus den *Star Wars*-Filmen, und stellte Fotos der beiden Söhne sowie ihres Vaters daneben, um darauf hinzuweisen, wie absurd diese Codenamen waren. Russische Internetnutzer griffen die Sache sofort auf und übersetzten die Codes ЛСДУ3 und ЙФЯУ9 in Memes. Der Vorgang zeigt erneut Nawalnys Vorgehensweise: ernste Inhalte in leicht verdaulichen Formaten zu vermitteln, um damit ein möglichst breites Publikum anzusprechen.

Aber der Kreml suchte nach einem weniger riskanten Weg, um Funktionäre vor dem durchdringenden Blick der FBK-Investigatoren zu schützen und zu verhindern, dass die staatlichen Behörden wie Idioten dastanden.

Von der Verschleierung zur Geheimhaltung

»Einführung von Veränderungen des Bundesgesetzes ›Zum Schutz des Staates‹ und weitere Gesetzgebungsakte der Russischen Föderation«[19] lautete die öde bürokratische Bezeichnung einer Gesetzesvorlage, die Putin im Februar 2017 in die Staatsduma einbrachte. Der Entwurf war geeignet, der investigativen Arbeit des FBK einen schweren Schlag zu versetzen.

Die endgültige Version des Gesetzes, die Putin dann im Juli 2017 unterzeichnete, schuf die Grundlagen dafür, um die Daten von Personen, die unter dem »Schutz des Staates« standen, sowie ihrer Angehörigen als geheim einzustufen. Transparency International Russia zufolge würde die gesetzliche Neuerung die Möglichkeit schaffen, Informationen über hochrangige

Staatsbedienstete – wie etwa Generalstaatsanwalt Juri Tschaika und seine Familie – aus staatlichen Registern zu entfernen.[20]

Diese rechtswirksame Änderung war jedoch in der Entwurfsversion des Gesetzes, die Putin im Februar dem Parlament vorgelegt hatte, noch gar nicht enthalten gewesen. Vielmehr wurde sie als Änderung in letzter Minute in den Gesetzentwurf eingefügt, während in der Duma bereits darüber beraten wurde. Dies war eine klassische Taktik, die im russischen Gesetzgebungsprozess häufig angewandt wird, um kontrovers diskutierte Gesetzesänderungen möglichst unauffällig an den prüfenden Blicken der Gesetzgeber und der Journalisten vorbeizuschleusen. Man will kein großes Tamtam.[21]

Doch darüber machte sich Georgi Alburow vom FBK keine allzu großen Sorgen. Seiner Meinung nach habe die Stiftung auch noch andere Möglichkeiten, um den Immobilienbesitz von Angehörigen der russischen Elite aufzudecken. Eine dieser Möglichkeiten bestand darin, den Umfang und Wert von Prestigeimmobilien, die kürzlich auf den Markt gekommen waren, mit den Daten abzugleichen, die von Amtsträgern in ihren jährlichen Vermögenserklärungen offengelegt wurden.[22] Damit bekam man zwar keine Beweise, aber doch ziemlich aussagekräftige Indizien.

Es war sozusagen das alte Katz-und-Maus-Spiel. Der Fonds für Korruptionsbekämpfung zapfte einen bestimmten Informationskanal an, und die Behörden unternahmen Schritte, um ihm den Zugang zu verwehren, woraufhin Navalnys Team andere Möglichkeiten suchen musste, um an die Informationen zu kommen. Nawalny und der Kreml reagierten aufeinander in einem ständigen Hin und Her. Tatsächlich wurden die Möglichkeiten zur Geheimhaltung von Informationen mit einem weiteren Gesetz sogar noch mehr ausgeweitet, das im Dezember 2020 verabschiedet wurde.[23] Es erleichterte den Behörden, Informationen von allen möglichen Amts- und

Funktionsträgern zurückzuhalten. Obwohl mehr als 70 Prozent der Abgeordneten bei der letzten Abstimmung dem Gesetz zustimmten, warf ein Abgeordneter der Kommunistischen Partei doch noch die Frage auf, ob die Verfasser des Gesetzes damit »den übrig gebliebenen mutigen Journalisten, die die Korruption hochrangiger Funktionäre aufdecken, den Mund verbieten wollen«.[24]

Bis zu diesem Zeitpunkt waren die fraglichen Informationen offen und auf legalem Wege zugänglich gewesen. Aber in der Reaktion auf die Vergiftung Nawalnys im August 2020 werden die Umrisse eines noch fragwürdigeren Informationstyps erkennbar.

»Probiv«

Persönlichkeitsbezogene Informationen haben offenbar ihren Preis. Die Berichte, die von *Bellingcat*, *The Insider*, CNN und dem *Spiegel* zu Nawalnys Vergiftung veröffentlicht wurden, stützten sich teilweise auf geleakte Informationen, die auf dem Online-Schwarzmarkt angeboten wurden – eine Praxis, die in Russland (und inzwischen nicht nur dort) mit dem Begriff »Probiv« bezeichnet wird.[25] Die Informationen umfassen beispielsweise Flugpassagier- und Frachtlisten, Verbindungsnachweise von Mobiltelefonen und Bankkontenauszüge.

Dass *Bellingcat* und seine Partner »Probiv« verwendeten, blieb auch den russischen Strafverfolgungsbehörden nicht verborgen. Im Frühjahr 2021 wurden mehrere russische Polizeibeamte verhaftet. Sie wurden verdächtigt, Informationen durchgestochen zu haben, die möglicherweise bei der *Bellingcat*-Recherche verwendet worden waren.[26] Der Russlandexperte Mark Galeotti stellte fest, »dieselben Sicherheitsbeamten, die die Daten der Nation schützen sollten, sind tatsächlich die gierigsten, wenn es darum geht, ihren Zugriff auf ›Probiv‹, zu dem sie durch ihre Positionen berechtigt sind, zu Geld zu machen«.[27]

Das hielt allerdings die Behörden nicht davon ab, alles zu tun, um diesen Schwarzmarkt für personenbezogene Daten möglichst unattraktiv zu machen. Im Februar 2021 wurde in der Staatsduma ein Gesetzentwurf eingebracht, der den Beamten der Strafverfolgungsbehörden strafrechtliche Folgen androhte, wenn sie Informationen über ihre Kollegen weitergaben, auf die sie im Rahmen ihrer Funktionen Zugriff hatten.[28]

Das war nur ein weiterer Schritt der Behörden, den Zugang zu Informationen einzuschränken. Der FBK seinerseits behauptet, bei seinen Recherchen »nur frei zugängliche Informationsquellen« zu verwenden.[29] Aber Nawalnys Vergiftung und die Schritte, die unternommen wurden, um die Details des Angriffs aufzudecken, unterstrichen noch einmal, wie wichtig derartige Online-Informationsquellen für investigative Journalisten waren und sind – und wie gefährlich für den Kreml.

Auch im »Runet« wird es enger

Als Putin 1999 Ministerpräsident wurde, versprach er, das russische Internet, das »Runet«, in absehbarer Zukunft »nicht antasten« zu wollen.[30] Und obwohl mitunter behauptet wird, er habe das Versprechen nicht gehalten, war das russische Internet lange Zeit eine fast anarchisch freie Zone.

Doch je mehr Nawalny und viele andere die Nutzung der sozialen Medien perfektionierten, um Widerstand zu organisieren und Informationen zu verbreiten, die die Behörden gern unter Verschluss gehalten hätten, desto deutlicher witterte der Kreml die Gefahr.

Am 9. Dezember 2011 forderte der russische Inlandsgeheimdienst FSB Pawel Durow, einen jungen Tech-Unternehmer und Gründer des sozialen Netzwerks »Vkontakte« (heute »vk.com«), dazu auf, Profilseiten zu sperren, auf denen Protestkundgebungen koordiniert wurden. Durow weigerte sich. Stattdessen publizierte er auf Twitter das Schreiben des FSB und stellte ein Foto daneben, das einen mit einem Hoodie bekleideten Hund zeigte, der die Zunge herausstreckte.[31]

Aber keine zwei Jahre später hatte Durow seine Anteile an »VK« verkauft – die kurz danach von der »Mail.ru«-Gruppe des Oligarchen Alischer Usmanow übernommen wurden. Durow trat auch als CEO von »VK« zurück, wobei er sich über die Aufforderung der Behörden beschwerte, Profile von Nawalny-Anhängern zu sperren und ihnen Informationen über die Konten der Opposition zu übergeben.[32] Durow emigrierte ins Ausland und gründete den Instant-Messaging-Dienst »Telegram«.

Als verschlüsselter Messaging-Dienst war auch Telegram den russischen Behörden ein Dorn im Auge. Die russische Regulierungsbehörde für Massenmedien, Telekommunikation und Datenschutz, Roskomnadsor, versuchte daher im April 2018, die Plattform zu sperren. Chaos war die Folge. Statt die Nutzung von Telegram erfolgreich zu unterbinden, führten die Maßnahmen der Regulierungsbehörde zu Störungen bei anderen Online-Diensten, die mit Telegram nichts zu tun hatten.[33] (Roskomnadsor hob den Bann schließlich im Juni 2020 auf.)[34]

Auch Nawalnys Website hatte 2018 mit Schwierigkeiten zu kämpfen. Nachdem er eine Untersuchung der Verbindungen zwischen dem Oligarchen Oleg Deripaska und dem damaligen stellvertretenden Regierungsvorsitzenden Sergej Prichodko veröffentlicht hatte, wurde Nawalnys Website zeitweise blockiert. Fotos der beiden Männer auf Deripaskas Jacht waren auf dem Instagram-Konto des Models Nastja Rybka erschienen, die sich ebenfalls auf der Jacht befunden hatte.[35]

Nawalny benutzte die Fotos. Deripaska zeigte Rybka wegen »Verletzung seines Privatlebens« an, woraufhin Rybka die Fotos löschte und Roskamnadsor Nawalnys Website sperrte – bis auch er eine Woche später den Post löschte und seine Website wieder freigeschaltet wurde. Damit bewies Nawalny seine Fähigkeit zum Kompromiss, um seine Website wieder zugänglich zu machen. Gleichzeitig jedoch bewies er auch ein gehöriges Maß an Frechheit, weil er die Nutzer gleichzeitig darauf hinwies, dass sie das Video immer noch auf YouTube anschauen könnten.[36]

Nawalny ist durch das Internet der, der er ist. Von seinem Livejournal-Blog über seine ersten Vorstöße in das Online-Crowdsourcing bis hin zu seiner Website und den YouTube-Hits seines Fonds für Korruptionsbekämpfung benutzt er Online-Plattformen, um Vorwürfe von Korruption und staatlichem Fehlverhalten zu untersuchen und publik zu machen. Die relative Freiheit des »Runet« ermöglichte es Nawalny, seine Botschaft ohne Zugang zu den traditionellen Medien, insbesondere zu den Fernsehsendern, zu verbreiten. Sein öffentliches Image ist zum großen Teil ein Internet-Image.

Das Internet ist für Nawalny – und sein Investigatoren-Team – eine starke Waffe, die sich aber auch gegen ihn selbst richten kann. Das zeigen die vom russischen Staat ergriffenen Maßnahmen. Und doch war der FBK bislang durchaus in der Lage, auf die Maßnahmen mit Gegenmaßnahmen zu reagieren.

Perm ist eine besondere Stadt. In zaristischen und sowjetischen Zeiten war sie Exilort für Dissidenten und besitzt heute eines der wenigen Russischen Museen über die sowjetischen Arbeitslager. Aber über diese Stadt gibt es noch mehr zu berichten.

Der Autor Andrej Nikitin bezeichnete Perm einmal schwärmerisch als Heimstatt des russischen Liberalismus.[37] Tatsächlich erging es hier liberalen Parteien in den neunziger und Nullerjahren ein wenig besser als anderswo. Liberal ist Perm jedoch vor allem durch seine Zivilgesellschaft.

»Liberal« bezieht sich in diesem Kontext auf die Vorstellung, dass sich die Gesellschaft unabhängig vom Staat organisieren solle. Gruppen von Bürgerinnen und Bürgern schließen sich zusammen, um die Machtbefugnisse des Staats unter Kontrolle zu halten, aber auch, um ihn zu unterstützen, seinen Bürgern bestimmte Sozial- und Dienstleistungen bieten zu können. Diese lebendige zivile Selbstorganisation war es, die Alexis de Tocqueville Mitte des 19. Jahrhunderts in den Vereinigten Staaten so sehr bewunderte und die er für die Grundlage einer gesunden Demokratie hielt. Und das ist es auch, was Nikitin an Perm bewunderte.

Während der Perestroika in den achtziger Jahren war die Fakultät für Geschichte der Staatlichen Universität Perm ein Ort, an dem sich kritische Intellektuelle versammelten. Hier begegneten sich viele der späteren Aktivisten der Stadt zum ersten Mal.

In den neunziger Jahren blühte die selbstorganisierte Szene auf. Am Anfang wurde der Boom durch ausländische Hilfe unterstützt, die sich vor allem darauf richtete, die neu entstehende Zivilgesellschaft Russlands in Richtung des westlichen Ideals einer vom Staat unabhängigen Gesellschaftssphäre zu lenken. Vor allem die Ford-Stiftung engagierte sich hier,[38] aber später vergab auch die Regionalregierung Zuwendungen.

Im Unterschied zu anderen Orten – an denen solche Gelder einfach unterschlagen wurden – fielen die Mittel in Perm auf fruchtbaren Boden. Das Ideal einer Zivilgesellschaft wurde hier Realität.

Vom Umgang mit den Behörden

In den neunziger Jahren wurden mehrere Menschenrechtsorganisationen gegründet, wie zum Beispiel die »Gesellschaftliche Kammer« und das »Regionale Menschenrechtszentrum Perm«. Die Permer Regionalgruppe von »Memorial«, einer internationalen Menschenrechtsorganisation mit Sitz in Moskau, zu deren Schwerpunkten die historische Aufarbeitung politischer Gewaltherrschaft zählt, organisierte ein bis dahin einmaliges Bildungsprogramm über die sowjetische Unterdrückung und beteiligte sich am Aufbau des »Perm-36-Gulag-Museum« rund 100 Kilometer außerhalb der Stadt.

Aber in den neunziger Jahren war der russische Zentralstaat geschwächt, und die Kassen waren leer. Die Aktivitäten der verschiedenen Permer Initiativen und Gruppen waren nicht einfach nur eine Verteidigung gegen staatliche Übergriffe. Sie halfen in erster Linie den Menschen, das zu bekommen, worauf sie einen Rechtsanspruch hatten, ob es nun Bildung war oder eine Rente oder Sozialleistungen. Alexander Zotin beispielsweise leitete eine der effektivsten Mieterorganisationen im Land, die Tausenden Betroffenen half, ihre Rechte gegen Behörden oder Versorgungsunternehmen durchzusetzen. In Perm galten Menschenrechte immer – und bis heute – auch zugleich als soziale Rechte.

Das alles konnte sich auf eine intellektuelle Basis stützen.

Igor Awerkiew, seit den neunziger Jahren eine der wichtigsten Persönlichkeiten der NGO-Szene in Perm, diskutierte in seinem Blog vieles, was die Nichtregierungsorganisationen konkret taten, mal eher aus philosophischer Sicht, mal ganz praktisch-konkret. Zu den von ihm verfassten Schriften gehören unter anderem die »Verhaltensregeln für Perm«.[39]

Der Text wurde 2004 verfasst. Selbstbewusst beschreibt er, wie die Permer Zivilgesellschaft hart mit den Behörden ins Gericht ging – aber mitunter auch mit ihnen zusammenarbeitet. In einer Zeit, in der jede politische Opposition im Land immer stärker unter Druck geriet, glaubte man hier in Perm noch immer, dass die Zivilgesellschaft das Heft an sich reißen könne. Ohne selbst nach politischen Ämtern zu streben, versuchten die Aktivisten, im Interesse der Bürgerinnen und Bürger sowie benachteiligter Gruppen politischen Einfluss auszuüben. Und sie hatten Erfolg: Ihr betont pragmatischer Ansatz führte dazu, dass mehrere wichtige lokale und regionale Verordnungen verabschiedet wurden.[40]

Überall »ausländische Agenten«

Von diesem Modell war in anderen Teilen des Landes nichts zu sehen. Und auch in Perm kam es schließlich zu einem Ende. Wsewolod Bederson, ein junger Wissenschaftler und zivilgesellschaftlicher Aktivist aus Perm, nennt dafür zwei Gründe, die beide nichts mit der Stadt selbst zu tun hätten, so Brederson, aber sehr viel mit den Veränderungen des allgemeinen politischen Klimas im Land, die durch die ständigen kritischen Nachfragen Nawalnys und anderer Kritiker angetrieben würden. Der erste dieser Gründe sei das berüchtigte Gesetz die »ausländischen Agenten« betreffend, das die Behörden auch nutzten, um den FBK anzugreifen.

Das sogenannte Agenten-Gesetz trat 2012 in Kraft. Die Zahl der Gruppierungen, die potenziell unter seinen Geltungsbereich fallen, ist seither ständig gewachsen. Seit 2019 gilt es nicht mehr nur für Nichtregierungsorganisationen, die Fördermittel aus dem Ausland erhalten und angeblich das Ziel verfolgen, auf die Entscheidungen politischer Organe Einfluss zu nehmen, sondern auch für Medienorganisationen. Seit 2020 gilt es ferner für Einzelpersonen. Und: Die ausländische Förderung ist nicht mehr auf finanzielle Zuwendungen begrenzt. Sie kann nun auch aus jeder Form »organisatorischer und methodologischer Unterstützung« bestehen, wie es betont vage im Gesetz formuliert wird. Außerdem macht sich jetzt strafbar, wer diese Organisationen in der Presse oder in den sozialen Medien erwähnt, ohne auf ihren Status als »ausländische Agenten« hinzuweisen.[41]

Bei oberflächlicher Betrachtung scheint das zwar eine ärgerliche, aber keineswegs besonders drakonische Maßnahme zu sein. Und doch hatte schon die ursprüngliche Version des Gesetzes negative Auswirkungen auf die organisierte Zivilgesellschaft.

Der zweite Grund, warum die Zivilgesellschaft Perms in die Krise geriet, ist in einem internationalen Kontext zu sehen – einem Kontext, in dem das Etikett »ausländischer Agent« einen besonders üblen Beiklang bekommen hat. Mit der Ukraine-Krise und der Annexion der Krim verschärfte der Kreml seine Rhetorik gegen die ausländische Einmischung in die inneren Angelegenheiten Russlands. In diesem Umfeld konnte man das hart erarbeitete Vertrauen der eigenen Unterstützergruppen verlieren, wenn man als »ausländischer Agent« gebrandmarkt wurde – und darüber hinaus auch die Verbindungen zu den örtlichen Behörden, und sei es auch nur, weil sich auch diese nicht dem Vorwurf aussetzen wollten, mit »ausländischen Agenten« zusammenzuarbeiten.

Aber der Ruf ist nicht alles, was auf dem Spiel steht. Organisationen, die sich nicht an die Vorschriften hielten, wurden hohe Strafen aufgebrummt. Walentina Tscherewatenko, die Leiterin der russischen Nichtregierungsorganisation »Frauen vom Don«, die sich seit langem für Frauenrechte einsetzt und von der deutschen Heinrich-Böll-Stiftung finanzielle Unterstützung erhielt, wurde sogar angeklagt, weil sie es absichtlich unterlassen habe, ihre Organisation als »ausländischen Agenten« registrieren zu lassen. Dafür drohten ihr zwei Jahre Haft. Die Anklage wurde später fallen gelassen, auch weil sie bereits eine Strafe von 300 000 Rubel (damals ungefähr 3900 Euro) bezahlt hatte.[42] Aber der Fall zeigt, dass das Gesetz wie ein Damoklesschwert ständig über den Aktivisten hängt.

Wie bereits geschildert, fiel 2019 auch der FBK dem Gesetz zum Opfer. Allerdings konnten die Justizbehörden keine substanziellen Zuflüsse ausländischer Gelder entdecken, weshalb sie die Anklage offiziell auf Zuwendungen von ungefähr 2000 Euro stützten, die von zwei privaten Spendern an die Stiftung geflossen waren, darunter einem spanischer Boxer, der ganz offensichtlich keinerlei Verbindungen zu Russland hatte. Es ist unklar, ob die Behörden die Überweisung selbst in die Wege geleitet hatten, wie Nawalny vermutet, auf jeden Fall benutzten sie die Zahlung dazu, ihre seit langem erhobene Behauptung zu untermauern, dass Nawalny ein westlicher Agent sei.

Mittlerweile wurde aber auch der FBK erfinderisch. Weil die Organisation gezwungen ist, sich selbst als »ausländischer Agent« zu kennzeichnen, listet sie auf ihrer Website die Namen hochrangiger politischer Amtsinhaber und Funktionäre staatlicher Medien auf, die Aufenthaltsgenehmigungen in anderen europäischen Ländern besitzen, und bemerkt dazu sarkastisch: »Trotzdem werden ausgerechnet wir vom Justizministerium als eine ›nicht gewinnorientierte Organisation, die die Funktion eines ausländischen Agenten ausübt‹ bezeichnet.«[43]

Die eine Hand gibt, die andere Hand nimmt

Aber nicht alle Nichtregierungsorganisationen in Russland werden mit Schande überhäuft und unterdrückt. Manche werden auch umworben und finanziell gefördert. Zwar drangsaliert der Staat große Teile der potenziell kritischen Zivilgesellschaft mit immer neuen Restriktionen, aber gleichzeitig verstärkte er auch die inländische Finanzierung von NGOs. Und Putin scheut sich nicht, selbst hier persönlich zu werden. Verschiedene Förderprogramme, die der Präsident 2006 für NGOs eingeführt hat, werden seither als »präsidiale Förderung« bezeichnet.

Im Prinzip kann sich jede russische Organisation um eine Förderung bewerben. Und manchmal erhalten auch kritische Organisationen Zuwendungen, wie zum Beispiel die NGO »Sa prawa tscheloweka« (»Für Menschenrechte«), die von dem Politiker und Menschenrechtsaktivisten Lew Ponomarjow geleitet wird, der sich unermüdlich für die Rechte politischer und anderer Strafgefangener einsetzt. Sogar Tscherewatenkos Organisation »Frauen vom Don« erhielt 2014 eine Förderung, obwohl sie damals schon als »ausländischer Agent« gekennzeichnet war.[44] Aber die staatlichen Fördermittel gehen zum größeren Teil an kulturelle und soziale Organisationen. In ihren Interaktionen mit den Behörden sind die geförderten NGOs nicht unbedingt loyal oder unkritisch, sehen sich aber mehr als Partner des Staates denn als Wachhunde und konzentrieren sich eher auf ihre jeweiligen Kompetenzen als auf die Überwachung der Behörden.[45]

Auch in Perm mussten sich die Organisationen entscheiden, ob sie das Etikett »ausländischer Agent« hinnehmen wollten – eine kaum akzeptable Option – oder versuchen sollten, sich inländische Geldquellen zu erschließen. Bederson weist allerdings auf den Haken bei der Sache hin: »Es geht hier um

Zivilgesellschaft in einem autoritären System: Nimmt man Gelder vom Staat entgegen, kann man ihn nicht so kritisieren, wie man es möchte.« Oder zumindest dachten das viele, und vielleicht nicht ohne Grund. Memorial hat seit 2016 keine staatlichen Fördergelder mehr erhalten. Die Zuwendungen für Ponomarjows Organisation »Für Menschenrechte« wurden 2018 eingestellt – und die Organisation wurde kurz danach vom Justizministerium aufgelöst, weil sie angeblich gegen das »Agenten-Gesetz« verstoßen habe.[46]

Die Doppelstrategie – Einschränkung und Stigmatisierung auf der einen Seite und verstärkte Investitionen in die Zivilgesellschaft auf der anderen – zeigt ein klares Muster: Der Staat lehnt zivilgesellschaftliche Aktivitäten nicht in Bausch und Bogen ab. Ganz im Gegenteil, er begrüßt sie sogar, auch deshalb, weil sozial engagierte NGOs dazu beitragen, die Mängel eines unzureichenden Wohlfahrtssystems zu kompensieren. Aber der Staat versucht gleichwohl, die Zivilgesellschaft in seine unverkennbar konservative Weltsicht zu integrieren, nach der Staat und Gesellschaft bei der Verfolgung gemeinsamer Ziele zusammenwirken. Das muss nicht per se autoritär sein. Der Autoritarismus ergibt sich aber aus der Unterdrückung all jener, die sich diesem Modell nicht fügen.

Beim dritten Mal bist du draußen

Ildar Dadin war früher ein ganz normaler Bürger Russlands. 1982 in einem Moskauer Vorort geboren, schrieb er sich in einer Technischen Hochschule ein, diente in der Armee und arbeitete später in einem privaten Sicherheitsdienst. Aber 2011 begann er, sich an Demonstrationen zu beteiligen. Und heute gibt es sogar ein repressives Gesetz, das nach ihm benannt ist.

Seine Geschichte zeigt, wie der russische Staat seine Vorgehensweise im Hinblick auf die Proteste veränderte, und hängt daher eng mit Nawalnys Rolle als Organisator von Protesten zusammen.

In den Nullerjahren stellten Proteste für den Kreml kein besonders großes Problem dar. Die meisten Menschen waren froh, dass sich Russland allmählich von den wirtschaftlichen Schwierigkeiten der neunziger Jahre befreite, dass sich der Zentralstaat nicht mehr von Oligarchen und Gouverneuren gängeln ließ, dass die Ordnung wieder hergestellt wurde und sich die Lebensbedingungen verbesserten. Insgesamt verspürten nur wenige die Notwendigkeit, Kritik zu üben.

Der Straßenprotest wurde erstmals 2005 für Putin zum Problem, als der Kreml versuchte, das Wohlfahrtssystem zu reformieren. Der russische Wohlfahrtsstaat beruhte teilweise auf Elementen, die aus der Sowjetzeit übernommen worden waren und den Menschen Sozialleistungen und Privilegien nach ihrer jeweiligen Zugehörigkeit zu bestimmten gesellschaftlichen Kategorien bewilligten – Studenten, Rentner, Kriegsveteranen, Tschernobyl-»Liquidatoren« (die an der Eindämmung der Folgen des Reaktorunglücks mitgewirkt hatten) und so weiter. Die ihnen gewährten Beihilfen waren oftmals Sachleistungen, etwa die kostenlose Benutzung öffentlicher Verkehrsmittel. Jetzt jedoch wollte die Regierung neoliberale Reformen vorantreiben und die Beihilfen in Geldleistungen umwandeln, wodurch die Empfänger häufig schlechter dran waren als vorher.

Der Protest brach los, als die Regionalbehörden mit der Umsetzung der neuen Regelungen begannen. Ohne von politischen Organisationen angeführt zu werden, versammelten sich die Menschen im ganzen Land zu Protestmärschen und errichteten mitunter sogar Straßensperren. Der Kreml wurde davon völlig überrumpelt. Manche Regionen machten einen

Rückzieher und stoppten die Reformen oder modifizierten sie.

Die Bewegung gab einen Vorgeschmack darauf, dass die Russen, denen in postsowjetischen Zeiten das Stereotyp anhing, passiv und politisch apathisch zu sein, die Behörden zwingen konnten, Kompromisse einzugehen.[47] Obwohl jedoch die Bewegung manche lokalen Gruppierungen zusammenbrachte, wuchs sie nicht weiter, um zu einer politischen Bedrohung für die Führung des Landes werden zu können.

Dennoch kam es in den folgenden Jahren zu einer Zunahme der Proteste. In diesen Zeiten der Erholung von den wirtschaftlichen Problemen der neunziger Jahre artikulierten die Bürgerinnen und Bürger ihren Unwillen nur, wenn der Staat direkt in ihr Leben eingriff. So lösten neue Importzölle auf japanische Autos eine Protestbewegung der Autobesitzer in Russlands Fernem Osten aus. Und im ganzen Land kam es zu kleineren Protestinitiativen gegen die Umweltverschmutzung oder gegen städtebauliche Projekte.[48]

Diese Initiativen betrachteten sich selbst in der Regel als eher unpolitisch: Sie protestierten gegen Entscheidungen der städtischen oder regionalen Verwaltungen, wobei sie sich manchmal auch gegen bestimmte Bürgermeister oder Gouverneure richteten, aber sie stellten Putins Herrschaft nicht in Frage. Die Menschen betrachteten die Politik – wie bereits erwähnt – als ein schmutziges Geschäft. Aus diesem Grund strebten die Bürgerinitiativen nur selten die Zusammenarbeit mit Politikern an.

Aber auch der offene politische Protest nahm zu. Bei den »Dissidenten-Märschen« von 2007 und 2008 beispielsweise fanden sich Putin-Gegner aus dem gesamten politischen Spektrum zusammen. Die »wirtschaftlichen« Proteste nahmen in den späten neunziger Jahren immer mehr ab. In den Nullerjahren richtete sich der Protest eher auf zivilgesellschaftliche und politische Anliegen. Gleichzeitig verlagerte er sich von den Provinzen in die Metropolen.[49] Und hier kam schließlich Nawalny ins Spiel.

Protestmanagement

Dem Kreml gefiel die Entwicklung gar nicht. Obwohl die Proteste zumeist recht unbedeutend und lokal begrenzt blieben, wurden sie im Kreml sehr ernst genommen. Denn die Beamten wussten nur zu gut, wenn ein Protest erst einmal einen Punkt erreichte, an dem er sich nur noch gewaltsam unterdrücken ließ, war es vielleicht schon zu spät. Ein großer, offener Dissens würde dazu beitragen, dass die Zustimmungswerte für Putin sanken. Sogar die Eliten könnten ihm dann irgendwann den Rücken zukehren. Schließlich waren die sogenannten Farbrevolutionen in der Ukraine und in Georgien noch allen deutlich in Erinnerung.

Aus diesen Gründen versuchte der Kreml, den politischen Protest der Nullerjahre so zu »managen«, wie er die politische Opposition »managte«.[50] Das bedeutete in erster Linie, den Protest durch die vorbeugende Inhaftierung führender Akteure zu verhindern. Wo sich Protestaktionen dann doch ereigneten, erfolgte gewöhnlich keine breit angelegte, sondern eine selektive Repression. Die Absicht bei dieser Vorgehensweise war es, den Dissens so weit wie möglich unsichtbar zu machen – denn dann würde eine breit angelegte Repression gar nicht erst nötig werden.

Darüber hinaus investierte der Kreml intensiv in Pro-Putin-Organisationen und Jugendbewegungen wie »Naschi« (»Die Unsrigen«), die sich leicht und schnell gegen drohende Gefahr auf der Straße mobilisieren ließen. Auch diese Strategie war eine bewusste Reaktion auf die Farbrevolutionen in anderen postkommunistischen Staaten, bei denen oppositionelle Jugendbewegungen eine maßgebliche Rolle gespielt hatten.

All diese Maßnahmen ähnelten den Instrumenten, die der Kreml nutzte, um auch die Opposition bei den Wahlen in Schach zu halten. Durch die Reaktionsformen sowohl auf den Protest als auch gegenüber der Opposition wurden die vom System gesetzten Grenzen unmissverständlich all jenen gezeigt, die das System direkt herausforderten – und allen anderen wurde der Eindruck vermittelt, dass Putin ohne nennenswerte Gegnerschaft regierte.

Von den Bolotnaja-Prozessen zum Dadin-Gesetz

Dieser differenzierte Ansatz fand ein Ende, als 2011/12 mit der Bewegung »Für faire Wahlen« der politische Protest praktisch explodierte. Die Behörden hatten keine Chance, dieser Entwicklung zuvorzukommen, weil die Bewegung nicht von den üblichen Protestführern organisiert wurde, sondern spontan in den sozialen Medien entstand.

Der Kreml reagierte zunächst zurückhaltend. In den meisten Großstädten ließ man die Demonstrationen zu und die Polizeikräfte griffen nicht ein, was viele Oppositionelle nicht erwartet hatten. Vielleicht hatte der Kreml die Hoffnung, dass sich das Volk wieder beruhigen würde, wenn man ihm erlaubte, Dampf abzulassen, und dass es vertrauensbildend wirken würde, wenn sich die Polizei zurückhielt. Und das schien auch tatsächlich der Fall zu sein, denn der Protest flaute allmählich wieder ab.[51]

Aber dann kam es am 6. Mai 2012 zu der Kundgebung auf dem Bolotnaja-Platz in Moskau. Die Demonstrationen als solche waren bereits dabei abzuflauen, als die Polizei einen

Teil des Platzes abriegelte – und damit die mit den Organisatoren getroffene Vereinbarung brach. Nawalny und andere riefen daraufhin zu einem Sit-in auf.[52] Die Spannung wuchs, es kam zu kleineren Handgemengen, und die Polizei begann, auf wehrlose Demonstranten einzuprügeln. Hunderte wurden festgenommen.

Als Folge des Ereignisses eröffnete die Prokuratura Strafverfahren gegen rund zwei Dutzend Demonstranten, größtenteils junge Menschen aus verschiedenen politischen Lagern. Einige waren gerade erst zu der Bewegung hinzugestoßen. Bei diesen Prozessen setzten sich die Richter ständig über die Verfahrensregeln hinweg.[53] In manchen Fällen konnten sich nicht einmal die als Zeugen aussagenden Polizisten erinnern, dass man sie (wie die Anklage unterstellte) angegriffen hatte.[54] Am Ende wurden viele Aktivistinnen und Aktivisten zu Gefängnisstrafen verurteilt, manche sogar zu mehreren Jahren.[55]

Die »Bolotnaja-Prozesse«, wie sie schon bald genannt wurden, markierten eine entscheidende Wende im Umgang des Kremls mit dem Protest. Als Folge der Prozesse verabschiedete die Staatsduma mehrere Gesetze, die die Bedingungen für zulässige Protestaktionen einschränkten. Die zunehmend komplexere Gesetzeslage, die für Protestaktionen galt, machte es den Aktivisten immer schwerer, die Vorschriften nicht zu übertreten. Und Gesetzesverstöße dienten als Vorwand für weitere Repressalien. Eine diesbezügliche Maßnahme – eine Änderung des Strafgesetzes – wird heute inoffiziell als das »Dadin-Gesetz« bezeichnet.

Diesem Gesetz zufolge kann eine Person, die innerhalb von 180 Tagen in drei oder mehr Fällen die für Proteste geltenden Vorschriften verletzt, zu bis zu fünf Jahren Gefängnis verurteilt werden. Der Trick des Gesetzes besteht darin, dass es in Zusammenhang mit den zahlreichen anderen kleinen Einschränkungen angewandt werden kann, die sich auf Protestaktionen beziehen. Ein Aktivist kann daher innerhalb eines halben Jahres sehr leicht zwei oder mehr administrative Strafen für Verstöße gegen die Bestimmungen auf sich ziehen. Teilnahme an einer friedlichen, aber nicht offiziell genehmigten Kundgebung? Angeblich den Anweisungen eines Polizisten nicht Folge geleistet? Das sind schon zwei derartige Verstöße.

Ildar Dadin nahm, wie viele andere, im Dezember 2011 zum ersten Mal an einer Kundgebung teil und wurde danach zu einem aktiven Demonstranten. Anfang 2015 war er die erste Person, die aufgrund des neuen Gesetzes verurteilt wurde, das seither inoffiziell seinen Namen trägt. Administrative Vorstrafen hatte er unter anderem erhalten, weil er mit einer Ein-Mann-Aktion für die Angeklagten der Bolotnaja-Prozesse demonstriert hatte sowie wegen der Teilnahme an einer Kundgebung im Januar 2015 zur Unterstützung Nawalnys nach dessen Verurteilung im sogenannten Yves-Rocher-Fall.

Dadin wurde zu drei Jahren Gefängnis verurteilt. Die Strafe wurde später auf zweieinhalb Jahre herabgesetzt. Nach Foltervorwürfen und einem Aufschrei der Empörung im In- wie im Ausland hob der Oberste Gerichtshof Russlands das Urteil Anfang 2017 wieder auf.[56] Der Gerichtshof stellte jedoch das Gesetz selbst nicht infrage, obwohl es Personen für dieselbe Handlung zweimal bestraft und aus diesem Grund von Menschenrechtsanwälten scharf kritisiert wird.

Angst vor Protestaktionen

Das Dadin-Gesetz wird hauptsächlich angewandt, um Aktivisten abzuschrecken, weniger, um sie wirklich ins Gefängnis zu bringen.[57] Aber es wurde beispielsweise auch gegen die Lokalpolitikerin Julia Galjamina von der Jabloko-Partei angeführt, die nach den Protesten von 2019 zu einer Bewährungsstrafe verurteilt und daraufhin von der Kandidatur für ein Mandat in der Moskauer Stadtduma ausgeschlossen wurde.[58]

Protestierende sehen sich auch dann mit zunehmender Repression konfrontiert, wenn sie nicht gegen das »Dadin-Gesetz« verstoßen. Die von »OWD-Info« gesammelten Daten über administrative Aktionen gegen Protestierer weisen einen Höhepunkt in den Jahren 2011/12 auf. Seit 2017, als Nawalny begann, große Kundgebungen zu organisieren, zeigt sich jedoch ein beständig hohes Niveau.[59] Doch selbst die Zahl der Verhaftungen bei Protestaktionen von Einzelpersonen (der einzigen Protestform, für die keine vorherige Genehmigung durch die Behörden erforderlich ist) verdreifachte sich zwischen 2013 und 2019 in Moskau und Sankt Petersburg. Und 2020 stieg die Zahl der Verhaftungen erneut signifikant an.[60]

Das ist die Realität des Protests im heutigen Russland. Wie die politisch-parlamentarische Opposition so ist auch der Protest nicht direkt verboten. Die Behörden erteilen immer noch Genehmigungen zur Durchführung von Kundgebungen, und manchmal verhaften sie auch nicht alle Teilnehmenden (obwohl auch das mitunter vorkommt).

Mit den Bolotnaja-Prozessen begann ein repressiver Trend, der sich mit Nawalnys Kundgebungen von 2017 verstärkte. Der Protest wird nicht mehr »gemanagt«, wie es in den Nullerjahren der Fall war. Stattdessen wird der Kreml immer kreativer in seinen Methoden, Protestaktionen zu erschweren und gefährlicher zu machen. Die Repressalien werden jetzt sichtbarer ausgeübt und willkürlich auf beliebige Teilnehmende angewandt, statt sich nur gegen die Anführerinnen und Anführer der Aktionen zu richten. Dass die Bereitschaftspolizei sich willkürlich Teilnehmende aus der Menschenmenge herausgreift, ist nichts Ungewöhnliches mehr.

Der Grundgedanke lautet nicht mehr, Protestaktionen durch Behinderung ihrer Organisation zu verhindern, sondern allen Angst vor einer Teilnahme einzujagen. In dem Maße, in dem Nawalny den Protest als politisches Instrument entwickelt, sorgt der Kreml dafür, dass die Menschen die Antwort des Staates klar und deutlich begreifen: Wenn du auf die Straße gehst, kannst du sehr große Probleme bekommen.

Chabarowsk: eine Ausnahme?

Im Juli 2020 wurde Sergej Furgal, der Gouverneur der Region Chabarowsk in Russlands Fernem Osten, festgenommen und nach Moskau geflogen. Dort wurde er angeklagt, im Jahr 2004, lange bevor er Gouverneur wurde, die Ermordung zweier Geschäftsleute befohlen zu haben. In Chabarowsk gingen die Menschen spontan auf die Straße und formierten sich zu einer der längsten und dauerhaftesten Protestkampagnen der letzten zehn Jahre. Monatelang zogen jeden Samstag Zehntausende Demonstranten durch die Straßen der Stadt. Was die Leute so verärgerte war, dass sich die Bundesbehörden in ihre Region einmischten – eine Region, die sich bei den Gouverneurswahlen von 2018 eindeutig gegen »Einiges Russland« und gegen den amtierenden Gouverneur Wjatscheslaw Schport entschieden hatte.

Im Wahlkampf war Furgal für die »systemische« (also letztlich kremltreue) ultrarechte LDPR angetreten. Niemand hatte damit gerechnet, dass er siegen würde, aber die Proteststimmen gegen Schport, die kürzlich verkündete Rentenreform und die jahrelange Vernachlässigung der Region durch Moskau bescherten Furgal einen klaren Sieg. Obwohl er nach seinem Amtsantritt überraschend populär wurde, protestierten die Leute nach seiner Verhaftung im Juli 2020 weniger für Furgal als vielmehr dafür, ihre demokratische Entscheidung zu respektieren.[61]

Viel überraschender aber noch als die bloßen Zahlen der Menschen, die Woche für Woche auf die Straße gingen, war die Tatsache, dass die Polizei zunächst tatenlos zusah, obwohl die Kundgebungen nicht genehmigt waren. Erst als die Proteste im Herbst allmählich abflauten, begann die Polizei, Journalisten und Aktivisten zu verhaften. Einige wurden schwer misshandelt.[62]

War Chabarowsk eine Ausnahme? Ja – allerdings nur, wenn wir auf die anfängliche Reaktion der Ordnungskräfte blicken. Mit ihrem späteren harten Durchgreifen kehrten sie wieder zum ursprünglichen Drehbuch zurück. In eher allgemeiner Sicht zeigt der taktische Wechsel, dass die Behörden ihre Reaktion jeweils den Bedingungen vor Ort anpassen. Wenn es ihnen angemessener erscheint, können sie sich durchaus zurückhalten. Aber meistens tun sie das nicht.

Das Eskalationsspiel

Moskau, 11. September 2017. Das Team um Maxim Katz und Dmitri Gudkow ist in Feierlaune.

Katz ist ein Politiker der linksliberalen Jabloko-Partei und früherer Mitarbeiter Nawalnys. Gudkow saß als Abgeordneter für die (systemische) oppositionelle Partei »Gerechtes Russland« in der Staatsduma, wurde jedoch aus der Partei ausgeschlossen, weil er zu sehr echte Oppositionsarbeit geleistet hatte. Gemeinsam haben Katz und Gudkow die »Vereinigten Demokraten«, einen Zusammenschluss verschiedener liberaler Gruppierungen und Aktivisten, in den Wahlkampf zu den Moskauer Kommunalwahlen von 2017 geführt.

Das Wahlergebnis stellt eine kleine Sensation dar. »Einiges Russland« erhält zwar die meisten Stimmen, aber die Koalition »Vereinigte Demokraten« schafft es, sich in mehreren

Stadtbezirksparlamenten Mehrheiten zu sichern. Im Bezirk Gagarinski, in dem Putin zur Wahl ging, wurden sogar sämtliche zwölf Sitze von Jabloko erobert.

Warum hat der Kreml das nicht verhindert? Vielleicht waren die Behörden durch Nawalnys Präsidentschaftswahlkampf zu sehr abgelenkt, oder vielleicht war diese unterste Regierungsebene für den Kreml einfach nicht wichtig genug. Wie auch immer, damals sahen viele darin ein Zeichen, dass es für eine liberale Politik in Russland doch noch nicht zu spät sei.

Moskau, 13. März 2021. Die Polizei sprengt die Versammlung des Forums »Kommunales Russland« und nimmt ungefähr 200 Teilnehmende vorübergehend fest, darunter viele Journalisten und kommunale Abgeordnete. Sie verdrehen ihnen die Arme und zerren sie in die Einsatzfahrzeuge.[63] Es ist das erste Mal im postsowjetischen Russland, dass so viele Personen verhaftet werden, von den Straßendemonstrationen abgesehen.

Die Versammlung war von den Vereinigten Demokraten organisiert worden. Sie sollte unabhängige und oppositionelle Abgeordnete der Stadtbezirksräte aus dem ganzen Land zusammenbringen. Ziel war der Austausch von Erfahrungen und erprobten Praktiken zur Vorbereitung der Kommunalwahlen im September 2021.

Die Polizei rechtfertigt ihr Vorgehen mit Verweis auf die Maßnahmen zur Eindämmung der Covid-19-Pandemie. Auch wird behauptet, manche Teilnehmende hätten Beziehungen zu einer von Michail Chodorkowski gegründeten NGO, die 2017 in Russland als »unerwünschte Organisation« verboten worden war.[64] Was auch immer die formelle Begründung gewesen sein mochte, das Ziel der Razzia war offenbar, Personen einzuschüchtern, die die Partei »Einiges Russland« herauszufordern gedachten, jetzt sogar auch auf der Stadtbezirksebene.

Sinneswandel

Die beiden geschilderten Ereignisse handeln von denselben Leuten, derselben Stadt, derselben Ebene des Wahlsystems. Aber während die Behörden 2017 noch weggeschaut hatten, machen sie 2021 allen klar, dass sich die Zeiten geändert hatten. Aber warum? Was war inzwischen geschehen?

Ein Grund mag im überraschenden Sieg der »Vereinigten Demokraten« von 2017 gelegen haben. Die Moskauer Behörden hatten versagt und ihre eigenen Sympathisanten nicht mobilisiert. Die Wahlbeteiligung war gering, was die »Vereinigten Demokraten« begünstigte, die einen breit angelegten Wahlkampf geführt hatten. Vielleicht wollten der Moskauer Bürgermeister Sergej Sobjanin und seine Kollegen im Kreml auch verhindern, dass sich so etwas noch einmal ereignete.

Aber es gibt noch einen anderen Grund. Da die Behörden es den oppositionellen Kräften immer schwerer machten, sich aktiv an regionalen und nationalen Wahlen zu beteiligen, wichen viele auf der Suche nach den verbliebenen Spielräumen für eine unabhängige Politik auf die unteren Ebenen des Wahlsystems aus. 2019 unternahmen verschiedene oppositionelle Kräfte, darunter auch Nawalnys Team, einen der seltenen Versuche, eine gemeinsame Vorgehensweise zu vereinbaren und die Aufstellung ihrer Kandidaten für die Moskauer Stadtduma zu koordinieren, der nächsten politischen Ebene oberhalb der Stadtbezirksräte. Im Unterschied zu 2021 war es ihnen damals noch erlaubt, zum Wahlkampf anzutreten.

Doch im allerletzten Moment zogen die Behörden den Stecker. Den meisten oppositionellen Kandidaten wurde die Anmeldung ihrer Kandidatur verwehrt, eine Entscheidung, die neue Proteste auslöste. An einer genehmigten Solidaritätskundgebung am 10. August 2019 in der Moskauer Innenstadt beteiligten sich 50 000 Personen. Wie es inzwischen gang und gäbe war, setzte die Polizei Schlagstöcke gegen die Demonstranten ein, und es wurden Strafverfahren eröffnet. Wie dann auch die Razzia vom März 2021 bewies, stehen die Behörden jetzt, falls nötig, bereit, jede Provokation sofort im Keim zu ersticken.

Dass diese Bereitschaft zugenommen hat, hat eindeutig mit Alexej Nawalny zu tun.

Eine »smarte« Idee?

Nawalny wurde systematisch entmutigt, wann immer er versuchte, sich an konventionellen Wahlverfahren zu beteiligen. Obwohl er eine politische Partei führte, lehnte das Justizministerium wiederholt seinen Antrag auf Registrierung seiner Partei ab. Auch kam es vor, dass »politische Technologen« zu seiner Verärgerung mehrmals Parteien unter Namen anmeldeten, die er selbst hatte verwenden wollen.[65] Er musste daher eine Möglichkeit finden, das System zu überlisten. Nawalny musste kreativ werden.

Es ist November 2018. Noch immer in seinem »Präsidenten-Anzug« mit Krawatte veröffentlicht Nawalny ein weiteres Video auf YouTube. Dieses Mal berichtet er jedoch nicht über Jachten und Weingüter. Sondern er präsentiert eine Idee:

> »Die Parteien selbst können sich nicht auf einen gemeinsamen Kandidaten einigen, der gegen ›Einiges Russland‹ antritt. Aber wir können es. Wir sind ganz verschieden, aber wir verfolgen dieselbe Politik – wir sind gegen das Monopol von ›Einiges Russland‹. Der Rest ist reine Mathematik. Wenn wir uns alle klug verhalten und den stärksten Kandidaten wählen, dann wird dieser Kandidat gewinnen, und der Kandidat von ›Einiges Russland‹ wird verlieren.«[66]

Was Nawalny hier als »Smart Voting«, also »kluges Wählen«, vorschlägt, ist die neueste Strategie seines Teams, um mit dem ständig enger werdenden Spielraum der Opposition bei den Wahlen in Russland zurechtzukommen. Auf gewisse Weise geht das zurück auf Nawalnys Taktik von 2011, als er die Wählerinnen und Wähler dazu aufrief, »jede Partei außer ›Einiges Russland‹ zu wählen«. Jetzt allerdings gibt es eine wichtige Veränderung: Statt dazu aufzurufen, einfach *irgendeinen* Kandidaten zu wählen, würde Nawalnys Team jetzt in jedem Wahlbezirk den einen Kandidaten benennen, dem die besten Chancen zugeschrieben werden, den Kandidaten von »Einiges Russland« schlagen zu können.

Der Opposition zuneigende Wähler können sich auf einer Website anmelden und Informationen über den empfohlenen Kandidaten in ihrem Wahlbezirk abrufen. Auf diese Weise sollen durch »Smart Voting« die Proteststimmen gebündelt und die vom Kreml aufgestellten Kandidaten besiegt werden. Das ist taktisches Wählen in einem autoritären politischen System.

Doch wie identifiziert Nawalnys Team die zu unterstützenden Kandidaten? Laut Leonid Wolkow gibt es mehrere Auswahlkriterien: Umfrageergebnisse, Wahlkampagnen, Skandale. Die genaue Mischung kennt nur Nawalnys Team. Ein Faktor allerdings spielt erklärtermaßen keine Rolle: die ideologische Haltung der Kandidaten. Dieser Punkt führt zu ständigen Kämpfen innerhalb des liberalen Lagers. Katz beispielsweise ist ein erklärter Gegner dieser Taktik: Sollen wir wirklich einen Kommunisten oder einen Nationalisten wählen, nur damit »Einiges Russland« verliert? Sollten wir uns nicht stärker darauf konzentrieren, unseren eigenen Kandidaten auf den Wahlzettel zu bringen – und falls uns das nicht gelingt, die Wahlen als das hinstellen, was sie wirklich sind, nämlich eine Farce?

In seiner Verteidigung der »Smart Voting«-Strategie argumentiert Nawalny politwissenschaftlich, dies jedoch mit dem ihm eigenen Humor:

»Ja, natürlich ist ›Smart Voting‹ nicht die ideale Strategie. Das ist glasklar. Ich möchte aber alle daran erinnern, dass unser politisches System ›elektoraler Autoritarismus‹ genannt wird. Das Wort ›elektoral‹ soll sozusagen ausdrücken, dass die Wahlen so manipuliert werden, dass nur Putin gewinnt. Und das Wort ›Autoritarismus‹ bedeutet – na ja, dass es keine ideale Strategie gibt.«[67]

Nawalny und Wolkow betonen unermüdlich, dass die Gegner des Kremls eben nicht in der komfortablen Situation seien, eine ihnen genehme politische Kraft unterstützen zu können. Das sei erst in der Zukunft möglich. Derzeit gehe es darum, Druck auf die Behörden auszuüben.

Wolkow erklärte 2019, Wahlen in Russland würden im Vorfeld oftmals von allen echten Mitbewerbern gesäubert – so sehr, dass sich jede Wahl im Grunde in ein Referendum über Putin verwandeln würde. Aber das bedeutet, dass es sich der Kreml gar nicht leisten kann, diese Wahlen zu verlieren, weil das dem Ruf des Präsidenten großen Schaden zufügen würde. Wenn der Kreml erst einmal Wahlen verliere – sei es in den Provinzen, bei den Kommunalwahlen oder wo auch immer –, könnten vielleicht auch die Eliten allmählich darüber nachdenken, ob sie den Kreml weiterhin unterstützen sollten. Und dann könnten die Dinge wirklich in Bewegung geraten. Nach Wolkows Auffassung solle das »Smart Voting« dazu dienen, die Politik nach Russland zurückzubringen, auch wenn Nawalny selbst nicht zur Wahl stehe.

Aber funktioniert die Strategie des »Smart Voting« denn überhaupt? Als sie im September 2019 zum ersten Mal erprobt wurde, war sie kein überwältigender Erfolg. »Einiges Russland« gewann die Mehrheit in vielen regionalen Parlamenten und Stadträten. Aber die Ergebnisse zeigen doch, dass ihr Sieg ohne »Smart Voting« noch viel deutlicher ausgefallen wäre.

Eine Analyse der Kommunalwahlen 2019 in Sankt Petersburg zeigte, dass die durch »Smart Voting« ausgesprochenen Wahlempfehlungen den betreffenden Kandidaten einen zusätzlichen Stimmengewinn von 7 Prozentpunkten verschafften. Das mag nicht viel sein, reichte aber in einigen Fällen für einen Sieg aus.[68] Im selben Jahr trug das »Kluge Wählen« in Moskau dazu bei, dass mehrere prominente Vertreter von »Einiges Russland« ihre Mandate verloren und statt ihrer Kandidaten von Jabloko, der Kommunistischen Partei oder Gerechtes Russland gewählt wurden. Und 2020 konnten oppositionelle Kandidaten – von denen einige direkt mit Nawalny verbunden waren – durch »Smart Voting« im Stadtrat der sibirischen Stadt Tomsk die Mehrheit erringen.

Das mögen kleine Siege sein. Aber sie sind doch bedeutsam genug, um dem Kreml Kopfzerbrechen zu bereiten, weil sie offenlegen, dass die Strategie des demokratischen Mikromanagements (das systemtreue Opposition duldet und die meisten anderen oppositionellen Kräfte ausfiltert) auch nach hinten losgehen kann, wenn sich genügend Wut und Frustration auf einen Kandidaten der herrschenden Partei konzentrieren.

Eine der Reaktionen auf Nawalnys Initiative kam gar nicht vom Kreml selbst. Sämtliche Führungspersonen der systemischen Oppositionsparteien distanzierten sich bei jeder passenden Gelegenheit von Nawalny und der »Smart Voting«-Taktik, obwohl auch ihre eigenen Kandidaten davon nur profitieren konnten. Sergej Mironow von »Gerechtes Russland« beispielsweise war überzeugt, dass das Ergebnis seiner Partei bei den Wahlen 2019 in Moskau nichts mit »Smart Voting« zu tun hatte. Vielmehr sei es der starke Wahlkampfauftritt seiner Partei gewesen, der ihre Kandidaten überhaupt erst für das »kluge Wählen« attraktiv gemacht habe.[69]

Als die Staatsduma nach der Neujahrspause 2021 wieder zusammentrat, stimmten alle Parteien darin überein, dass Nawalny nichts weiter als ein Strohmann, ein Demagoge und ganz und gar unwichtig sei. Bei einem geradezu klassischen Auftritt bezeichnete Wladimir Schirinowski, Gründer und Vorsitzender der LDPR, Nawalnys Sympathisanten als »Drogensüchtige und Prostituierte«.[70]

Aber bei seiner Vorbereitung auf die Duma-Wahl 2021, für die Nawalnys Team die »Smart Voting«-Strategie erneut einplant, obwohl Nawalny selbst inzwischen im Gefängnis sitzt, benötigt der Kreml mehr als nur ein paar diskreditierende Behauptungen der alten Garde kremltreuer Pseudo-Oppositionspolitiker. Und das ziemlich dringend, weil die Umfragewerte für »Einiges Russland« im Frühjahr 2021 mit 27 Prozent auf ihren tiefsten Stand seit vielen Jahren gesunken waren.[71]

Im März 2021 veröffentlichte das Online-Magazin *Meduza* Auszüge aus einem geheimen Dokument, das anscheinend von der Moskauer Parteizentrale von »Einiges Russland« stammte. Darin wird die Strategie der Partei im Hinblick auf die Duma-Wahl im September 2021 umrissen.[72] In dem Dokument wurde »Smart Voting« als eines der größten Risiken für den Wahlerfolg der Partei bezeichnet – zusammen mit investigativen Recherchen, die der FBK über einzelne Abgeordnete möglicherweise noch durchführen werde. Als Gegenmittel wurde empfohlen, eine Fake-Website unter dem Namen »Smart Vote« einzurichten, um die Wählerinnen und Wähler zu täuschen, und vermehrt sogenannte technische Kandidaten einzusetzen. Damit waren Scheinkandidaten gemeint, die unter dem Etikett einer systemischen Oppositionspartei antreten, aber im Falle ihres Sieges entweder zur Fraktion von »Einiges Russland« übertreten oder ihr Mandat niederlegen würden.

Eine Abwärtsspirale

Vor dem Hintergrund dieser Entwicklung mag die Polizeirazzia beim Forum »Kommunales Russland« im März 2021 verständlicher erscheinen. Seit 2017 hatten die Oppositionskräfte Strategien entwickelt, um die letzten kleinen Spielräume zu nutzen, die ihnen noch blieben. Die staatlichen Autoritäten auf allen Ebenen – Bürgermeister, Gouverneure, Wahlvorsteher – spüren den Zwang, etwas zu unternehmen. Schließlich verlangt der Kreml von ihnen, dass sie bei den Wahlen Mehrheiten liefern.

In dieser Situation lässt »Smart Voting« den Gedanken des taktischen Wählens als logische Extremmaßnahme erscheinen. Denn damit die Taktik funktioniert, ist es nicht erforderlich, dass eine »echte« Opposition zur Wahl steht. Solange bei einer Wahl mehr als nur ein einziger Kandidat antritt, kann Nawalnys Team die Proteststimmen koordinieren. Wollen die Behörden dies verhindern, würde es nicht mehr genügen, der Opposition einfach nur Steine in den Weg zu legen, sie müssten vielmehr die Wahlen vollständig kontrollieren.

Das ist bisher nicht geschehen. Aber der Kreml bewegt sich deutlich in diese Richtung.

Alexej Nawalny, der Antikorruptionskämpfer, Politiker und Straßenaktivist, hat sich in den vergangenen fünfzehn Jahren verändert, indem er sich den Strategien des Kreml anpasste. Und, wie wir zu zeigen versucht haben, hat sich auch der Kreml an Nawalnys Strategien angepasst. Doch was immer der Kreml unternahm, es war nie ausschließlich und allein gegen Nawalny gerichtet. Viele andere Persönlichkeiten, oppositionelle Aktivisten und Bewegungen zwangen den Kreml dazu, auf unterschiedliche Weise zu reagieren. Die wichtigste Bewegung war diejenige »Für faire Wahlen« in den Jahren 2011/12, bei denen Nawalny nur einer von vielen Initiatoren war. Die Proteste führten unter anderem dazu, dass die Behörden darüber nachzudenken begannen, wie man wirklich die Unterstützung der Bürgerinnen und Bürger gewinnen könne. Man könnte daher sagen, dass Nawalny oft die bestehenden Spannungen verstärkte, statt sie selbst zu verursachen.

Seither ist das vermeintlich so starre, erratische Putin-Regime deutlich im Wandel begriffen. Ist es möglich, vorherzusagen, und sei es nur grob, in welche Richtung dieser Wandel in der Zukunft geht?

Die Vorstellung, Demokratie und Autokratie seien zwei kategoriell verschiedene Dinge, ist eng mit den Erfahrungen des Kalten Kriegs verbunden. Heute herrscht allgemein Konsens, dass es bei beiden Regierungsformen viele graduelle Abstufungen gibt.

Staaten sind mal mehr, mal weniger demokratisch. Wenn sie eher demokratisch sind, verfügen sie über funktionierende Wahlsysteme, Rechtsstaatlichkeit und unabhängige Medien. In weniger demokratischen Staaten sind diese Merkmale weniger ausgeprägt. Aber undemokratische Praktiken gibt es auch in erklärten Demokratien. Wird ein Land als Demokratie bezeichnet, besagt dies nur, dass dort demokratische Praktiken *meistens* angewendet werden.

Zwischen der wahren Demokratie und dem vollkommenen Totalitarismus, zwischen Weiß und Schwarz, existiert ein großer Bereich der Graustufen. Machtinhaber in dieser Grauzone versuchen, das Beste aus beiden Welten zu bekommen. So auch diejenigen, die der totalitären Seite zuneigen. Sie wollen ihre Länder wie Demokratien aussehen lassen, manipulieren aber gleichzeitig die Regeln und Verfahren, um echten politischen Wettbewerb zu vermeiden.

Das ist in Russland der Fall. Das Land ist weit davon entfernt, eine totalitäre Diktatur zu sein. Aber es ist auch weit von der wahren Demokratie entfernt. Es finden Wahlen statt, aber die staatlichen Behörden gestalten sie so, dass keine Chancengleichheit herrscht. Der Staat zensiert seine Medien nicht offen, aber er kontrolliert die Fernsehsender und verbreitet Desinformationen. Protest und Opposition sind erlaubt, aber sie werden eingeschränkt und die Akteure drangsaliert.

Innerhalb dieser Grauzone jedoch rückt Russland unter Putin immer näher an eine Diktatur heran. Wie wir gesehen haben, schränkt der Kreml, teilweise als Reaktion auf Nawalny, den Zugang zu Informationen immer stärker ein, greift immer mehr in die ohnehin geringen Freiheiten ein, die die Wahlen noch bieten mögen, und verschärft seine Repressalien gegen die Protestbewegungen. Durch sein Handeln macht der Kreml deutlich, dass es ihm immer weniger darum geht, auch nur den Anschein von Demokratie zu wahren.

Das bedeutet jedoch nicht, dass Putin nur durch Gewalt regiert. Wie Nawalny schon am Beginn seiner politischen Karriere erkannte, beruht Putins Macht noch immer auf der aktiven oder stillschweigenden Unterstützung einer Mehrheit von Bürgern. Das russische politische Regime ist brutaler und autoritärer geworden, hat aber gleichzeitig auch hart daran gearbeitet, die Unterstützung der Russinnen und Russen zu gewinnen, emotionale Bindungen aufzubauen und Putin als Beschützer der Souveränität Russlands zu präsentieren.

Neben diesen emotionalen Strategien sorgt der Staat auch weiterhin für das Wohlergehen seiner Bevölkerung. Er gleicht die Korruption, die nötig ist, um die Eliten ruhig und zufrieden zu stellen, durch vernünftige Politiken aus, um beispielsweise den Anstieg der Staatsverschuldung zu verhindern, Gesundheitsvorsorge zu bieten sowie ein Minimum an sozialer Sicherheit zu ermöglichen.

Mit anderen Worten: Die staatlichen Behörden und Organe Russlands sind anpassungsfähiger und realistischer, als ihnen viele Beobachter und Kritiker zugestehen wollen. Das ist keine moralische Entschuldigung für ihre repressiven Maßnahmen. Aber es hilft zu erklären, warum der Kreml trotz der beträchtlichen Herausforderung, mit der ihn Nawalny und andere konfrontieren, bislang die Oberhand behalten konnte.

Und doch scheint es, dass der Kreml bei all seiner Anpassungsfähigkeit keine Risiken mehr eingehen will, wenn es um Nawalny geht. Nawalnys Vergiftung und spätere Inhaftierung zeigen eindeutig, dass die staatlichen Stellen eine Entscheidung getroffen haben: Nawalny muss endgültig verschwinden.

6

NAWALNY UND DIE ZUKUNFT RUSSLANDS

Moskau, 2. Februar 2021. Alexej Nawalny lächelt, als er mit dem Finger ein Herz auf die Glasscheibe malt. Er steht, umringt von Justizbeamten, in der gläsernen Kabine des Angeklagten und schaut seine Frau an. Die Kameras der ganzen Welt sind auf ihn gerichtet, während er darauf wartet, dass die Richterin das Urteil über sein Schicksal verliest.[1]

Wieder einmal steht Nawalny vor Gericht, dieses Mal in einem Strafprozess, der vor vielen Jahren eröffnet worden war. Ende 2014 waren sein Bruder Oleg und er im Fall »Yves Rocher« jeweils zu dreieinhalb Jahren verurteilt worden, eine Entscheidung, die der Europäische Gerichtshof für Menschenrechte 2017 als »willkürlich und eindeutig unverhältnismäßig« kritisierte.[2] Alexejs Strafe wurde auf Bewährung ausgesetzt, Oleg jedoch wurde ins Gefängnis gesteckt. Obwohl Alexej die Haft erspart blieb, musste er sich zweimal monatlich bei der Gefängnisleitung melden – was er begreiflicherweise nicht tun konnte, als er sich nach seiner Vergiftung im August 2020 zur Behandlung in Deutschland aufhielt. Das Versäumnis stellte nun die formelle Begründung für diesen Prozess dar: Die russischen Gefängnisbehörden hatten geklagt, die Bewährungsstrafe zu widerrufen und sie in eine Haftstrafe umzuwandeln.[3]

Aus Nawalnys Sicht war das jedoch nicht der wirkliche Grund, warum man ihn erneut vor Gericht stellte. Jetzt wollte man ihn bestrafen, weil er es nicht geschafft hatte zu sterben, nachdem man ihn auf Anweisung von Präsident Wladimir Putin mit dem Nervengift Nowitschok vergiftet hatte:

> **»Ich habe ihn tödlich beleidigt, weil ich überlebt habe ... Danach habe ich ein sogar noch schwereres Verbrechen begangen: Ich habe mich nicht abgesetzt und bin auch nicht untergetaucht. Dann ist etwas wirklich Ungeheuerliches geschehen: Ich habe mich an der Untersuchung meiner eigenen Vergiftung beteiligt, bei der wir nachgewiesen haben, dass Putin für diesen Mordanschlag verantwortlich war, wobei er sich des russischen Föderalen Sicherheitsdienstes bediente. Und das bringt diesen kleinen Dieb in seinem Bunker förmlich um den Verstand. Als Folge davon wird er nun schier verrückt.«[4]**

Der üblichen Praxis russischer Gerichte folgend, ratterte die Richterin die Entscheidung schnell und monoton herunter. Die trostlose, unerbittliche Stimme einer trostlosen, unerbittlichen Maschinerie. Nawalny blickte geradeaus und fügte sich ins Unvermeidliche, nur selten erscheint ein kurzes, humorvolles Zucken um seine Lippen.

Die Entscheidung war keine Überraschung: Nach Abzug des bereits abgesessenen Hausarrests verbleiben zwei Jahre und acht Monate in einem Straflager.[5]

Nach Abschluss der Gerichtsverhandlung sagte Nawalny zu seiner Frau Julia: »Lebwohl, sei nicht traurig, es wird alles wieder gut.«

Die Anhänger und Sympathisanten draußen auf den Straßen vor dem Gericht nahmen das Urteil nicht so gelassen hin. Koordiniert von Nawalnys Team zogen sie in einem Protestmarsch zum Manegenplatz im Zentrum Moskaus – in unmittelbarer Nähe des Kremls und des Roten Platzes. Doch dort wartete schon die Bereitschaftspolizei – ein Meer schwarz gekleideter, Furcht einflößender Gestalten – auf die Demonstranten.

Es war das dritte Mal seit Nawalnys Rückkehr nach Russland, dass sein Team zu einer Protestkundgebung aufrief. Die meisten Kundgebungen waren nicht genehmigt gewesen. Die Ablehnung wurde offiziell mit den aufgrund von Covid-19 erforderlichen Sicherheitsmaßnahmen begründet. Die Behörden hatten wiederholt klargemacht, dass Demonstrationen illegal seien und dass man ihnen mit der ganzen Härte des Gesetzes entgegentreten werde.

Und so kam es dann auch. Als Nawalnys Team im Januar die ersten nationalen Demonstrationen ankündigte, wurde eine Reihe führender FBK-Mitglieder – darunter Kira Jarmysch, Ljubow Sobol und Georgi Alburow – vorbeugend in Haft genommen.[6] Und das geschah auch mit jedem einzelnen Leiter der regionalen Büros von Nawalnys Organisation, entweder vor, während oder nach den Protestmärschen. Viele wurden schließlich zu Geldstrafen oder kurzen Haftstrafen verurteilt.[7]

Auch wurden Dutzende Strafverfahren gegen Teilnehmende und Organisatoren eingeleitet, darunter auch Ljubow Sobol.[8] Sogar auf Familienmitglieder der Protestierenden übten die Behörden Druck aus. Der Vater des Direktors des Fonds für Korruptionsbekämpfung, Iwan Schdanow, wurde von Polizeibeamten festgehalten, die ihm vorwarfen, während seiner Zeit als städtischer Beamter Amtsmissbrauch begangen zu haben.[9]

Die Proteste im Januar sorgten für einen breit angelegten Schlag gegen kritische Stimmen in Russland. Der Chefredakteur des unabhängigen Online-Magazins *Mediazona* wurde für 25 Tage in Haft genommen. Ihm wurde zur Last gelegt, durch den Retweet eines Witzes die nicht genehmigte Demonstration vom 23. Januar »organisiert« zu haben.[10] Und am 14. April wurden die Verantwortlichen der studentischen Plattform DOXA angeklagt, »Minderjährige zur Teilnahme an illegalen Aktivitäten angestiftet« zu haben. Sie hatten in einem Video verlangt, die Behörden sollten aufhören, Studenten vor den Protesten einzuschüchtern.[11]

Die Repression schien zu funktionieren. Am 23. und 31. Januar waren noch Zehntausende Protestierer im ganzen Land auf die Straße gegangen. Am 2. Februar war ihre Zahl auf höchstens ein paar Tausend Personen geschrumpft und die Protestaktionen konzentrierten sich auf Moskau und Sankt Petersburg, wobei 1500 Teilnehmende von der Polizei festgenommen wurden.[12] Angesichts dieses starken Rückgangs der Teilnehmerzahlen entschloss sich das Nawalny-Team, die Protestkundgebungen vorerst einzustellen.

Nawalny, der Strafgefangene

Obwohl Nawalny schon am 2. Februar 2021 zu seiner Haftstrafe in einem Straflager verurteilt worden war, verließ er Moskau nicht sofort. Zuerst musste er sich noch einem weiteren Verfahren stellen. Dieses Mal ging es um den Vorwurf, einen Veteranen des Zweiten Weltkriegs verunglimpft zu haben. Er wurde für schuldig befunden und zu einer Geldstrafe in Höhe von 850 000 Rubel (ungefähr 9400 Euro) verurteilt. Nach Abschluss des Gerichtsverfahrens wurde er am 25. Februar schließlich aus Moskau weggebracht – mit unbekanntem Zielort. Ein paar Tage lang wusste nicht einmal seine Familie, wo er sich befand.

Am 15. März schrieb Nawalny zum ersten Mal aus dem Gefängnis, in dem er seine Strafe absitzen sollte – eine »Besserungskolonie« beziehungsweise ein Straf- und Arbeitslager in Pokrow in der Region Wladimir, ungefähr 100 Kilometer von Moskau entfernt. »Über drei Dinge wundere ich mich immer wieder: über den gestirnten Himmel über uns, über den kategorischen Imperativ in uns, und über das seltsame Gefühl, wenn man sich mit der Hand zum ersten Mal über den kahl geschorenen Kopf streicht.«[13]

Nawalny wurde im Gefängnis nicht geschlagen und nicht bedroht. Aber er wurde unablässig wegen kleinster Vergehen verwarnt: weil er zehn Minuten früher als befohlen aufgestanden war oder weil er bei einer Besprechung mit seinem Anwalt ein T-Shirt getragen hatte.[14] Dann gelangte auf irgendeine Weise die Aufzeichnung einer Überwachungskamera in einen Bericht im russischen Fernsehen, in dem Nawalny als Lügner dargestellt wurde: Er sei überhaupt nicht krank (er könne »mit einer Tasse Tee in der Hand« gehen) und habe sich einem Wächter gegenüber respektlos benommen (er habe ihn »mit einer Hand in der Hosentasche« angesprochen).[15]

Trotz dieser erdrückenden Überwachung wurde Nawalny als »Fluchtrisiko« eingestuft – ein Status, der dazu dient, noch größeren Druck auszuüben.[16] So wurde er beispielsweise nachts regelmäßig jede Stunde aufgeweckt. Nawalny hält dagegen: Bewaffnet mit Humor sei es auch hinter Gittern »möglich zu leben«.[17]

Doch sein Gesundheitszustand verschlechterte sich. Nawalny klagte über Rückenschmerzen sowie über Schmerzen beim Gehen, die dem Taubheitsgefühl in einem Bein zuzuschreiben seien.[18] Schließlich hatte er sich von dem Giftanschlag im August 2020 noch nicht völlig erholen können. Durch seine Anwälte bat Nawalny die Gefängnisleitung um Erlaubnis, einen Facharzt hinzuzuziehen – was sein gutes Recht war – und die Schlafentzugspraktiken einzustellen, die er als Folter bezeichnete.[19]

Als die Gefängnisbehörden diese Bitten ablehnten, kündigte Nawalny am 31. März 2021 an, in den Hungerstreik zu treten. Das war für ihn die einzige verbliebene Option und zugleich ein Symbol. Denn vor weniger als zwei Jahren war auch die Anwältin und FBK-Mitstreiterin Ljubow Sobol in Hungerstreik getreten. Damals hatte Nawalny dies als »starken Akt der Selbstopferung« bezeichnet und darauf hingewiesen, dass viele große Persönlichkeiten, »von den Suffragetten über Gandhi bis Sacharow« ihre Ziele auf diesem Weg durchgesetzt hätten.[20]

Ein paar Tage nach Beginn des Hungerstreiks erhielt Nawalny einen unwillkommenen Besuch: eine ganze Gruppe von Medienleuten des staatlichen Senders RT. Ihr Bericht zeichnete ein verklärtes Bild des Lebens im Straflager: Die Insassen dürften unter anderem Tischtennis spielen, erzählten sie (die Tischtennisplatte sei nicht eigens für den TV-Bericht angeschafft worden, versicherten die Journalisten). Die Moderatorin Maria Butina – ein Mitglied des Expertenrats der Menschenrechtsbeauftragten der russischen Regierung – hatte selbst eine Gefängnisstrafe in den Vereinigten Staaten abgesessen. Sie äußerte, im Vergleich dazu seien die Haftbedingungen in Russland viel besser. Ja mehr noch: Russische Gefängnisse seien bequemer als die Hotels in ihrer Heimatstadt, behauptete sie Nawalny gegenüber in giftigem Tonfall.[21]

Als seine Frau Julia ihn am 13. April besuchte, hatte Nawalny 17 Kilogramm Gewicht verloren. Julia Nawalnaja schrieb, er sei »immer noch heiter und lebensfroh«. Aber er sei geschwächt, und das Sprechen falle ihm schwer.[22]

Doch der Druck nahm nicht ab. Die Zeitungen, die er abonniert hatte, wurden zensiert, auf altmodische Weise mit der Schere.[23] Er berichtete auch, um ihn aus dem Hungerstreik zu locken, habe man ihm Süßigkeiten in die Taschen geschmuggelt und den anderen Insassen Geflügel gegeben, das sie in der Küche zubereiten durften.

Doch Nawalny wäre nicht Nawalny, würde er hier nicht auch eine politische Lektion über die Ideologie der Machtinhaber erkennen. Sie könnten nicht begreifen, ließ er durch seine Mitarbeiter auf Instagram posten, dass jemand Ideen und Prinzipien höher bewertet als materielle Vorteile. Sie seien vielmehr überzeugt, dass jeder Mensch durch Bestechung dazu gebracht werden könne, sich zu fügen. Aber Nawalny war entschlossen zu kämpfen und beendete die Botschaft mit einem zwinkernden Emoji: »Gebt auch ihr den wichtigen Kampf nicht auf.«[24]

Zu diesem Kampf gehörte auch ein Protestaufruf durch Nawalnys Team am 21. April. Das Ziel war, die Behörden unter Druck zu setzen, damit sie Nawalny Zugang zu seinen eigenen Ärzten gewährten. Im April gingen weniger Menschen als im Januar auf die Straße, aber dennoch waren es Zehntausende. Am Ende erhielt Nawalny eine medizinische Behandlung, jedoch wurde ihm eine Visite durch seinen eigenen Arzt nicht gestattet. Nawalny erklärte, der Protest habe sein Ziel erreicht, und kündigte an, den Hungerstreik zu beenden.[25]

Während Nawalny hinter Gittern seinen Kampf ausfocht, wurde seine Bewegung im ganzen Land mit beispielloser Härte angegriffen.

Am 16. April 2021 leitete die Moskauer Prokuratura rechtliche Schritte gegen den FBK und Nawalnys Büros in den Regionen ein. Sie forderte die Behörden auf, Nawalnys Bewegung in das Register der »extremistischen Organisationen« einzutragen, weil sie geplant habe, die verfassungsgemäße Ordnung Russlands zu beseitigen und eine »Farbenrevolution« auszulösen.[26] Nach dem Gesetz können die Führer »extremistischer Organisationen« zu Gefängnisstrafen von bis zu zehn Jahren und ihre Mitglieder bis zu sechs Jahren verurteilt werden. Spenden werden untersagt, und alle Medien müssen die Bezeichnung »extremistisch« anführen, wenn sie die Organisation erwähnen.[27]

Damit wurden Nawalnys politische Strukturen zerstört – all die Organisationen, die er seit mehr als einem Jahrzehnt aufgebaut hatte, wurden in kürzester Frist abgewickelt. War dies das Ende für Nawalny und seine Bewegung? Um diese Frage zu beantworten, müssen wir uns zunächst vor Augen führen, was er erreicht hatte, bevor es zu dieser anscheinend finalen Konfrontation kam.

Drei Geschichten, ein Leben

Natürlich bilden die drei Geschichten, die wir hier erzählt haben – von Nawalny dem Antikorruptionsaktivisten, dem Politiker und dem Straßenaktivisten –, lediglich drei Aspekte ein und derselben Person. Sie ähneln sich daher im Verlauf. In allen drei Fällen begann Nawalny klein und unbedeutend. Oftmals wusste er selbst nicht, wohin ihn sein Weg führen würde. Sein Kampf gegen die Korruption begann mit einfachen, nichtaktivistischen Schritten als Minderheitsaktionär. Er investierte nur in Aktien, um damit Geld zu verdienen, wie er sagte. Aber es frustrierte ihn zunehmend, dass er die Informationen – und die Dividenden – nicht bekam, auf die er seiner Meinung nach Anspruch hatte. Das war für ihn der Anlass für einen Blog, und als die Zahl seiner Follower wuchs, verwandelte er Letztere in Organisationen, die immer ehrgeizigere Ziele verfolgten – vom »Zentrum für Aktionärsschutz« über die Antikorruptions-Website »Rospil« bis hin zu seinem Fonds für Korruptionsbekämpfung. Der Aktivist und Blogger Nawalny sah immer mehr wie ein Politiker aus.

Tatsächlich hatte sich Nawalny bereits mit Politik befasst, bevor er Aktivist wurde. Seine ersten Ausflüge in die Politik waren vielversprechend, wurden aber letztlich durch Querelen mit der Führung der Jabloko-Partei behindert – und dadurch, dass er sich auf nationalistisches Gedankengut einließ. Seine politische Karriere nahm jedoch Fahrt auf, als er sich als führender Antikorruptions-Blogger etablierte. Damit hatte er eine Botschaft gefunden, mit der er die unterschiedlichen ideologischen Positionen hinter dem gemeinsamen Anliegen vereinen konnte, um die politische Elite anzugreifen. Und sein Ruf als Online-Aktivist half ihm auch bei der Moskauer Bürgermeisterwahl im Jahr 2013. Mit diesem politischen Erfolg versuchte er – jahrelang –, eine politische Partei ins Leben zu rufen und letztlich auch eine Wahlkampagne für die Präsidentschaftswahl von 2018 in Gang zu bringen.

Aber je mehr er an Ansehen gewann und für den Kreml ein immer größeres Problem darstellte, desto öfter stieß er auf Hindernisse. Da er sich mit Schwierigkeiten konfrontiert sah, übernahm er bei den Protesten immer stärker eine führende Rolle. Bei seinen ersten Schritten während der Proteste »Für faire Wahlen« von 2011/12 zeigte er Charisma und Enthusiasmus – aber nicht besonders großes organisatorisches Geschick. Danach führte er mit seinem Chefstrategen Wolkow eine Bestandsaufnahme durch. Als Ergebnis machten sich die beiden daran, ein nationales Netzwerk zu schaffen, um Nawalnys Botschaft auch außerhalb der Hauptstadt zu verbreiten und das Potenzial in den Regionen zu nutzen.

Nawalnys Geschichte seit seiner Rückkehr nach Russland im Januar 2021 weist dieselbe Mischung von Aktivitäten auf wie zuvor: Kampf gegen die Korruption, Politik, Protestaktionen. Nur sitzt Nawalny jetzt hinter Gittern. Zeit für seine Bewegung, stärker in den Vordergrund zu treten.

Eine Frage der Perspektive

Hat Nawalny erreicht, was er in der Politik erreichen wollte?

Nawalnys Liste politischer Siege mag nicht sonderlich eindrucksvoll erscheinen. Sein größter Erfolg an den Wahlurnen war ein zweiter Platz bei den Bürgermeisterwahlen in Moskau im Jahr 2013 – ein Erfolg, der in der Biographie anderer Politiker wohl allenfalls eine Fußnote wert wäre. Sein zweitwichtigstes Ergebnis erreichte er 2020, als er, obwohl er selbst gar nicht auf dem Stimmzettel stand, dazu beitrug, dass mehrere Aktivisten seiner lokalen Büros in Stadträte und Regionalparlamente gewählt wurden. Nichts Bemerkenswertes, würde man meinen.

Aber die Karten waren von Anfang an sehr zu Nawalnys Ungunsten verteilt. Alles, was er erreichte, musste er gegen den Widerstand eines politischen Systems durchsetzen, das eine prinzipientreue Opposition aktiv marginalisiert oder unterdrückt.

Für jemanden, der nicht im staatlichen Fernsehen erscheinen darf, das für die Russen noch immer die wichtigste Informationsquelle darstellt,[28] ist ein Wiedererkennungswert von 75 Prozent das Ergebnis langjähriger Bemühungen, jede Gelegenheit zu nutzen, die eigene Botschaft zu verbreiten. Und angesichts der Bemühungen des Kremls, die Polarisierung zwischen der städtischen Mittelschicht und dem Rest des Landes zu vertiefen, ist es auffällig, dass die Unterstützung Nawalnys in kleineren Städten und ländlichen Gemeinden ähnlich ist wie in den Metropolen.

Nawalnys Ziel ist nicht nur darin zu sehen, in einem System ohne Chancengleichheit erfolgreich zu sein, sondern genau diese Chancenungleichheit des Systems deutlich sichtbar zu machen. Ein Teil seiner Strategie besteht darin, sich als »normaler« Politiker zu präsentieren, also als eine Person, der es möglich sein müsste, auf Stimmzetteln zu stehen, eine politische Partei registrieren zu lassen, durch das Land zu reisen und mit Sympathisanten zusammenzutreffen, ohne verhaftet oder gar vergiftet zu werden. Indem er zeigt, dass seine Versuche, politisch aktiv zu sein, regelmäßig behindert oder völlig verhindert werden, zwingt Nawalny die Menschen, sich die Realität des politischen Regimes Russlands vor Augen zu führen.

Der Quälgeist vom Dienst

Die autoritären Wesenszüge des Systems und seine Korruptheit müssen möglichst vielen Menschen bewusst gemacht werden, damit die Zahl derer zunimmt, die gewillt sind, auf die Straße zu gehen, um gegen die bestehenden Verhältnisse zu demonstrieren. Das ist Nawalnys Ansatz.

Aber Nawalny und seinen Mitstreitern ist bewusst, dass durch Demonstrieren allein das System nicht aus den Angeln gehoben werden kann. Die Unzufriedenheit mit den Lebensbedingungen, mit den öffentlichen Dienstleistungen, mit der politischen Stagnation ist weit verbreitet, aber das trifft auch für die Furcht vor Chaos und Veränderung zu – und für das Misstrauen gegenüber Politikern, einschließlich Nawalny.

Statt ihre gesamte Energie auf den Protest zu konzentrieren, versuchen Nawalny und Wolkow, die Machtinhaber daher auch auf andere Weise herauszufordern. Ihr Ziel ist es, die Elite zu spalten, um so die politische Konkurrenz im System zu verschärfen, wo immer dies möglich erscheint. Die »Smart Voting«-Strategie ist eines der Instrumente, mit denen versucht wird, Putins Machtbasis in den Regionen bei jeder einzelnen Wahl zu schwächen. Statt Putin direkt ausbremsen zu wollen – was Nawalny ohnehin nicht für möglich hält –, gründet seine Strategie darauf, Putin in seiner Machtausübung zu stören und zu nerven, wo immer es geht. Aus diesem Grund wird Nawalny mitunter auch zutreffend als »Quälgeist vom Dienst« bezeichnet.[29]

Ein Revolutionär?

Es ist Ende März 2020. Ein junger Aktivist namens Jegor Schukow sitzt Nawalny im Studio des Radiosenders Echo Moskwy gegenüber.[30] Er dankt Nawalny, dass dieser ihn motiviert habe, Aktivist zu werden, wie er überhaupt auf viele andere Menschen motivierend gewirkt habe. Dann geht Schukow jedoch zum Angriff über.

Man dürfe sich nicht wundern, sagt er, dass die Kundgebungen so häufig ihre Ziele verfehlten, solange sie nicht Teil eines größeren Aktionsplans seien. Zwei Stunden lang zu protestieren und dann brav nach Hause zu gehen, würde den Behörden keine Probleme bereiten. Schukow ist überzeugt, dass etwas geschehen müsse, das größere Störungen verursachen würde – friedlich, aber mit starken Wirkungen: Straßenblockaden zum Beispiel oder die Besetzung von Amtsgebäuden.

Nawalnys Antwort ist eindeutig. Die Verfassung gebe den Menschen das Recht, sich »friedlich und unbewaffnet zu versammeln«, und er sei entschlossen, dieses Recht zu verteidigen, selbst dann, wenn die Behörden keine formelle Genehmigung erteilten. »Ich rufe zum Protest auf, und dabei ist es mir völlig egal, was das Büro des Bürgermeisters dazu sagt.« Weiter geht Nawalnys Radikalität nicht.

Das heißt aber nicht, dass Nawalny eine Revolution kategorisch ablehnt. So glaubte er etwa 2011, »eine Konfrontation zwischen den korrupten Eliten und den breiten Massen«, die gerade erst die Regime im Nahen Osten hinweggefegt habe, könne sich auch in Russland ereignen – eine Hoffnung, die er 2016 erneut artikulierte.[31] Damit unterscheidet er sich von der alten Garde russischer Liberaler, von denen viele jeder Form von »Unordnung« prinzipiell ablehnend gegenüberstehen.

Aber Nawalny unterscheidet sich auch von der jüngeren Generation, also Menschen wie Schukow, die zum Teil für radikalere Formen des Protests plädieren. Die Putin nahestehenden Medien werfen Nawalny vor, er wolle in Russland einen ukrainischen Majdan herbeiführen. Und 2021 verglich Putin höchstselbst die Pro-Nawalny-Protestmärsche mit der Oktoberrevolution und bezeichnete ihre Organisatoren als »Terroristen«.[32]

Auf diese Anschuldigungen bezieht sich Nawalny bei seiner Antwort auf Schukows Kritik. »Ich bin realistisch«, sagt er. »Ich weiß, sobald ich zu Straßenblockaden aufrufe, werden im ganzen Land die Leute in meinen Büros auf der Stelle verhaftet.« Das Ziel sei es daher, eine möglichst große Beteiligung an den Protesten zu erreichen und das Regime möglichst stark unter Druck zu setzen. Aber alles immer innerhalb der verfassungsrechtlichen Grenzen.

Wir werden vielleicht nie erfahren, ob Nawalny nicht insgeheim davon träumt, die Menschen in den Kampf zu führen und Barrikaden zu errichten. Aber nach seinen Äußerungen und seinem Handeln zu urteilen, ist das nicht der Fall. Statt Nawalny für einen Revolutionär zu halten, sollte man ihn eher als einen kompromisslosen Realisten bezeichnen. Aber auch das hat seine Kehrseite.

Ein diktatorischer Demokrat?

Wir haben gezeigt, wie Nawalny und sein Team den FBK und ein Netzwerk von Büros im ganzen Land als politische Organisationen aufbauten. Sie sammeln Ressourcen, rekrutieren gutausgebildete Spezialisten, organisieren Kampagnen. Allerdings fehlt ihnen etwas, das die meisten Parteien aufweisen: ein Mechanismus, durch den die Mitgliederbasis die Entscheidungen der Führung beeinflussen kann. Das hat zu dem Vorwurf geführt, Nawalnys Organisationen seien autoritär – ein Vorwurf, der sowohl vonseiten liberaler Politiker als auch von

Journalisten und sogar von aktiven Anhängern der Bewegung vorgetragen wird.

Tatsächlich werden Nawalnys Organisationen strikt *top-down* geführt. Das heißt jedoch nicht, dass die Ideen und Beschwerden der Aktivisten auf taube Ohren stoßen. Es liegt auf jeden Fall im Interesse der Führung, auf die Erfahrungen der Menschen vor Ort zu hören. Aber es gibt für die Basis tatsächlich keine formale Möglichkeit, Entscheidungen zu beeinflussen, von einer Wahl oder Abwahl der Spitzenfunktionäre ganz zu schweigen.

Wie die Aktivisten selbst sagen, kann es in dem gegenwärtigen repressiven Umfeld ein großer Vorteil sein, Entscheidungen schnell für das gesamte Netzwerk treffen zu können. Das Festhalten an undemokratischen Organisationsstrukturen passt jedoch nicht zu dem, was das Team zu erreichen versucht: aufzuzeigen, wie ein modernes, demokratisches Russland funktionieren könnte.

Ein Populist?

Mit dieser Mischung von Autoritarismus und Demokratie könnte Nawalny als Populist angesehen werden, wofür ihn manche auch tatsächlich halten.

Populisten stehen der intellektuellen Elite oftmals feindlich gegenüber und betrachten Expertenmeinungen mit Skepsis. Aber diese Einstellungen sind auf Nawalnys Plattform nicht zu finden. Er versteht sich selbst nicht als Intellektuellen, aber im Gegensatz zu vielen westlichen Populisten achtet er ganz offensichtlich auf die Meinung von Experten. Das kennzeichnet einen wichtigen Unterschied zwischen Nawalny und den populistischen Bewegungen im Westen.

Wie auch immer, Nawalny ist fast so etwas wie ein Musterbeispiel für einen Politiker, der sich gegen das Establishment positioniert. Unablässig kritisiert er die Korruption und die Gier der politischen Eliten, wobei seine Angriffe manchmal Vereinfachungen enthalten, die ein westliches Publikum an ihre eigenen Populisten erinnert. Daher die Frage: Ist er ein Populist?

Seinem Selbstverständnis nach, ist er es nicht. Nawalny hat oftmals betont, dass er sich in einem Kampf wähnt, der zwei Stadien umfasst. Seine Anti-Establishment-Rhetorik, mit der er gegen die Art und Weise polemisiert, wie im heutigen Russland Macht ausgeübt wird, gehört dem ersten Stadium an. In dieser Phase sei Politikmachen, so Nawalny, denkbar einfach, weil es nur schwarz und weiß gebe. Gegenüber Journalisten des Magazins *Der Spiegel* erklärte Nawalny 2020:

»Ich sehe kein Problem in der Zusammenarbeit mit allen, die im Grundsatz antiautoritäre Positionen vertreten. Deshalb macht es mir nichts aus, wenn wir jetzt bei Wahlen Kommunisten unterstützen. Ich fasse mir nicht schockiert ans Herz, nur weil einer der von uns gestützten Kandidaten einen Lenin-Anstecker trägt. Ihr in Deutschland habt schon die Demokratie. Wir müssen erst einmal eine Koalition aller Kräfte schaffen, die für die Abwählbarkeit der Machthaber eintreten, für die Unabhängigkeit der Gerichte.«[33]

Nawalny ist überzeugt, dass noch ein zweites Stadium folgen müsse, ein Punkt, an dem sich der grobe Gegensatz zwischen den Eliten und dem Volk auflösen und »normale« Politik möglich werden würde.

Nawalny sieht sich selbst als Politiker in einer parlamentarischen Demokratie. Er lehnt die autoritäre Behauptung der Populisten ab, sich stets auf den »Volkswillen« zu stützen. So, wie er und sein Team sich Russland vorstellen, wäre Nawalnys Partei nur eine unter mehreren.

Ein Rassist?

Nawalny hat in der Vergangenheit rassistische Bemerkungen von sich gegeben. Beispielsweise hat er primitive ethnische Stereotype benutzt, um Menschen aus Zentralasien und dem Kaukasus zu diffamieren.[34] Damit hat er viele Kommentare westlicher Beobachter provoziert, die warnten, Nawalny sei nicht der demokratische Held, für den ihn manche hielten.[35] Aber Nawalny ist auch kein westlicher Politiker. In dieser Debatte ist es wichtig, auch russische Perspektiven zu berücksichtigen.

Nawalnys Kommentare werden auch in Russland kontrovers diskutiert: Aus genau diesem Grund fühlen sich viele, die sich für Menschenrechte einsetzen, mit Nawalny nicht so recht wohl.[36] Alexander Werchowski, ein Experte für russischen Nationalismus, meint, Nawalny hege »ethnische Vorurteile«.[37] Und wie wir bereits dargelegt haben, distanzieren sich auch einige Aktivisten aus Nawalnys eigener Bewegung von seinen Positionen zur Einwanderungsfrage.

Anders als es im heutigen Westeuropa oder in den Vereinigten Staaten der Fall wäre, wird Nawalny in Russland nach derartigen rassistischen Kommentaren nicht aus der progressiven politischen Szene verstoßen. Manche Kommentatoren würden ihn ausschließen wollen, wenn es eine »normale« Politik gäbe. Aber sie betrachten die Frage des Nationalismus als sekundär – wenigstens für den Augenblick. Es könnte durchaus sein, dass »Nawalny der Politiker« in einer offenen und freien Debatte für sein Zögern, seine früheren rassistischen Bemerkungen zu widerrufen, strenger zur Rede gestellt würde. Aber viele weisen darauf hin, dass es ein wichtigeres Problem gebe: die Reihen gegen ein brutales autoritäres Regime zu schließen.[38] Auf dieses zweite Stadium konzentriert sich Nawalnys Politik.

Revolutionär, Diktator, Populist – und Rassist: Man hat Nawalny schon alles Mögliche genannt. Obwohl all diese Etiketten etwas über ihn aussagen, werden sie ihm doch nicht gerecht. Nawalny ist eine komplexe politische Persönlichkeit. Während er konsequent sein Ziel verfolgt, die systemisch korrupte Autokratie Russlands durch funktionierende demokratische Institutionen zu ersetzen, verändert sich vieles, das mit seinem Umfeld und seiner Vorgehensweise zu tun hat.

Zwar hält er an seiner Forderung fest, die Einwanderung zu regulieren, doch sein Nationalismus ist in den Hintergrund getreten. In den letzten Jahren treten in seinem Programm deutlicher Elemente hervor, die eher als Mitte-Links-Positionen zu bezeichnen wären. Aber auch diese können wieder anderen Positionen weichen. Nawalny modifiziert seine Plattform, um einen möglichst breiten Querschnitt der Gesellschaft anzusprechen. Man könnte das opportunistisch nennen. Aber es ist genau diese Flexibilität, die ihn für die Machtinhaber so gefährlich macht.

Fürchtet sich Putin vor Nawalny?

Viele der Fragen, die über Nawalny und sein Verhältnis zum Kreml aufgeworfen werden, sind im Grunde nicht zu beantworten. So zum Beispiel die Frage: Fürchtet sich Putin vor Nawalny? Um sie definitiv beantworten zu können, müsste man Putins Gedanken lesen können – oder wenigstens Zugang haben zum Denken seiner engsten Vertrauten.

Da uns beides verwehrt ist, haben wir einen anderen Weg eingeschlagen. Weil Äußerungen und Handeln der russischen Behörden oft weit auseinanderklaffen, wollen wir hier die Reaktionen des Systems auf bestimmte Vorfälle in den Blick nehmen.

Wir wissen vielleicht nicht, was Putin über Nawalny denkt. Aber wir können gewisse Folgerungen aus dem Verhalten des Präsidenten ziehen – aus seiner sturen Weigerung, Nawalnys Namen öffentlich in den Mund zu nehmen, aus seinem Eingeständnis, dass Nawalny tatsächlich schon vor seiner »Erkrankung« im August 2020 von Sicherheitspersonal observiert wurde, und aus seiner beharrlichen Behauptung, Nawalny sei ein Agent westlicher Mächte.

Wir wissen auch nicht genau, wie sehr die Recherchen des Fonds für Korruptionsbekämpfung die russischen Behörden unter Druck setzen. Aber auch hier können wir Folgerungen ziehen – aus der gerichtlichen Anordnung, bestimmte YouTube-Videos zu löschen, aus den häufigen Razzien der Ordnungskräfte in den Regionalbüros des Fonds und schließlich auch aus der Zerschlagung des Fonds selbst.

Weiterhin wissen wir auch nicht, wie ernst der Kreml die »Smart Voting«-Strategie nimmt. Doch auch hierzu können wir bestimmte Schlussfolgerungen ziehen – aus der erwähnten Einrichtung einer gefakten »Smart Vote«-Initiative, um die Wählerinnen und Wähler zu täuschen, aus der massenweisen Verhaftung von Kommunalpolitikern im März 2021, aus den frontalen Angriffen der Polizei auf Nawalnys Wahlkampfbüros im ganzen Land.

Wir kennen Putins persönliche Ansicht nicht, aber all diese Beispiele legen nahe, dass der Kreml Nawalny außerordentlich ernst nimmt. Und dass er in Nawalnys Aktionen und den Aktivitäten seines Teams eine klare Bedrohung der aktuellen Machtverteilung sieht.

Der Kreml weiß jedoch auch, dass Nawalny nicht sein einziges Problem darstellt.

Nawalny beweist ein gewisses Geschick, die sich bietenden Gelegenheiten auszunutzen, etwa indem er auf bestimmte strukturelle Probleme hinweist, wie etwa die Korruption der

Eliten und die soziale Ungleichheit, und dafür Menschen mobilisiert. Würde der Kreml Nawalny aus dem Weg schaffen, würde er vielleicht die wichtigste Integrationsfigur der Unzufriedenen in der russischen Gesellschaft beseitigen, aber die tieferen Gründe dieser Unzufriedenheit – die stagnierende Lohnentwicklung, die steigenden Preise, die bestechliche Beamtenschaft – würden bleiben.

Wird der Westen Nawalny retten?

Nein. Selbst wenn der Westen es wollte, er könnte es nicht. Nawalnys Schicksal wird in Russland entschieden.

Das soll nicht heißen, dass westliche Regierungen überhaupt keinen Einfluss auf die Situation in Russland hätten. Aber im Hinblick auf ihre Fähigkeit, Entscheidungsprozesse in Russland durch Sanktionen oder andere Maßnahmen zu beeinflussen, sollten sie realistisch sein. Das gilt insbesondere für eine Person wie Nawalny, die ohnehin schon als Marionette des Westens diffamiert wird. Einige Beobachter bezweifeln überdies, dass es im Westen genügend politischen Willen gibt, neue Sanktionen zu verhängen. Nawalny selbst gehört zu diesen Zweiflern:

»Niemand wird unsere Probleme lösen ... Deutschland, das Vereinigte Königreich oder die Vereinigten Staaten werden uns niemals helfen, sie werden nicht einmal ernsthaft darüber nachdenken, die Russen von der Tyrannei zu befreien. Darüber brauchen wir nicht mehr nachzudenken; wir sollten nicht hoffen, dass andere Länder uns helfen werden. Das ist Schwachsinn, andere Länder kümmern sich nur um sich selbst.«[39]

Dennoch riefen Nawalny und sein Team nach internationalen Sanktionen gegen bestimmte Russen: »Geht auf YouTube, tippt ›Alexej Nawalny‹ ein und nehmt euch die Protagonisten unserer Recherchen vor«, sagte Nawalny im Oktober 2020.[40] Und als er im Januar 2021 verhaftet wurde, rief sein enger Mitstreiter Wladimir Aschurkow die westlichen Regierungen auf, Sanktionen gegen mehrere prominente russische Geschäftsleute und führende Politiker zu verhängen, nicht nur gegen die »Operativen«, sondern auch gegen »die Leute mit dem Geld«.[41]

Es war nicht das erste Mal, dass Nawalny zu derartigen Maßnahmen aufrief. Er applaudierte, als die Vereinigten Staaten nach dem Tod von Sergej Magnitski Sanktionen vorschlugen: »Wenn das geschieht, wird das die herrschende Elite hart treffen. Wie sollen sie jetzt noch zu ihren Ferienwohnungen in Miami kommen?«[42]

Insgesamt nahm Nawalny in der Frage internationaler Sanktionen eine konsequente Haltung ein. Ja zu persönlichen Sanktionen gegen korrupte Funktionsträger. Nein zu Wirtschaftssanktionen gegen Russland als Ganzes, weil diese wohl eher die einfache russische Bevölkerung treffen würden.

Über Wirtschaftssanktionen wurde auch nach Nawalnys Vergiftung im August 2020 erneut debattiert. Es wurden Stimmen laut, Deutschland solle aus dem Nordstream-2-Projekt aussteigen – jener Gas-Pipeline, die durch die Ostsee von Russland bis nach Deutschland führt. Wie reagierte Nawalny darauf? »Das ist Deutschlands Angelegenheit. Entscheidet selbst! Sanktionen gegen Russland insgesamt bringen nichts.«[43] Tatsächlich könnten sie sogar dazu beitragen, das Regime zu konsolidieren, so Nawalny.[44]

Stellen Nawalnys Forderungen nach persönlichen Sanktionen einen Appell an ausländische Mächte dar, sich »in die inneren Angelegenheiten Russlands einzumischen«, wie russische Politiker behaupten? Aus Nawalnys Sicht keineswegs.

»Man darf nicht die Interessen Russlands mit der Angst der Funktionäre um ihre Korruptionsgelder auf Sparkonten westlicher Banken verwechseln.«[45] Sanktionen gegen Funktionäre in der Folge von Magnitskis Tod, schrieb er, seien »voll und ganz prorussisch«.[46] Nawalny wies auch darauf hin, dass westliche Länder dazu beitrügen, die Korruption in Russland zu ermöglichen: »Geldwäsche ist nach westlichem Recht ein Verbrechen. Unsere Gauner stehlen in Russland und waschen dann das Geld in Europa. Das darf man nicht ignorieren.«[47] Aber Nawalny hoffte auch, dass es eines Tages möglich sein werde, »alle Verantwortlichen in Russland zu bestrafen«, ohne dass eine Einmischung von außen nötig wird.[48]

Ist Nawalny Russlands Zukunft?

Umfragen lassen vermuten: nein. Einer Meinungsumfrage Anfang 2021 zufolge waren nur 19 Prozent der Russinnen und Russen mit Nawalnys Aktivitäten einverstanden.[49] Es ist eine naive und sogar falsche Annahme, dass Nawalny von einer Mehrheit der Russen unterstützt wird oder dass er Putin leicht schlagen könne, wenn man ihm erlauben würde, direkt gegen ihn anzutreten.

Aber diese Daten muss man in ihrem Kontext sehen: Sie zeigen lediglich die Ergebnisse, die Nawalny in einem System erzielen kann, das ihn ignoriert beziehungsweise das ihn als »Agenten ausländischer Mächte« verunglimpft. Laut einer Umfrage Ende 2020 glaubten 49 Prozent der befragten Russen, Nawalnys Vergiftung sei von westlichen Geheimdiensten erfunden oder arrangiert worden.[50]

Es ist völlig unklar, wie Nawalnys Zustimmungswerte ausfielen, wenn die gegen ihn in Russland verhängten Einschränkungen aufgehoben würden. Aber die Veränderung dieses Zustands ist genau das, wofür er kämpft: als »normaler« Politiker in einem System arbeiten zu können, das durch freie Medien, Rechtsstaatlichkeit und freie und gerechte Wahlen gekennzeichnet ist.[51] Diese Veränderung allerdings ist – zumindest vorerst – nirgendwo in Sicht.

Eine aktuelle Analyse zur Frage der Unterstützung von Nawalny in der Bevölkerung erlaubt uns vielleicht, eine Prognose für die Zukunft zu wagen. In der Altersgruppe der 18- bis 24-Jährigen sind die Zustimmungswerte mit 38 Prozent viel höher als in jeder anderen Altersgruppe. Die Vorstellung, dass alle jungen Menschen Nawalny unterstützen würden, ist zwar falsch. Aber wenn die Gruppe dieser jungen Leute mit zunehmendem Alter ihre Sympathie für Nawalny beibehält, könnte sich Nawalny – oder könnten sich andere Politiker mit ähnlichem Profil und vergleichbarer politischer Plattform – in Zukunft auf eine Bevölkerung stützen, die derartigen Botschaften bereitwilliger folgen würde.[52]

Nawalny und sein Team versuchen, einen positiven Blick auf ein Russland zu ermöglichen, wie es einmal aussehen könnte. Nawalny zufolge wird das »wunderbare Russland der Zukunft«, wie er es oft nennt, wohlhabend, demokratisch und zukunftsorientiert sein. Dieses Russland soll nicht nur frei sein:

> »Wir müssen nicht nur gegen den Mangel an Freiheit in Russland kämpfen, sondern auch gegen den Mangel an Glück und Zufriedenheit ... Wir haben alles, aber wir sind ein unglückliches Land. Lest russische Literatur! Darin geht es immer nur um Leid und Unglück. Wir sind in einem Kreislauf des Unglücks gefangen und finden nicht mehr hinaus. Aber natürlich wollen wir hinaus, deshalb schlage ich vor, den Slogan zu ändern. Russland muss nicht nur frei sein, sondern auch glücklich. Und Russland wird glücklich sein.«[53]

Menschen, die Nawalny unterstützen, tun dies deshalb, weil sie seine Vision eines freien, glücklichen Russland teilen. Für sie ist Nawalny eine echte »Alternative«, ein Mutmacher, jemand, der die Fähigkeit hat, Menschen zu motivieren. Die Frage bleibt jedoch, ob er in der Lage wäre, seine Versprechen einzulösen, vor allem, wenn man die lange Liste der Reformer und Revolutionäre betrachtet, die die Hoffnungen der Menschen in Russland und auf der ganzen Welt bereits enttäuscht haben.

Nawalny ist sich bewusst, dass er eine Symbolfigur ist. Und das ist ein entscheidender Grund, warum er nach Russland zurückgekehrt ist, obwohl ihm klar war, dass er sehr wahrscheinlich im Gefängnis landen würde. Wenn so viele andere Menschen ihre Zukunft aufs Spiel setzen, darf er seinem Heimatland nicht fernbleiben: »Im Denken der Menschen bedeutet es, dass man aufgibt, wenn man das Land verlässt.«[54] Er musste durch sein Beispiel vorangehen.

Aber Nawalnys Bedeutung beschränkt sich nicht nur auf die Person Nawalny. Sie ist untrennbar verknüpft mit seiner Bewegung. Durch den Antikorruptionskampf, die politischen Kampagnen und die Organisation des Protests hat er Tausende motiviert, aktiv zu werden, ihre Furcht zu überwinden, die Vorstellung aufzugeben, dass man die bestehenden Verhältnisse doch niemals ändern könne oder dass eine Veränderung ins Chaos führen würde, wie es in den neunziger Jahren der Fall gewesen war. Und auch Menschen, die Nawalny nicht als Person unterstützen, schließen sich dem Protest an, um ihre Wut und Frustration auszudrücken.

Nawalnys derzeitiges Schicksal liegt in den Händen einer Elite, die er immer wieder bloßgestellt und kritisiert hat. Aber wie auch immer Nawalnys Zukunft aussehen mag – ob er in die Politik zurückkehrt oder hinter Gittern bleibt oder ob ihm noch Schlimmeres widerfährt –, die Menschen, die er dazu gebracht hat, politisch aktiv zu werden, werden auch weiterhin für Veränderungen auf die Straße gehen. Und selbst die zunehmenden Repressalien werden sie daran nicht hindern.

Das Verbot des FBK und die Zerschlagung des Netzwerks der Regionalbüros bedeutet das Ende der wichtigsten Oppositionsplattform Russlands. Seit dem Fall der Sowjetunion ist keine derart einflussreiche politische Organisation mehr verboten worden.

In gewisser Weise ist das der logische nächste Schritt in einer Eskalationsspirale, die sich seit vielen Jahren dreht.

Nawalny und sein FBK hatten immer wieder einen Ort gefunden, von dem aus es ihnen möglich war, gegen den Autoritarismus Russlands anzukämpfen, etwa indem sie auf andere Kampfplätze auswichen oder sich so gut wie möglich anpassten. Jetzt jedoch hat der Kreml sie all dieser offensichtlichen Möglichkeiten beraubt. Es ist daher keine Übertreibung zu sagen, dass das politische Regime Russlands mit dieser Maßnahme einen entscheidenden Schritt unternimmt, zu einer voll entwickelten Diktatur zu werden.

Ist Nawalny Russlands Zukunft? Das will der Kreml unter allen Umständen verhindern. Aber Alexej Nawalny, sein Team und seine Bewegung kämpfen für eine andere Möglichkeit: dass es dem russischen Volk erlaubt sein müsse, über die Zukunft des Landes selbst zu bestimmen.

NACHWORT

»Wer gegen den Krieg kämpfen will, muss nur den Despotismus bekämpfen«

Pokrow, Region Wladimir – Strafkolonie Nr. 2, 15. März 2022.

Nawalny steht vor Gericht – wieder einmal. Er wird beschuldigt, Geld des Fonds für Korruptionsbekämpfung veruntreut und Gerichtsauflagen missachtet zu haben – ihm drohen fünfzehn weitere Jahre hinter Gittern.[1] Der Schauplatz ist noch trostloser als bei den vorangegangenen Verfahren: Statt in einem richtigen Gerichtssaal wird Nawalny jetzt direkt im Gefängnis der Prozess gemacht. Journalisten werden nicht einmal zugelassen – sie müssen von einem angrenzenden Raum aus auf einem TV-Bildschirm zuschauen.[2]

Aus Nawalnys »Abschlusserklärungen« – im russischen Rechtssystem spricht man von »letzten Worten« – sind mittlerweile eigenständige Ereignisse geworden. Von ihnen gab es zuletzt ziemlich viele, wie Nawalny selbst bemerkt hat: »Wir hatten so viele Abschlusserklärungen, dass es fast schon komisch ist. Die Leute fangen an, mit den Augen zu rollen: Wenn das wirklich seine letzten Worte sein sollen, warum hören wir dann ständig wieder von ihm?«[3]

Jenseits der Gefängnismauern von Pokrow IK-2 ist die Welt noch trostloser. Am 24. Februar 2022 begann Russland mit einem großangelegten Einmarsch in die Ukraine – eine Invasion, die nicht nur die Ukraine bedroht, sondern die Zukunft von Nawalnys Land:

»... die Folge dieses Krieges wird ein Zusammenbruch, der Kollaps unseres Landes sein. Das klingt recht heftig. Aber ›russisch-ukrainischer Krieg‹ klingt auch ziemlich heftig. Als dieser Prozess begann, sagte ich hier in diesem Gerichtssaal, dass jeder, der glaube, es werde Krieg geben, verrückt sei. Doch all das Gerede vom Zusammenbruch unseres Landes klingt immer wahrscheinlicher. Das ist ganz einfach eine Gruppe kranker, verrückter alter Männer. Sie haben kein Mitgefühl für irgendjemanden oder irgendetwas. Und unser Land ist das Letzte, wofür sie sich interessieren. Ihre einzige Heimat ist ihr Schweizer Bankkonto. Und egal, was sie einem über Patriotismus erzählen wollen, es ist reiner Mythos – aber auch eine gewaltige Bedrohung für uns alle.«[4]

Nawalny wollte den Zuhörern noch »ein großartiges Zitat« von Tolstoi mit auf den Weg geben – doch die Live-Übertragung für Journalisten wurde hier unterbrochen. Das Zitat – das später in den sozialen Medien gepostet wurde – lautete: »Krieg ist eine Erscheinungsform des Despotismus. Und wer gegen den Krieg kämpfen will, der muss nur den Despotismus bekämpfen.«[5]

Jenseits seiner politischen Dimension war der Krieg auch für Nawalny persönlich tragisch. Während der ersten Tage der Invasion griff die russische Armee auch jene Region der Ukraine an, aus der Nawalnys Vater stammt.[6] Im April wurde berichtet, dass ein entfernter Verwandter – Ilja Iwanowitsch Nawalny – in der Stadt Butscha (in der Nähe Kiews) von russischen Soldaten umgebracht worden war.[7] Der Mann stammte aus demselben Dorf wie Alexej Nawalnys Vater – ein Dorf, das nach dem Nuklearunfall von Tschernobyl evakuiert worden war. Nawalny sah in ihm ein weiteres Opfer eines »Krieges ... der von einem tobenden Irren ausgelöst worden war, der besessen ist von irgendwelchem Unsinn über Geopolitik, Geschichte und den Aufbau der Welt«.[8]

Doch dies war nicht die einzige persönliche Tragödie. Am 23. März 2022 wurde die Journalistin Oxana Baulina – eine langjährige Kollegin Nawalnys – bei einem Raketenangriff in Kiew getötet.[9] Baulina berichtete für das Online-Magazin *The Insider* aus der Ukraine und hatte dabei geholfen, Nawalnys YouTube-Kanal und Livestreams aufzubauen. Für Nawalny war sie ein weiteres Beispiel für jene mutigen Russen, die eine glänzende Karriere opferten, um für ihre Werte zu kämpfen.

Zurück in Pokrow stellte Nawalny klar, was er von Gerichtsverfahren hielt: »Ich hasse eure Autorität und verachte euer Rechtssystem. Weil es unmöglich ist, es nicht zu hassen. Ist es für euch denn nicht demütigend, so zu tun, als wärt ihr Richter und Staatsanwälte, wo ihr doch in Wirklichkeit nichts als Erfüllungsgehilfen seid, deren einziger Zweck darin besteht, etwas zu wiederholen, das man euch am Telefon vorgesagt hat?«[10] Mitglieder aus Nawalnys Team erbrachten Belege, wonach die Richterin während des Verfahrens mehrere Anrufe aus der Präsidialverwaltung erhalten hatte.[11]

Eine Woche nach Nawalnys »letzten Worten« verkündete die Richterin das Urteil: neun weitere Jahre hinter Gittern – in einem Hochsicherheitsgefängnis mit härteren Bedingungen als in Pokrow.[12] Doch, sich selbst treu, nutzte Nawalny die Gelegenheit, um in einem Twitter-Post Optimismus zu verbreiten – mit einer schönen Anspielung auf die Popkultur:

»9 Jahre. Naja, wie die Figuren in meiner Lieblingsserie *The Wire* immer gesagt haben: ›Man sitzt nur zwei Tage. Den Tag, an dem man reingeht, und den Tag, an dem man rauskommt.‹ Ich hatte sogar ein T-Shirt mit diesem Slogan, doch die Gefängnisaufsicht hat es konfisziert, weil sie den Aufdruck für extremistisch hielt.«[13]

In gewisser Weise zählt die Anzahl an Jahren in diesem Stadium nicht mehr wirklich. Als ihm seine Anwälte im September 2021 mitteilten, dass eine weitere Sache gegen ihn vor Gericht gebracht werde, sagte Nawalny seinen Anhängern, sie sollten sich keine Sorgen machen: Er rechne damit »spätestens im Frühjahr 2051« freizukommen – und ließ ein augenzwinkerndes Emoji folgen.[14]

Doch wie war es Nawalny vor seinem letzten Prozess ergangen? Wir gehen hier zurück zum Ende des vorhergehenden Kapitels, wo wir uns fragten, ob Nawalny einen Fehler beging, als er nach Russland zurückkehrte. Anschließend fragen wir, wie es seinem Team und seiner Bewegung angesichts beispielloser Repressionen vonseiten der russischen Behörden ergangen ist. Und schließlich wollen wir die Frage stellen, wer, wenn nicht Nawalny – zumindest auf kurze Sicht –, die Zukunft Russlands sein und das Schicksal des Landes bestimmen könnte.

Der Gefangene

Von Pokrow ins Europäische Parlament

Nach dem dramatischen Hungerstreik von 2021 schien das Gefängnisleben ruhiger zu werden. So rau es auch sein mochte, war Nawalnys Straflager in Pokrow kein Ort, wo, wie er scherzte, »Muskelmänner mit Tattoos und Stahlzähnen Messerkämpfe veranstalten, nur um zu klären, wer die besten Stockbetten am Fenster bekommt«.[15] Auf Instagram hielt Nawalny weiterhin die Höhen und Tiefen des Lebens in einem russischen Gefängnis fest – wenngleich über seine Anwälte.

Zu den Höhen zählte, dass er von Oktober 2021 an nicht

mehr als Insasse mit »Fluchtrisiko« eingestuft wurde – das war insofern eine gute Nachricht, da er sich von nun an nicht mehr alle zwei Stunden über eine Kamera melden musste, um zu beweisen, dass er nicht geflohen war.[16]

Nawalny erwarb auch neue Fertigkeiten. In russischen Straflagern wird von den Insassen erwartet, dass sie sich ein Handwerk aneignen – und Nawalny lernte »mit hervorragenden Lehrern, zwei geduldigen Frauen« zu nähen, was ihn an seine Schulzeit erinnerte. »Manchmal sagen sie zu mir Dinge wie ›Alexej Anatoljewitsch, hör auf, aus dem Fenster zu schauen, dort drüben passiert doch nichts Interessantes.‹[17] Er bekam mit, wie die Inflation zuschlug und die Preise für die (limitierten und teuren) Waren, die man im Gefängnisladen kaufen konnte, in die Höhe trieb – Fleisch, Fisch, Mais, Bohnen (alles in Dosen), Käse und Milch. Stets politisch denkend fragte sich Nawalny, ob der Chef der Zentralbank und natürlich auch Putin bei diesen Inflationsraten noch von einer gewöhnlichen Rente leben könnten.[18]

Zu Silvester – Russlands wichtigstes Familienfest – bemerkte Nawalny die »großzügigen Pakete«, die man den Insassen anbot: »Mandarinen, Kuchen und sogar Coca-Cola«. Als ein Gefangener im Kostüm von *Djed Moros* – Väterchen Frost, der russische Weihnachtsmann – fragte, ob jemand ein Gedicht vortragen könne, las der 71-jährige Valery einige Verse und bat *Djed Moros* um Bewährung.[19]

Doch Gefängnis war immer noch Gefängnis. Nawalny musste sich ständigen Leibesvisitationen unterziehen.[20] Zudem wurde er gezwungen, wie er in einem Interview mit der *New York Times* bemerkte, sich ohne Ende Propagandafilme und staatliches Fernsehen anzusehen.[21] Das Straflager in Pokrow, sagte er, sei auf »psychische Gewalt« spezialisiert.[22] Am härtesten träfen ihn die »Geburtstage von engen Verwandten, besonders von Kindern«, denn, so Nawalny, »was für idiotische Glückwünsche kann ich meinem Sohn denn zu seinem vierzehnten Geburtstag schicken: ihm einen Brief schreiben. Was für Erinnerungen wird er denn an den Austausch mit seinem Vater haben?« Womöglich mehr als in allem anderen sah Nawalny darin die wahre Bedeutung seiner Zeit im Gefängnis: »Wir müssen das wunderbare Russland der Zukunft bauen, das sie einmal erben werden.«[23]

Doch war ein russisches Straflager für ihn der beste Ort, um dieses Ziel zu erreichen? Einige fragten sich, ob er die Lage verkannt hatte, als er im Januar 2021 zurück nach Russland ging.

War es ein Fehler, nach Russland zurückzukehren?

In einem Interview mit dem Nachrichtenmagazin *Time* vom Januar 2022 – ein Jahr nach seiner Rückkehr – beharrte Nawalny darauf, die richtige Entscheidung getroffen zu haben: »Die Frage stellte sich überhaupt nicht. Sobald ich meine Augen [in der Berliner Charité] öffnete, wusste ich, dass ich zurückkehren musste.« Als der Interviewer Simon Shuster nachhakte, behauptete Nawalny, »selbst wenn eine nüchterne Analyse zeigen sollte, dass sich dadurch die Dinge für mich, nicht aber für das Putin-Regime verschlimmert haben, ich würde dennoch zurückkehren. Ich wusste einfach, dass ich genau das tun musste«.[24]

Wir können Nawalnys moralische Gewissheit nicht hinterfragen. Wir können allerdings versuchen einzuschätzen, ob sich die Situation für seine Bewegung – und die der Opposition im Allgemeinen – mit seiner Rückkehr nach Russland und seiner Festnahme verbessert oder verschlechtert hat.

Auf den ersten Blick erscheint die Antwort eindeutig. Jetzt, da Nawalny im Gefängnis ist, hat die russische Opposition eine ihrer führenden, charismatischen Stimmen verloren. Er kann zwar noch mit der Öffentlichkeit in Kontakt treten, doch nur über seine Anwälte. Und auch die Kommunikation mit seinem Team ist stark beeinträchtigt – Gleiches gilt für seine Möglichkeiten, über das Geschehen in Russland und in der Welt auf dem Laufenden zu bleiben.

Seit der Zerstörung der Bewegung und dem harten Durchgreifen gegen kritische Stimmen, die mit der Invasion in der Ukraine einhergingen, scheint die Antwort auf obige Frage umso eindeutiger. Doch diese Entwicklungen waren Anfang 2021 nicht vorherzusehen. Womöglich hat Nawalny zwar gedacht, dass seine Verhaftung nach seiner Rückkehr nach Moskau »höchst wahrscheinlich« sei – doch alles andere kam auch für ihn überraschend.[25] Es scheint daher unangebracht, von »Fehlern« zu sprechen – insbesondere, wenn man die weitaus folgenschwereren Entscheidungen des Kremls mitbedenkt, die Nawalnys Schicksal bestimmen.

Warum die Repressionen gegen Nawalny, gegen sein Team und gegen die Bewegung – wie auch gegen unabhängige Medien – während des gesamten Jahres 2021 so drastisch ausfielen, blieb in gewisser Weise lange rätselhaft. Hatte Putin so viel Angst vor Nawalny, dass er die vollständige Auflösung seiner Organisationen befehlen und seine Mitarbeiter ins Exil treiben musste? Da wir Putins Gedanken nicht lesen können, zogen wir in den vorangegangenen Kapiteln die Aktionen des Systems als Indikatoren heran und kamen zu dem Schluss, dass Putin Nawalny tatsächlich sehr ernst nimmt. Doch schien das System präventiv vorzugehen. Im Falle eines massiven Vertrauensverlusts in den Präsidenten – zum Beispiel während einer wirtschaftlichen Krise – könnten organisierte Oppositionsstrukturen den Unmut in der Bevölkerung kanalisieren und eine vordergründig stabile politische Ordnung unterminieren. Putin handelte nicht deshalb, weil von Nawalny eine unmittelbare Gefahr ausging, sondern weil Nawalny und seine Organisation in der Zukunft zu einer echten Gefahr werden könnten.

Nach Russlands Überfall auf die Ukraine können wir die Handlungen des Systems im Jahr 2021 besser beurteilen. Es ist sehr plausibel, dass die Repressionen gegen Nawalny und andere mit Blick auf einen geplanten Krieg motiviert waren. Für den Fall eines Angriffs auf die Ukraine hätte der Kreml – so der mögliche Gedankengang – weniger Widerstand innerhalb Russlands zu befürchten, wenn Nawalny nicht frei wäre und seine Organisationen zerstört. Es wäre deshalb besser, jede mögliche organisierte Gegenwehr im Voraus auszuschalten. Hinter Gittern – oder tot – würde Nawalny die Rolle eines Friedensaktivisten nicht ausfüllen können. So gesehen ist es durchaus vorstellbar, dass Nawalnys Bewegung, die Opposition im weiteren Sinne und die unabhängigen Medien vor dem Überfall auf die Ukraine auch dann unterdrückt worden wären, wenn er im Januar 2021 nicht nach Russland zurückgekehrt wäre.

Nawalnys Rückkehr nach Russland war ein außerordentlicher und mutiger Akt des Widerstands. Er war sich über die möglichen Folgen im Klaren, wusste aber, dass er den Kreml in eine sehr schwierige Lage bringen würde – denn indem man ihn einsperrte, würde Russlands politische Führung ihre autoritäre Natur offenlegen. Nawalny war sich auch bewusst, welche Probleme sich ergeben hätten, wäre er im Ausland geblieben. Der Kreml hätte ihn fortlaufend als Agenten des Westens dargestellt und höchstwahrscheinlich als Heuchler gebrandmarkt, der die Menschen in Russland dazu auffordert, aktiv zu werden, während er selbst ein angenehmes Leben außer Landes führt. Die Entscheidung, zurückzukehren, passt zu seinem Charakter, seinen früheren Aussagen über den begrenzten Einfluss russischer Politiker im Exil und seiner Hoffnung auf eine einmalige Gelegenheit, den Kreml vor den Augen der Welt bloßzustellen.

Trotzdem könnte es noch zu früh sein, eine endgültige Antwort auf die Frage zu geben. Wie Wladimir Aschurkow bemerkte: »Wir sind da noch mittendrin. Das ist nicht das Ende von Putins Geschichte, von Russlands Geschichte. Die Lage klärt sich gerade noch … Man kann vom heutigen Standpunkt aus nicht wirklich sagen, ob es ein Fehler war zurückzukommen.«[26]

Zu sagen, Nawalnys Rückkehr sei ein Fehler gewesen, ist auch schwierig, wenn man an ihre umfassende Symbolkraft denkt. So sehr Wladimir Putin zum archetypischen Autokraten unserer Zeit geworden ist, so sehr steht Nawalny heute für den Mut im Angesicht der Diktatur. Er war für den Friedensnobelpreis nominiert, wurde mit dem Sacharow-Preis für Gedankenfreiheit ausgezeichnet und war Gegenstand einer hoch gehandelten, von HBO und CNN produzierten Dokumentation.[27] Nawalny ist zu einer weltbekannten Figur geworden.

Doch sein Einfluss auf die Welt war nicht die Arbeit eines einzigen Mannes. Nawalnys Team führte die Mission der Bewegung auch mit ihm hinter Gittern weiter – wenngleich der Druck, den die Behörden auf die Bewegung ausübten, nur größer wurde und sie zwang, sich anzupassen.

Das Team

Das Büro in Vilnius

Eine Wohnstraße mit vielen Laubbäumen in der Hauptstadt Litauens. Die Innenräume des Büros sind, mit den Worten des Schriftstellers und Journalisten Vladislav Davidzon, »schlank, minimalistisch und luftig besetzt von jungen Russen in weißen

T-Shirts oder im Moskauer Hipster-Aufzug« – Personen, die auch »in Start-ups in Palo Alto oder London nicht auffallen würden«.[28]

Dies ist das Zentrum der Nawalny-Bewegung im Exil. Unter der Leitung von Nawalnys Stabschef Leonid Wolkow – der Russland im Juli 2019 unter dem Druck der Vollzugsbehörden verlassen hatte – wurde das Büro eröffnet, noch bevor die Maßnahmen gegen die Bewegung im Jahr 2021 verschärft wurden. Doch seine Wichtigkeit wuchs, als die Behörden in Russland die Schrauben anzogen.[29]

»Ihr seid nicht emigriert – ihr wurdet gezwungen, den Standort unseres Büros vorrübergehend zu verlegen.« Im Oktober 2021 schrieb Nawalny diese Worte in einem Brief an seine Teammitglieder – seine »Freunde«, wie er sagte. Da der Kreml die Aktivitäten der Bewegung innerhalb Russlands untersagte, gab es keine andere Wahl, als sie ins Ausland zu verlegen. Der Fonds für Korruptionsbekämpfung (FBK) – obwohl in Russland aufgelöst – wurde in den Vereinigten Staaten als »private Stiftung« angemeldet. Das Ziel, ein Russland ohne Putin herbeizuführen, wurde nun am besten außerhalb des Landes geführt – verglichen mit der bisherigen Strategie des Teams eine deutliche Veränderung.

Nawalny schrieb diesen Brief an sein Team nach der Parlamentswahl im September 2021. Diese Wahl – und das »Smart Voting«-Projekt, das das Team entwickelt hatte, um sie durcheinanderzuwirbeln – war der Kern ihrer Arbeit in den vorangegangenen sechs Monaten.[30] Mit diesem Projekt wollte man Oppositionswähler davon überzeugen, an den Wahlen teilzunehmen, auch wenn die Kräfteverhältnisse deutlich auf Seiten des Kremls lagen. Doch obwohl Nawalnys Team viel in »Smart Voting« investierte, gelang es dem Kreml, diese Strategie mit neuen Finten auszubremsen.

Die Behörden nahmen die Bedrohung durch »Smart Voting« sehr ernst – zumindest den vielen Schritten nach zu urteilen, die unternommen wurden, um das Projekt zu sabotieren. Der Angriff gegen Nawalnys Organisationen behinderte nicht nur deren Arbeit, sondern verhinderte zum Beispiel auch Ljubow Sobols Kandidatur für einen Sitz in der Staatsduma.[31] Darüber hinaus wurden verschiedene Maßnahmen ergriffen, um den Menschen den Zugang zu Informationen über die Bewerber, denen Nawalnys Team am ehesten zutraute, es mit den Kandidaten von »Einiges Russland« aufzunehmen, zu erschweren. Russlands Regulierungsbehörden blockierten die Projektwebsite; ein Moskauer Gericht wies Yandex und Google an, aus ihren Suchergebnisse Inhalte zu löschen, die mit der Idee des taktischen Wählens zu tun hatten; zudem gaben Apple und Google dem Druck nach und löschten die »Smart-Voting«-App aus ihren App-Stores – sehr zum Ärger Nawalnys, der beide Firmen Putins »Komplizen« nannte.[32] Diese Form der Zensur schien zu funktionieren: Eine Umfrage des Lewada-Zentrums vom September 2021 ergab, dass 65 Prozent der Russen noch nie von »Smart Voting« gehört hatten – und nur acht Prozent sowohl davon gehört hatten als auch angaben, es zu unterstützen.[33]

Dennoch gab es früh Anzeichen dafür, dass das Projekt vor allem in Moskau seine Wirkung nicht verfehlte: Nach Auszählung der vor Ort abgegebenen Stimmzettel sah es ganz danach aus, dass Oppositionskandidaten Sitze gewonnen hätten. Erst nachdem die Ergebnisse der Online-Stimmen – verdächtig spät – verkündet wurden, mussten diese Prognosen revidiert werden.[34] Die Machthaber konnten sich alle fünfzehn Moskauer Sitze in der Staatsduma sichern – und die Zweidrittelmehrheit wiederlangen, die Verfassungsänderungen ermöglicht.[35]

Leonid Wolkow nannte »Smart Voting« dennoch einen Erfolg in einem Kampf »Davids gegen Goliath«.[36] Er argumentierte, wenn die Behörden auf einen gewaltigen Betrug angewiesen seien, dann bringe dies nur den wahren Charakter der Wahl und des Regimes zum Vorschein. Ähnlich bezeichnete Nawalny das Ergebnis als Triumph – gab aber gleichzeitig zu, dass es nicht möglich war, »das gesamte Ergebnis einen ›Sieg‹« zu nennen, da ihnen dieser »glattweg gestohlen« worden war.[37] Er sagte, das Putin-Regime sei während des Wahlkampfs erst durch seine repressiven Maßnahmen gegen »Smart Voting« wiedergeboren worden – seine neue Version sei jedoch »mit einem Wachstum in jeglicher Form unvereinbar«, und »das russische Volk wird diesen hohen Preis mit Putin und seinen Gaunern teilen müssen«. Und doch versuchte Nawalny, sich weiterhin eine positive Sicht auf die Dinge zu bewahren – er behauptete, »wir haben die Aufgabe, die Menschen zu mobilisieren, erfüllt. Wir (sorry für die Großbuchstaben) HABEN EINE MEHRHEIT GESCHAFFEN.«[38]

Doch die Realität war deutlich komplexer. Wenn die Behörden die Wahlergebnisse manipulieren konnten, nachdem die Wahlzettel bereits ausgezählt waren, dann würde es Nawalnys Team noch schwerer haben, die Menschen davon zu überzeugen, dass es sich lohnt, wählen zu gehen. In der Opposition machte sich nach der Wahl im September ein Gefühl der Enttäuschung – und der Mutlosigkeit – breit.[39] Was würde Nawalnys Team jetzt tun?

Die Informationsdissidenten

Der Begriff »Informationsautokratie« bezieht sich auf einen bestimmten Typus von Nichtdemokratien.[40] Anders als klassische Diktaturen, die mit Hilfe von Repression und Angst herrschen, fokussieren sich »Informationsautokratien« mehr auf Propaganda denn auf Säuberungen. Das Ziel ist es, die Bürger von der eigenen Kompetenz und Legitimität zu überzeugen, statt sie zur Unterwerfung zu zwingen.

In Russlands »Informationsautokratie« handelten Nawalny und sein Team als »Informationsdissidenten«[41] – sie legten es darauf an, die Lügen des Kremls aufzuspießen und die wahre Natur des politischen Systems in Russland zu enthüllen. Zum sichtbarsten Aspekt dieser Arbeit gehörten Recherchen in Korruptionsfällen. Doch seit Beginn des Angriffs auf die Ukraine am 24. Februar verschob sich der Fokus darauf, gegen die Informationen des Kremls zum Krieg anzugehen. Nawalnys Team hat es in einer GoFundMe-Kampagne vom April 2022 so ausgedrückt:

> »Propaganda tötet – im wahrsten Sinn des Wortes. Die Zeitung aufzuschlagen und die Bilder von zerstörten ukrainischen Städten zu sehen, würde genügen, um dies zu verstehen. Das Problem ist aber, dass es den meisten Menschen in Russland verwehrt ist, diese Nachrichten zu sehen, und selbst wenn sie sie sehen könnten, glaubten sie, sie seien Lügen. Je früher Russland aufwacht und die schreckliche Wirklichkeit erkennt, desto früher wird der Krieg enden.«[42]

Als unabhängige Medien nach der Invasion der Ukraine verstärkt angegriffen wurden, schlug Nawalnys Team vor, einen »eigenen Nachrichtenkanal zu eröffnen, einen, den der Kreml nicht schließen kann, und zu versuchen, die Millionen von Menschen zu erreichen, denen immer noch nicht klar ist, was Putin in ihrem Namen tut«.[43] Der existierende YouTube-Kanal »Populäre Politik«, der vom Team betrieben wird, beschreibt sich auf Russisch als der »Kanal, auf dem die Wahrheit über den Krieg ausgesprochen wird«.[44]

Das Ziel, ein »vollständig professionalisiertes, unabhängiges und investigatives Reporter- und Medienteam« aufzubauen, ergab insofern Sinn, als sich das Team mit der Arbeit für den FBK und auf YouTube bereits die notwendige Expertise erarbeitet hat.[45] Das neue Projekt hielt es keineswegs davon ab, weiterhin Recherchen zu Korruptionsfällen zu veröffentlichen. Eine beschäftigte sich etwa mit »Putins neuer Jacht« – der 75 000 000 000 Rubel teuren *Scheherazade*.[46] Eine weitere Untersuchung setzte sich mit dem vom FBK sogenannten »Dirigenten von Putins Krieg« auseinander – es ging um Waleri Gergijew, den künstlerischen Leiter des Mariinski-Theaters in Sankt Petersburg.[47]

Die »Informationsdissidenten« richten sich an ein breiteres Publikum. Wenngleich sie auch weiterhin Russen über schwere Fälle von Bestechlichkeit informieren – und in denselben Dokumenten zugleich über den Krieg berichten –, besteht die zweite Zielgruppe nun aus nichtrussischen Eliten und Bürgern. Das Team hat zum Beispiel sein Wissen über die Elitendynamik in Russland dazu benutzt, eine Liste von etwa 6000 Personen zusammenzustellen – von »Bestechungsempfängern und Kriegstreibern« –, die zu sanktionieren es westlichen Regierungen empfiehlt.[48] Das Ziel besteht laut Sergej Gurijew darin, »die westlichen Eliten darüber zu informieren, welche Elemente in Putins Team entscheidend sind, damit der Krieg fortgesetzt und der Staat weiter regiert werden kann.«[49]

Sicher, Nawalnys Videos hatten bereits zuvor ein internationales Publikum. Doch aufgrund der verschärften Unterdrückungen im Inland und des Kriegs gegen die Ukraine haben sich die Aktivitäten des Teams noch weiter nach außerhalb Russlands verlagert. Und hierin spiegelt sich eine größere Veränderung. Gurijew zufolge ist

»das Spiel jetzt ein anderes, weil das Regime sich von einer Informations-Diktatur in eine Angst-Diktatur verwandelt hat ... Nicht nur Informationsdissidenten können Putin nun bekämpfen, sondern auch ukrainische Soldaten vor Ort ... wie auch internationale Sanktionen, die Putins Unterstützung innerhalb Russlands und innerhalb der Eliten untergraben ... es ist ein Krieg, der an mehreren Fronten ausgetragen wird.«[50]

Doch Gurijew glaubt nicht, dass ein Ende in Sicht sei: »Es ist noch längst nicht vollbracht, es ist noch längst nicht ausgemacht, dass Putin dem Untergang geweiht ist und schon sehr bald gehen muss. So gesehen glaube ich, dass noch sehr viel mehr getan werden muss.«[51]

Doch wer wird dies tun?

Die Protestbewegung

Das Ende einer Ausnahme

»Erwarten Sie irgendwelche Schwierigkeiten wegen Ihrer Arbeit für Nawalny?« Diese Frage stellten wir Mitarbeitern in Nawalnys regionalen Büros im Herbst 2017, als sich sein Präsidentschaftswahlkampf dem Höhepunkt näherte.[52]

Doch Juri aus Jekaterinburg zeigte sich nicht besonders besorgt. Der Anwalt hatte früher einmal für zwei Jahre für den regionalen Zweig des Ermittlungskomitees gearbeitet. Wäre er noch Staatsangestellter, sagte er, könnte ihm sein Engagement für Nawalny Ärger bereiten. Doch habe er ein paar Jahre zuvor eine private Kanzlei eröffnet.

Viktor – der Chefkoordinator in Nawalnys Jekaterinburger Wahlkampfbüro und Juris Boss – gab eine ganz ähnliche

Antwort. Sollte er nach seiner Zeit als Koordinator des Wahl-kampfbüros eine Führungsposition in der Wirtschaft überneh-men, erwarte er keine ernsthaften Probleme:

> »Wenn man seine politischen Ansichten klar und offen kund-gibt, verengt sich natürlich der eigene [Geschäfts]Kreis ... [Doch das] stört mich nicht besonders. Nawalny hat die Ver-nunft auf seiner Seite, und wer weiß, womöglich ist es ganz gut, wenn diejenigen ohne Vernunft aussortiert werden.«

Doch als wir im März 2022 erneut Kontakt mit den beiden aufnahmen, antwortete Juri aus New York und Viktor aus Tif-lis. Im Februar hatten sie glaubhafte Hinweise erhalten, dass schon bald Strafverfahren gegen sie eröffnet werden sollten. Viktor packte seine Sachen und verließ das Land in Richtung Georgien, während Juri und seine Familie nach Mexiko flo-hen, wo sie an der US-Grenze politisches Asyl beantragten.

In Jekaterinburg hatten die Menschen lange Zeit geglaubt, sie hätten eine besondere Beziehung zu den lokalen Behör-den – dass ihre Stadt eine Ausnahme darstelle. Sicher war auch diese Region Teil eines erstarkenden autoritären Systems, auch hier verschafften die Behörden Putin und seiner Partei viele Wählerstimmen. Doch agierte die Polizei weniger aggressiv – und die Menschen fühlten sich freier als an anderen Orten.

Das änderte sich 2021. Als nach Nawalnys Rückkehr eine Welle der Repression das Land überrollte, machte sie auch vor dieser Stadt nicht Halt. Jahrzehnte alte regionale Unterschiede wurden eingeebnet und die ungeschriebenen Verhaltensregeln zwischen den Behörden und lokalen Aktivisten aufgekündigt.

Es gibt zahllose Geschichten wie jene von Juri und Viktor. Im August 2021 veröffentlichte die russische Mediengruppe RBK einen Artikel darüber, was mit den Koordinatoren aus Nawalnys regionalen Hauptquartieren geschehen war.[53] Schon damals waren acht von siebenunddreißig emigriert, elf weitere standen unter Beobachtung, und drei befanden sich im Gefängnis oder standen unter Hausarrest – so etwa Andrej Borowikow aus Archangelsk, der für den »Vertrieb von Pornographie« zu zweieinhalb Jahren verurteilt worden war. Was genau hatte er getan? Er hatte ein YouTube-Video der deutschen Musikband Rammstein weiterverbreitet. Von den fünfzehn, die behaupteten, sich weiter politisch zu engagieren, sind seither einige emigriert.[54] Weitere ehemalige Koordinatoren wurden verhaftet. Unter ihnen auch Lilia Tschanyschewa aus Ufa, die als erste Person aus Nawalnys Bewegung beschuldigt wurde, eine »extremistische Vereinigung« gegründet zu haben. Sie wurde am 9. November 2021 festgenommen und befindet sich seitdem in Haft.[55]

Mit Russlands Angriffskrieg in der Ukraine haben sich die Repressionen weiter verschärft, und es wurde noch schwieriger, unabhängige Informationen zu verbreiten. Nur eine Woche nach Kriegsbeginn verabschiedete das russische Parlament das »Fake-News-Gesetz«, wie es schon bald genannt wurde. Die »Diskreditierung« von Russlands Streitkräften und die Verbreitung »wissentlich falscher Informationen« über deren Handlungen konnten von nun an mit Freiheitsstrafen von bis zu fünfzehn Jahren geahndet werden.[56] Neben einem an Orwell gemahnenden Verbot bestimmter Wörter – etwa »Krieg« oder »Invasion« – zielt das Gesetz darauf ab, jene kritischen Stimmen zum Schweigen zu bringen, die die offizielle Propaganda zur »Spezialoperation« hinterfragen.

Hinzu kam, dass die staatliche Aufsichtsbehörde für Telekommunikation, Roskomnasdor, die Websites beliebter On-
line-Medien blockierte, darunter jene von Echo Moskwy, des
Web-TV-Senders Doschd und der Internetplattform Mediazona. Die *Novaya Gazeta* – die älteste oppositionelle Zeitung
des Landes, die vom Friedensnobelpreisträger 2021, Dmitri
Muratow, herausgegeben wird – stellte nach der zweiten von
Roskomnasdor ausgesprochenen Warnung ihren Betrieb ein.[57]

Alle diese Medien waren nicht nur wichtige Quellen für
unabhängige Nachrichten, wie Dutzende von Zitaten in diesem Buch zeigen. Einige von ihnen – wie Echo Moskwy und
Doschd – waren Freiräume für Russlands liberale Opposition –
Räume, in denen sich diese zunehmend marginalisierten Gruppen treffen, neueste Verstöße gegen die Demokratie diskutieren und ihre Gegenstrategien entwickeln konnten. Sie waren
auch Plattformen, auf denen sich Nawalny und sein Team der
Öffentlichkeit präsentierten – und auf denen regelmäßig über
Repressionen gegen die Bewegung berichtet wurde.

Doch selbst wenn diese Plattformen offengeblieben wären,
hätten sie aufgrund anhaltender Unterdrückung nur noch wenig über oppositionelle Aktionen zu berichten gehabt. Bald
nach Ausbruch des Krieges veröffentlichten Leonid Wolkow
und Iwan Schdanow ein Video, in dem sie behaupteten, dass
Kinder ihre Eltern in der Zukunft fragen würden, was sie getan hätten, um diesen Krieg zu beenden.[58] Sie riefen zu »zivi-
lem Ungehorsam« auf, man solle etwa die Befehle des Militärs
missachten und Freunde wie Familie von der verbrecherischen
Natur dieses Krieges überzeugen. Wolkow und Schdanow riefen die Menschen dazu auf, sich an Protesten zu beteiligen –
ohne aber zu konkreten Protesten zu mobilisieren.

Eine Nawalny-Bewegung – im Sinne eines Netzwerks politisch aktiver Menschen, die offen ihre Verbindung zu ihm benennen – existiert in Russland nicht mehr. Das heißt nicht,

dass sie nicht wieder entstehen könnte. Wenn wir jedoch heute nach Formen des Widerstands gegen Russlands Autoritarismus und seine Kriegsanstrengungen suchen, müssen wir über Nawalny hinausschauen.

Von Straßenprotesten zur Street Art

Tausende von Menschen kamen sofort auf die Straße, nachdem sie im Februar vom Angriff auf die Ukraine gehört hatten. Nach der Zerstörung von Nawalnys Organisation und der Auflösung seiner Bewegung waren die Proteste unkoordiniert – dennoch waren sie echt. Und die Behörden griffen sofort hart durch. Am Tag von Russlands Angriff auf die Ukraine wurde die Aktivistin und Jabloko-Politikerin Marina Litwinowitsch vor ihrer Haustür in Moskau verhaftet, nachdem sie zu Protesten aufgerufen hatte.[59] Im Verlauf der folgenden zwei Wochen wurden laut OVD-Info mehr als 15 000 Menschen festgenommen – unter ihnen befanden sich wahrscheinlich auch unbeteiligte Zuschauer. Insgesamt waren es Tausende mehr als noch während der Proteste ein Jahr zuvor, die auf Nawalnys Rückkehr nach Russland folgten.[60] Allein am 6. März verhaftete die Polizei mehr als 5000 Menschen, die höchste Anzahl an Festnahmen an einem einzigen Tag in Russlands postsowjetischer Geschichte.[61]

Zunächst bewiesen die Menschen außergewöhnlichen Mut und harrten auf den Straßen aus. Doch Schritt für Schritt kamen die Antikriegsdemonstrationen zum Erliegen. Als die anonyme Protestgruppe Vesna (»Frühling«) am 2. April zu Sit-ins im ganzen Land aufrief, ließ sich kaum noch jemand blicken.[62]

Es wäre einfach, dies als Beleg anzuführen, dass der Krieg von einer überwältigenden Mehrheit begrüßt oder zumindest stillschweigend hingenommen wurde. Und das Ausbleiben umfassender Aktivitäten auf den Straßen stimmt ja auch mit Umfragen überein, wonach Putin und Russlands »Spezialoperation« in der Bevölkerung eine breite Unterstützung erfahren.[63] Doch nur weil keine großen Proteste stattfanden, heißt dies nicht, dass es kein Protestpotenzial gäbe. Unmut kann auch im Verborgenen existieren. Wenn wir uns fragen, warum nicht mehr Russen auf den Straßen sind, um gegen den Krieg zu demonstrieren, müssen wir die Maßnahmen des Regimes in den letzten zwanzig Jahren mit berücksichtigen: Vereinnahmung oder Verbot der organisierten Opposition, Beschneidung der Unabhängigkeit großer Unternehmen, Beschlagnahmung einflussreicher Medien, Marginalisierung unabhängiger Stimmen – und systematische Demoralisierung der Bürgerschaft durch unzählige Beispiele, die nahelegen, dass Aktivismus und politisches Engagement im besten Falle vergeblich, schlimmstenfalls jedoch gefährlich sind.

Das Ausbleiben einer vereinten öffentlichen Protestbewegung gegen den Krieg wäre somit das vorhersagbare Ergebnis all jener Einschränkungen, die Nawalny und viele andere über Jahrzehnte bekämpft haben, und weniger ein eindeutiges Signal, dass die Russen den Krieg gutheißen.

Doch einige Russen leisten weiter Widerstand. Mahnwachen Einzelner zum Beispiel – die letzte Form öffentlichen Protests, die noch keiner vorherigen Genehmigung durch die Behörden bedarf – sind während des Krieges mehr geworden. Zu Beginn war auf den Schildern der Menschen oft nur »Nein zum Krieg« (нет войне, *njet vojne*) zu lesen. Doch seit Verabschiedung des »Fake-News-Gesetzes« wurden die Botschaften kreativer. Zum Beispiel wurden Aktivisten festgenommen, auf deren Schildern »★★★ ★★★★★« oder »zwei Wörter« zu lesen waren und die so auf den Slogan »njet vojne« anspielten.[64] Andere wurden festgenommen, weil sie, wie schon 2011 in Rostow, leere Blätter hochhielten.[65] Und in Iwanowo in Zentralrussland eröffnete die

Polizei ein Verfahren gegen einen Bewohner der Stadt, weil er Gratisausgaben von George Orwells *1984* verteilt hatte.[66] Insgesamt zählte OVD-Info bis Mitte Juni 171 Strafverfahren, die mit individuellen Antikriegsaktionen zu tun hatten.[67]

Und doch sprühen die Menschen weiter jeden Tag Antikriegsbotschaften auf Bürgersteige, Bushaltestellen und Ziegelmauern. Es gibt den mittlerweile etablierten Slogan »Njet vojne«, doch findet man auch andere Botschaften wie »Schande«, »Liebe« oder »Finanziert den Krieg nicht mit euren Steuergeldern« sowie verschiedene Graffiti mit Bomben, Herzen, Blumen und dem klassischen Peace-Zeichen.[68] Da sie anonym und somit wahrscheinlich weniger gefährlich ist, hat diese Form der Street Art für viele den Straßenprotest ersetzt. Solche Botschaften aus der Sprühdose können jene trösten, die sich mit ihrer Missbilligung allein fühlen – und ihnen helfen, auf bessere Zeiten zu warten.

***

Wir können die Zukunft nicht vorhersehen. Wir können jedoch eine Bestandsaufnahme jener Themen vornehmen, die den Unmut der Bürger befeuert haben – Korruption, Ungleichheit, politische Vorherrschaft, wirtschaftliche Stagnation. Mit einem kostspieligen, in die Länge gezogenen Krieg, den eine zunehmend brutale Diktatur führt, werden diese Themen – die es schon vor der Invasion gab – weiterhin eine Rolle spielen und die Sehnsucht nach Wandel verstärken. Doch damit ein Wandel Wirklichkeit werden kann – sei es als Antikriegs- oder Demokratiebewegung oder als etwas völlig anderes –, braucht es jemanden, der ihn mit Nachdruck einfordert. Doch wer sollte dies sein, da Nawalny im Gefängnis sitzt, sein Team außer Landes und die Bewegung innerhalb Russlands dezimiert ist?

Russlands Zukunft

Die meisten politischen und wirtschaftlichen Eliten in Russland begegneten dem Beginn der Invasion mit Skepsis und Entsetzen. Skepsis, weil die große Mehrheit der leitenden Beamten in die Invasionspläne nicht eingeweiht war – und zudem dachte, die bloße Idee einer groß angelegten Invasion der Ukraine sei grotesk. Und Entsetzten angesichts der Folgen, die der Krieg für das Land und ihren Einfluss darauf haben könnte. Die Journalistin Farida Rustamova berichtete, wie einer ihrer Gesprächspartner die Reaktion der Beamten beschrieb: »Ganz vorsichtig sprechen sie von Clusterfuck.«[69] Und, mit Worten aus derselben Quelle: »Die Stimmung in den Korridoren der Macht ist ganz und gar nicht ausgelassen. Viele befinden sich im Zustand einer Beinahe-Lähmung.«

Doch so groß ihr Schock auch gewesen sein mag, führte er innerhalb der Eliten weder zu einer signifikanten Ablehnung der »Spezialoperation« noch zu einem öffentlichen Widerstand gegen sie – zumindest nicht in den ersten Monaten des Krieges. Und nach anfänglicher Bestürzung schienen die Eliten sogar näher zusammenzurücken. Das Ausmaß der Sanktionen und eine beständige Propaganda hatten viele davon überzeugt, dass nun ein Punkt erreicht war, an dem es kein Zurück mehr gab. Der Sieg musste errungen werden. Und auf jeden Fall mutmaßten viele, dass jeder Rücktritt unter den herrschenden Bedingungen mit Hochverrat gleichgesetzt würde.[70] Rustamova schloss mit der Einschätzung, »dass Putins Traum einer Konsolidierung der russischen Elite wahr geworden ist. Diese Leute verstehen, dass ihr Leben nun allein mit Russland verbunden und dies der Ort ist, an dem sie es aufbauen müssen.[71]

Doch ist das Denken der Eliten auch an diesem Punkt nicht

stehengeblieben. Nach drei Monaten Krieg und vielen Rück-
schlägen im Kriegsgebiet berichtete der Journalist Andrej Pertsew, dass Putin es tatsächlich geschafft habe, fast die gesamte
russische Führungsschicht unglücklich zu machen, wenngleich jeden einzelnen auf seine eigene Weise. Die »Falken«
seien frustriert, dass keine Generalmobilmachung ausgerufen
und kein noch massiverer militärischer Aufwand (»Auf nach
Kiew!«) betrieben worden war. Die »Tauben« seien frustriert
vom fehlenden Fortschritt in den Friedensverhandlungen und
vom Ausmaß des wirtschaftlichen Schadens.[72]

Heißt dies nun, dass ein Putsch – oder zumindest der eine
oder andere sichtbare Riss im Regime – bevorsteht? Selbst
wenn sich die Gerüchte über einen Putsch mit den ver-
mehrten Berichten über militärische Rückschläge Russlands
häuften, so gehören solche Gerüchte einfach zum Wesen autoritärer Systeme.[73] Sicher könnten »kremlnahe« Quellen Re-
portern – natürlich anonym – vom Geflüster erzählen, das sie
auf den Korridoren der Macht vernehmen. Doch in einem
System, das von Geheimniskrämerei, Zwang und Angst erfüllt
ist, erscheinen Gerüchte über Unstimmigkeiten schnell unverhältnismäßig aufgebläht. Meinungsverschiedenheiten sind
längst noch keine Hinweise auf eine Palastrevolution. Es ergibt
mehr Sinn, sich darauf zu fokussieren, ob es für Mitglieder
der Elite überhaupt Anreize gibt, die existierende Führung
herauszufordern – und zumindest für den Augenblick scheint
es nur wenige zu geben.

Irgendwo Opposition?

Gleichzeitig schien in den ersten Monaten nach der Invasion
jede politische Unterstützung von Protestbewegungen nur eine
entfernte Möglichkeit zu sein. Zwar gaben mehrere Abgeord-

nete der Oppositionsparteien im Parlament, insbesondere der Kommunistischen Partei (KPRF), ihre abweichende Position kund. So machte sich etwa der Abgeordnete Jewgenij Stupin – der 2019 den Einzug in die Moskauer Stadtduma mit Hilfe von Nawalnys »Smart Voting« geschafft hatte – für die Rechte der verhafteten und misshandelten Antikriegsdemonstranten stark.[74] Zusammen mit etwa 500 anderen KPRF-Mitgliedern und Aktivisten, die der Partei nahestehen, unterzeichnete er Mitte März sogar einen Aufruf an die Parteiführung, sich gegen den Krieg zu stellen.[75] Und am 1. Mai 2022 traten im nordrussischen Surgut 57 Mitglieder gemeinsam aus der Partei aus, um gegen die bedingungslose Unterstützung zu protestieren, die ihre Führung dem Kreml für den Verlauf des Kriegs zugesagt hatte.[76] Diese Ereignisse erwecken den Eindruck, dass die Partei Heimat einer Gruppe möglicher Dissidenten sein könnte – eine Gruppe, die wuchs, nachdem Nawalnys Bewegung zerstört worden war und die Kommunistische Partei als letzte noch funktionierende oppositionelle Organisation zurückblieb.

Doch scheinen diese Beispiele zu den Ausnahmen zu gehören. Alle Parlamentsparteien, einschließlich der KPRF, versuchten, sich in ihren Treuebekundungen dem Regime gegenüber gegenseitig zu übertreffen und prägten als Loyalitätsbeweis und in Anlehnung an den »Krim-Konsens« von 2014 den Ausdruck »Donbass-Konsens«. Im Juni rief der stellvertretende Vorsitzende der Kommunistischen Partei dazu auf, Leute wie Stupin und seine Unterstützer wegen ihrer »antirussischen, antiparteilichen, ja sogar antihumanitären Positionen« auszuschließen.[77] Es gab also eindeutige Grenzen für jede explizite Antikriegsaktion innerhalb der parlamentarischen Opposition.

Könnte das autoritäre System trotz alldem von Protesten erschüttert werden? Schließlich hat der Westen nie dagewesene Sanktionen gegen die russische Wirtschaft verhängt. Dies führte zu einer Kapitalflucht in Milliardenhöhe, und mit dem Ausstieg vieler ausländischer Firmen aus dem russischen Markt gerieten viele Hunderttausende Arbeitsplätze in Gefahr. Der russischen Zentralbank zufolge steht Russland vor einer Wirtschaftskrise, die jener in den neunziger Jahren in nichts nachsteht.[78]

Tatsächlich gab es im April und Mai Berichte über Streiks aufgrund nicht bezahlter oder geringerer Löhne – so etwa bei einer Baufirma in Tatarstan und einem Lieferdienst in Moskau.[79] Zwar werden die Behörden alles Notwendige tun, um jede offene politische Ablehnung im Keim zu ersticken, doch wird es ihnen umso schwerer fallen, die Unterdrückung sozialer Proteste im Verlauf einer Wirtschaftskrise zu rechtfertigen. Dies wiederum könnte politische Akteure wie die Kommunistische Partei veranlassen, den protestierenden Bürgern ihre Stimme zu verleihen.

Doch vieles davon ist womöglich Wunschdenken. Damit soziale Proteste direkt mit Forderungen nach einem Ende der russischen Kriegsanstrengungen einhergehen, müsste der Westen deutlich machen, dass eine Beendigung des Krieges tatsächlich zu einer Rücknahme der Sanktionen führen würde. Und selbst wenn dies der Fall wäre, bleibt es unklar, ob sich die russische Wirtschaft nach Aufhebung der Sanktionen sofort erholen würde. Aus diesen Gründen ist es unwahrscheinlich, dass soziale Protestbewegungen direkt ein Ende des Krieges fordern würden – vor allem angesichts des hohen Risikos von Repressionen, das ein solcher Schritt nach sich ziehen würde.

»Stabilität« lautete das Mantra von Putins Herrschaft. Nach dem »Chaos« der »wilden neunziger Jahre« – beliebte Themen im Staatsfernsehen – sollte alles in Russland stabil bleiben: von den Preisen (niedrige Inflation) bis zur Politik (keine Revolution). Und bis zu einem gewissen Grad war es das auch. Putin benutzte Stabilität, »um alles zu rechtfertigen: von Zensur und drastischen Maßnahmen gegen Demonstranten bis hin zu Wahlmanipulationen«, wie Nawalny sagte.[80] Und es schien, als hätte ein Großteil der Bevölkerung eine Art Vereinbarung mit dem System getroffen – ein impliziter Gesellschaftsvertrag, in dem die politischen Stimmen der Bürger dem Versprechen auf Stabilität geopfert wurden.

Doch dies stellte die Opposition vor unverkennbare Probleme. Nawalny und andere Oppositionsführer schienen immerzu stabile Verhältnisse zu gefährden – die »Mauer der Stabilität« einzureißen –, weshalb viele Menschen dachten, es sei besser, sich mit dem ganz und gar nicht perfekten Putin zu arrangieren, als Unruhe zu stiften. Und so war es äußerst schwierig, die Menschen davon zu überzeugen, Forderungen nach einem Wandel zu stellen, solange Putins System Stabilität versprach – und zum Teil auch lieferte.

Könnte sich daran durch Russlands Einmarsch in die Ukraine etwas ändern? Die Invasion vom Februar war sicher nicht das erste Beispiel militärischer Aggression unter Putin. Der Zweite Tschetschenienkrieg, der Krieg mit Georgien im Jahr 2008, die Annexion der Krim und der Konflikt im Donbass 2014 sowie Russlands militärische Beteiligung in Syrien haben Bereitschaft und Kapazität von Putins Russlands unter Beweis gestellt, Konflikte mit Waffengewalt auszutragen. Doch die Invasion der Ukraine ist von einer völlig anderen Qualität. Das Ausmaß der »Spezialoperation« in der Ukraine – des

Krieges gegen die Ukraine – ist, wie auch das Ausmaß der westlichen Sanktionen, ohne Beispiel. Was bedeutet das für die tatsächliche Legitimität jenes autoritären Systems, das Putin aufgebaut hat – und für die Zukunft Russlands?

Auf kurze Sicht schien es, als wären viele Russen bereit, sich um die Flagge zu scharen – oder vielmehr, sich um das Z zu scharen, jenes mysteriöse Symbol, das für die »Spezialoperation« steht. Sie haben sich dafür entschieden, zu »meinem Land, richtig oder falsch« zu halten – und für alle, die noch schwanken, gibt es immer noch Polizeiknüppel und eine ungehemmte, chauvinistische Propaganda, um sie davon zu überzeugen, auf Linie zu bleiben.

Doch auf lange Sicht wird eine wichtige Quelle der Legitimität des Putin-Regimes verloren gehen, womöglich für lange Zeit. Letztlich hängt die Lebensdauer des Regimes von seiner Fähigkeit ab, die Bevölkerung mit Gütern zu versorgen. Je schwieriger dies wird, desto nachdrücklicher werden sich die Behörden in ihrem Versuch, die eigene Legitimität zu untermauern, einmal mehr neu erfinden müssen. Russlands politische Führung könnte auch weiterhin die Opfer – gefallene Soldaten oder wirtschaftliche Härten – damit rechtfertigen, Russlands Größe wiederherzustellen. Doch es ist nicht klar, wie lange dieses Narrativ das System noch stützen kann – und falls diese Säule der Legitimität einstürzt, könnten die Rufe nach Veränderungen durchaus lauter werden.

Schluss

Melechowo, Region Wladimir – Strafkolonie Nr. 6, 15. Juni 2022.

»Die Reise durchs All geht weiter – ich habe mich von einem Raumschiff zum nächsten bewegt. Nun, was ich sagen will: Hallo allerseits aus der Hochsicherheitszone.«[81] Nawalny befindet sich in Quarantäne, nachdem er gerade erst aus Pokrow IK-2 in ein Straflager mit höchster Sicherheitsstufe, nach Melechowo IK-6 verlegt worden war – mit dem Auto liegt es etwa zwei Stunden östlich von Pokrow.

Nawalnys Instagram-Post, in dem er seine Ankunft kundgibt, ist für viele eine Erleichterung. Am Tag davor hatte seine Sprecherin Kira Jarmysch eine beunruhigende Ankündigung gemacht. Als Nawalnys Anwälte ihn in Pokrow sehen wollten, erklärten die Gefängniswärter, es gebe dort keinen solchen Gefangenen.[82] Damit wiederholten die Behörden einen Vorgang vom März 2021, als Nawalny ebenfalls vorübergehend verschwunden und ohne Kontakt zu seiner Familie und seinem Team war.

In seinem Instagram-Post vom 15. Juni gab sich Nawalny wie immer positiv – wenngleich mit schwarzem Humor. Er sprach von den Problemen, die ihm der Umzug seiner vielen Bücher bereitete, und sagte: »Gestern habe ich diese Taschen geschleppt und zum ersten Mal gedacht, eine Bücherverbrennung wäre nicht unbedingt die schlechteste Sache.« Er sprach auch von einem Aushang, den er in der Quarantäne gesehen hatte und der über die Berufe informierte, die man im Gefängnis erlernen könne, zusammen mit der hierfür nötigen Ausbildungszeit. Die Ausbildung zum »Geflügelentbeiner« würde drei Monate in Anspruch nehmen – genauso viel Zeit wie die Näherlehre, die er in Pokrow gemacht hatte, und die er als weitaus schwieriger einschätzte. »Ich bin darüber wirklich entrüstet«, erklärte er.

Im Kontrast zu Nawalnys Post zeichneten die Medienberichte ein schreckliches Bild von Melechowo IK-6. Insassen hatten von weitverbreitetem Missbrauch gesprochen – von Folter, Vergewaltigung und verdächtigen Todesfällen.[83] Und Nawalny fand schnell heraus, dass er, ganz wie erwartet, von nun an mit Schwerverbrechern eingesperrt sein würde: »Fast alle sind Mörder. Ihre Strafen sind riesig. Meine 9 Jahre sind das kürzeste Strafmaß, ich bin sowas wie ein Vorschüler. Der Durchschnitt ist so bei 13 bis 15 Jahren. Manche haben 19 oder 20 bekommen. Das sind die Doppelmörder.« Insgesamt kam er zu einem gemischten Urteil der Gruppe: »Es ist alles ziemlich spannend. Und auch ziemlich furchterregend.«[84]

Doch Nawalny fand einmal mehr einen Weg, seine Notlage etwas zu lindern – diesmal, indem er während der Arbeit still Shakespeare rezitierte. »Ihr kennt mich, ich bin ein Optimist und suche auch in meinem Dunklen Dasein nach der hellen Seite … Beim Nähen habe ich Hamlets Monolog auf Englisch auswendig gelernt.«[85] Seine Mitgefangenen hielten das für die »Beschwörung eines Dämons« – doch so etwas wäre, wie Nawalny anmerkte, »ein Verstoß gegen die internen Vorschriften [des Gefängnisses]«.[86]

★★★

Ist Nawalny Russlands Zukunft? Es ist schwer, eine weniger düstere Einschätzung abzugeben als ein Jahr zuvor im vorhergehenden Kapitel. Die neuen Anklagen, die den bereits im März 2022 verhängten neun Jahren Haft fünfzehn weitere hinzufügen könnten, machen klar, dass der Kreml ihn auch in Zukunft hinter Gittern sehen will.[87]

Doch das Ende dieses Buches ist nicht das Ende von Alexej Nawalnys Geschichte. Die Ungewissheit, die durch Russlands Krieg gegen die Ukraine entstanden ist, könnte sich durchaus als das Ende von Putins Herrschaft herausstellen – und Gelegenheiten für einen politischen Wandel eröffnen. Wie ein Russland nach Putin aussehen könnte, ist alles andere als gewiss – doch Nawalny, sein Team und jene Aktivisten und Unterstützer, die seine Bewegung geformt haben, werden ihren Kampf für das »wunderbare Russland der Zukunft« weiterführen.

ANMERKUNGEN

Die Transkription russischer Titel folgt der englischen Umschrift.

1   Wer ist Alexej Nawalny?

1   »Kremlin critic Navalny boards plane for Russia«, Associated Press (AP) Archive, 22. Januar 2021, youtube.com/watch?v=s923nKAYXxc

2   »Navalny's Anti-Corruption Foundation releases new investigation he filmed before his poisoning«, *Meduza*, 3. September 2020, meduza.io/en/ news/2020/09/03/navalny-s-anti-corruption-foundation-releases-new-investigation-he-filmed-before-his-poisoning

3   »Alexei Navalny: Two hours that saved Russian opposition leaders life«, BBC Russian News, 4. September 2020, bbc.co.uk/news/world-europe-54012278

4   »Russia's Navalny thanks ›unknown friends‹ for saving his life«, Reuters, 25. September 2020, reuters.com/article/us-russia-politics-navalny-idUSKCN26G1X0

5   Andrew Higgins, »Aleksei Navalny hospitalized in Russia in suspected poisoning«, *The New York Times*, 20. August 2020, nytimes.com/2020/08/20/world/europe/navalny-poison-russia.html

6   Max Seddon, »Pussy riot activist likely poisoned, say doctors«, *Financial Times*, 18. September 2018, ft.com/content/ca3c7614-bb2d-11e8-94b2-17176fbf93f5; »Russian Critic Vladimir Kara-Murza suffers sudden organ failure«, BBC News, 2. Februar 2017, bbc.com/news/world-europe-38844292

7   Joshua Yaffa, »What Navalny's poisoning really says about the current state of Putin's Russia«, *The New Yorker*, 21. August 2020, newyorker.com/news/dispatch/what-navalnys-poisoning-really-says-about-the-current-state-of-putins-russia

8   Eine polizeiliche Quelle erwähnte diese Diagnose gegenüber der staatlichen Nachrichtenagentur TASS und fügte hinzu, dass diese Vergiftung »noch nicht als Verbrechen betrachtet« werde. »Istochnik: Versiya namerennogo otravleniya Navalnogo poka ne rassmatrivayetsya«, TASS, 20. August 2020, tass.ru/proisshestviya/9245003

9   Anton Zwerew, »Russia first treated Navalny for suspected poisoning then u-turned: Doctor«, Reuters, 6. September 2020. reuters.com/article/us-russia-politics-navalny-health-idUSKBN25X0MA. Wann Nawalny

zuerst Atropin verabreicht wurde, entweder bereits im Rettungswagen oder erst im Krankenhaus, ist nicht endgültig geklärt. »Russia's Navalny thanks ›unknown friends‹ for saving his life«.

10 Amy Mackinnon, »Why Putin might be hoping Navalny survives his poisoning«, *Foreign Policy*, 20. August 2020, foreignpolicy.com/2020/08/20/why-putin-might-be-hoping-navalny-survives-his-poisoning

11 Patrick Revell, »›Poisoned‹ Russian opposition leader Navalny lands in Berlin for emergency treatment«, ABC News, 22. August 2020, abcnews.go.com/International/poisoned-russian-opposition-leader-navalny-lands-berlin-emergency/story?id=72541848

12 »Alexei Navalny: ›Poisoned‹ Russian opposition leader in a coma«, BBC News, 20. August 2020, www.bbc.co.uk/news/world-europe-53844958

13 »Kto i kak spasal Navalnogo v pervyye dva chasa: Khronika«, BBC News, 2. September 2020, bbc.com/russian/features-54002575

14 Diese Rechtfertigung der Krankenhausleitung wurde von Kira Jarmysch erwähnt. »Alexei Navalny: ›Poisoned‹ russian opposition leader in a coma«.

15 Wo genau diese Substanz gefunden wurde, ist unklar. »It is unclear whether this substance was found on Navalny or 'on his belongings«. Kira Jarmysh, Tweet vom 21. August 2020, twitter.com/Kira_Yarmysh/status/1296681869099008000

16 Melissa Eddy und Andrew E. Kramer, »Aleksei Navalny, top Putin critic, is flown to Germany after suspected poisoning«, *The New York Times*, 21. August 2020, nytimes.com/2020/08/21/world/europe/russia-navalny-poison-hospital.html

17 »Otslezhen ves' marshrut Navalnogo pered otravleniyem: On kupalsya«, *Moskowski Komsomolez*, 21. August 2020, mk.ru/incident/2020/08/21/otslezhen-ves-marshrut-navalnogo-pered-otravleniem-on-kupalsya.html

18 Tatjana Stanowaja, Telegram-Post, 23. August 2020, t.me/stanovaya/559

19 »Russia first treated Navalny for suspected poisoning then u-turned: Doctor«.

20 »Russian doctors allow Alexei Navalny's transfer to Germany«, Deutsche Welle, 21. August 2020, dw.com/en/alexei-navalny-poisoning-omsk-berlin/a-54645234

21 Ebd.

22 Ebd.

23 Alexej Nawalny, Tweet vom 21. August 2020, twitter.com/navalny/status/1296769338683338754; außerdem ersuchte Nawalnys Team den Europäischen Gerichtshof für Menschenrechte (EGMR), eine »einstweilige Anordnung« zu erlassen – ein außergewöhnlich dringliches Interventions-verfahren, das eingesetzt wird, wenn »ein unmittelbares Risiko eines irreparablen Schadens« für ein Individuum besteht, das am »Verfahren vor dem Gericht beteiligt ist. Das Gericht gab dem Gesuch noch am selben Tag statt. »Interim measures«, Presseabteilung des EGMR, April 2021, echr.coe.int/documents/fs_interim_measures_eng.pdf

24 Miriam Berger, »What is Novichok, the nerve agent linked to the Alexei Navalny poisoning?«, *Washington Post*, 24. September 2020, washingtonpost.com/world/2020/08/26/what-are-chemicals-doctors-say-may-have-been-used-poison-alexei-navalny

25 David Caldicott, »What is the chemical agent that was reportedly used to poison Russian politician Alexei Navalny?«, *The Conversation*, 25. August 2020, theconversation.com/what-is-the-chemical-agent-that-was-reportedly-used-to-poison-russian-politician-alexei-navalny-145013

26 Dmitri Poljanski, Tweet vom 24. August 2020, twitter.com/Dpol_un/status/1297933782230749185

27 »Volodin uvidel v otravlenii Navalnogo splanirovannuyu aktsiyu protiv Rossii«, RBK, 3. September 2020, rbc.ru/rbcfreenews/5f50e6559a794702b cf7a7e6; »Vyacheslav Volodin: situatsiya vokrug Navalnogo–splanirovan-naya aktsiya protiv Rossii«, Staatsduma, 3. September 2020, duma.gov.ru/news/49408

28 Andrej Sacharow und Sonja Groysman, »Yadovityy marshrut: Reportazh o tom, chto vlasti mogli uznat' ob otravlenii Alekseya Navalnogo, esli by zakhoteli«, Proyekt, 10. September 2020, proekt.media/report/otravlenie-navalnogo-tomsk

29 »Vozmozhnyye mesta otravleniya Navalnogo v Tomske svyazany s vlastyami i silovikami«, tayga.info, 26. August 2020, tayga.info/158700

30 Obwohl »Nowitschok« eine ganze Gruppe von Nervenkampfstoffen bezeichnet, sprechen wir im Text der Einfachheit halber von »Nowitschok« im Singular.

31 Oliver Carroll und Benjamin Kentish, »Putin personally ordered attack on spy, says UK«, *Irish Independent*, 17. März 2018, independent.ie/world-news/europe/putin-personally-ordered-attack-on-spy-says-uk-36714143.html

32 »Pressestatement von Bundeskanzlerin Merkel zum Fall Nawalny am 2. September 2020«, bundeskanzlerin.de/bkin-de/aktuelles/pressestate ment-von-bundeskanzlerin-merkel-zum-fall-nawalny-am-2-september-2020-1781830

33 »Chto otvetil Kreml' na zayavleniye Germanii ob otravlenii Navalnogo ›Novichkom‹«, BBC News Russian, 3. September 2020, bbc.com/russian/news-54010560

34 Alexander Kots und Iwan Pankin, »Koma Alekseya Navalnogo byla nastoyashchey: A »otravleniye; uzhe bolshaya igra!«, *Komsomolskaja Prawda*, 26. Februar 2021, kp.ru/daily/27243/4371039

35 Sergej Sokolow, »Advokat ›Novichka‹«, *Novaya Gazeta*, 3. September 2020, novayagazeta.ru/articles/2020/09/03/86947-advocat-novichka

36 »Leonid Rink: Posle ›Novichka‹ Navalnyy ne doshel by do samoleta«, RIA Novosti, 25. September 2020, ria.ru/20200925/novichok-1577748393.html

37 Der Chemiker vertrat seine Behauptungen in einem Interview mit dem unabhängigen Fernsehsender Doschd. Siehe Sergej Romaschenko, »Razra-botchik ›Novichka‹ izvinilsya pered Alekseyem Navalnym«, 20. September 2020, dw.com/ru/razrabotchik-novichka-izvinilsja-pered-alekseem-navalnym/a-54992310

38 »Lugovoy uveren, chto Navalnogo mogli otravit' ›Novichkom‹ tolko v Germanii«, TASS, 2. September 2020, tass.ru/politika/9354929

39 Sabine Siebold u. a., »Special Report: In Germanys Black Forest, Putin critic Navalny gathered strength and resolve«, Reuters, 25. Februar 2021, reuters.com/article/russia-politics-navalny-germany-specialr-idUSKBN 2APIBH

40 »FSB team of chemical weapon experts implicated in Alexey Navalny Novichok poisoning«, Bellingcat, 14. Dezember 2020, bellingcat.com/news/ uk-and-europe/2020/12/14/fsb-team-of-chemical-weapon-experts-implicated-in-alexey-navalny-novichok-poisoning

41 »Telefonnyy razgovor Navalnogo s odnim iz ego ubiyts: Polnaya versiya«, Nawalny Live (YouTube-Kanal), 21. Dezember 2020, youtube.com/ watch?v=HlJbwUhIBxE

42 Luke Harding, »›Do you remember the underwears colour?‹ Navalny's call with duped spy«, The Guardian, 21. Dezember 2020, theguardian.com/ world/2020/dec/21/what-does-alexei-navalny-say-the-duped-russian-spy-admitted-about-his-poisoning

43 »›Komu on nuzhen-to? Esli by khoteli, doveli by do kontsa‹: Putin–ob otravlenii Navalnogo«, Meduza, 17. Dezember 2020, meduza.io/ news/2020/12/17/komu-on-nuzhen-to-esli-by-hoteli-doveli-by-do-kontsa-putin-ob-otravleniinavalnogo

44 Siebold u. a. 2021.

45 Ebd.

46 Alexej Nawalny, Instagram-Post, 13. Januar 2021, instagram.com/p/ CJ-ltoYoT2 s

47 »Russia: Aleksei Navalny becomes prisoner of conscience after arrest on arrival in Moscow«, Amnesty International, 17. Januar 2021, amnesty.org/ en/latest/news/2021/01/russia-aleksei-navalny-becomes-prisoner-of-conscience-after-arrest-on-arrival-in-moscow

48 »Amnesty International Statement on Aleksei Navalny«, Amnesty International, 25. Februar 2021, amnesty.org/en/latest/news/2021/02/aleksei-navalny-prisoner-of-conscience. Die Organisation entschuldigte sich später für diesen Schritt und erklärt Nawalny erneut zum »Gewissensgefangenen«; Amnesty International, 7. Mai 2021, www.amnesty.org/en/latest/ news/2021/05/statement-on-alexei-navalnys-status-as-prisoner-of-conscience

49 Konstantin Woronkow, Aleksey Navalnyy: Groza Zhulikov i Vorov (Moskau: Eksmo, 2012). Dieses von einem bekennenden Anhänger Nawalnys geschriebene Buch basiert auf vielen Interviews mit Nawalny. Es ist eines der wenigen persönlichen Dokumente über Nawalnys Jugend und frühe Laufbahn.

50 »Pravila zhizni Alekseya Navalnogo«, Esquire (russische Ausgabe), 29. November 2011, esquire.ru/rules/26-alexey-navalny

51 Woronkow, Aleksey Navalnyy, S. 16.

52 Ebd., S. 22.

53 Ebd., S. 22 f. Olesja Gerasimenko, »›Pyatnadtsat' minut borby s rezhimom v den‹«, The New Times, 25. Oktober 2010, newtimes.ru/articles/detail/29360

54 Gerasimenko 2010.

55 Woronkow, *Aleksey Navalnyy*, S. 28.

56 Irina Mokrousowa und Irina Reznik, »Chem zarabatyvayet na zhizn' Aleksey Navalnyy«, *Wedomosti*, 13. Februar 2012, vedomosti.ru/library/articles/2012/02/13/pesnya_o_blogere

57 Julia Ioffe, »Net impact: One man's cyber-crusade against Russian corruption«, *The New Yorker*, 4. April 2011, newyorker.com/magazine/2011/04/04/net-impact

58 Mokrousowa und Reznik 2012.

59 Ebd.; Ioffe 2011; Woronkow, *Aleksey Navalnyy.*

60 Keith Gessen, »What is Navalny?«, *N+1*, 26. Juli 2013, nplusonemag.com/online-only/online-only/what-is-navalny

61 Juri Dud, »Navalnyye—intervyu posle otravleniya, Vdud«, 2020, youtu.be/vps43rXgaZc

62 Dmitri Sokolow, »Ot kurortnogo romana k spasitelnoy lyubvi: Chto svyazalo Yuliyu i Alekseya Navalnykh«, *Sobesednik*, 5. Dezember 2020, sobesednik.ru/politika/20201130-lyubov-vyvela-navalnogo-iz-kom

63 Dascha Weledejewa, »Yuliya Navalnaya: ›Esli segodnya vse klassno, to ya uzhe schastliva; Potomu chto zavtra sovershenno tochno mozhet vse izmenitsya, i ya budu silno razocharovana‹«, *Harpers Bazaar* (russische Ausgabe), 17. Februar 2021, bazaar.ru/heroes/harpers-bazaar/yuliya-navalnaya-svoyu-glavnuyu-zadachu-ya-vizhu-v-tom-chtoby-u-nas-v-seme-nichego-ne-izmenilos-deti-byli-detmi-a-dom-domom

64 Xenia Sobtschak, »Navalnyy o tom, pochemu ego otpustili, sudbe Kapkova i legalizatsii gey-brakov-3«, Doschd (YouTube-Kanal), 22. Juli 2013, youtu.be/N9RuoEyJxcQ; »›Nevidimoye menshinstvo‹: K probleme gomofobii v Rossii«, Lewada-Zentrum, 5. Mai 2015, levada.ru/2015/05/05/nevidimoe-menshinstvo-k-probleme-gomofobii-v-rossii

65 Alexej Nawalny, »Bolshoy privet Putinu i ego povaru (+ moya deklaratsiya po prosbe sotrudnitsy RT)« (Blog), 28. Juli 2020, navalny.com/p/6408

66 Jewgenija Albaz, Tweet vom 2. Februar 2021, twitter.com/albats/status/1356726777289220097

67 David Hoffman, *The Oligarchs: Wealth and Power in the New Russia* (New York: Public Affairs, 2011).

68 Ilja Matveev, »Measuring income inequality in Russia: A Note on Data Sources«, *Russian Analytical Digest* 263 (2021), S. 5–7; css.ethz.ch/content/dam/ethz/special-interest/gess/cis/center-for-securities-studies/pdfs/RAD263.pdf

69 Die angegebenen Zahlen stammen von einer Umfrage, die im Januar 2021 vom unabhängigen russischen Meinungsinstitut »Lewada-Zentrum« durchgeführt wurden. Dina Smeltz u. a., »In Russia, Navalny inspires respect for some, indifference for most«, The Chicago Council on Global Affairs, 22. Februar 2021, www.thechicagocouncil.org/research/public-opinion-survey/russia-navalny-inspires-respect-some-indifference-most

70   Vgl. die am 17. Januar 2021 zur Verfügung gestellten Informationen von »Bely Schetschik (White Counter)«, einer Organisation, die sich darauf spezialisiert hat, Demonstrationsteilnehmer zu zählen: ru-ru.facebook.com/ WhiteCounter/posts/3924460010898988

71   Polina Iwanowa, »›Are you detaining me?‹ Navalny flies home, and straight into trouble«, Reuters, 17. Januar 2021, reuters.com/world/europe/ are-you-detaining-me-navalny-flies-home-straight-into-trouble-2021-0117

72   »Sud v otdelenii politsii Khimok arestoval Alekseya Navalnogo na 30 sutok«, Deutsche Welle, 18. Januar 2021, dw.com/ru/sud-v-otdelenii-policii-himok-arestoval-alekseja-navalnogo/a-56261258

73   »Navalnyy obratilsya k presse v aeroportu Sheremetyevo«, Current Time, 17. Januar 2021, facebook.com/watch/?v=457454628610724

2   Der Antikorruptionskämpfer

1   Alexej Nawalny, Navalny.com, »Dvorets dlya Putina: Istoriya samoy bolshoy vzyatki«, 2021, palace.navalny.com

2   Alexej Nawalny, »Dvorets dlya Putina: Istoriya samoy bolshoy vzyatki«, 19. Januar 2021, youtube.com/watch?v=ipAnwilMncI

3   »Film ›Dvorets dlya Putina‹ na yutyube posmotreli 100 millionov raz«, *Meduza*, 28. Januar 2021, meduza.io/news/2021/01/28/film-dvorets-dlya-putina-na-yutyube-posmotreli-100-millionov-raz

4   »Film ›Dvorets dlya Putina‹«, Lewada-Zentrum, 8. Februar 2021, levada. ru/2021/02/08/film-dvorets-dlya-putina

5   Der Titel des Films lautet sehr bewusst *Ein Palast für Putin*, womit offengelassen wird, ob Putin das Anwesen wirklich besitzt oder ob er nur davon profitiert.

6   Jewgeni Kaljukow, »Putin otvetil na vopros studenta o ›dvortse‹ v Gelendzhike«, RBK, 25. Januar 2021, rbc.ru/politics/25/01/2021/600eb14a9a794706660a6669

7   Timur Batyrow, »›Mesto shikarnoye‹: Arkadiy Rotenberg nazval sebya benefitsiarom ›dvortsa‹ pod Gelendzhikom«, *Forbes* (russische Ausgabe), 30. Januar 2021, forbes.ru/newsroom/milliardery/419927-mesto-shikarnoe-arkadiy-rotenberg-nazval-sebya-beneficiarom-dvorca-pod

8   Elena Masnewa und Irina Malkowa, »Bogdanov ne znayet khozyayev »Surguta‹«, *Wedomosti*, 30. April 2008, vedomosti.ru/library/articles/2008/04/30/bogdanov-ne-znaet-hozyaev-surguta

9   Masnewa und Malkowa 2008; Carl Schreck, »Russia's Erin Brockovich: Taking on corporate greed«, *Time*, 9. März 2010, content.time.com/time/world/article/0,8599,1970475,00.html; Natalja Wasiljewa, »Activist takes on secretive Russian firms«, *The Seattle Times*, 1. April 2010, seattletimes.com/business/activist-takes-on-secretive-russian-firms

10   Olga Chwostunowa, »Who is Mr. Navalny?«, Institute of Modern Russia, 18. Januar 2012, imrussia.org/en/politics/183-who-is-mr-navalny?start=3

11 »Pravila zhizni Alekseya Navalnogo«, *Esquire* (russische Ausgabe), 29. November 2011, esquire.ru/rules/26-alexey-navalny

12 Gregori Asmolow, »Aleksey Navalnyy: ›Ya pytayus' dokazat', chto borotsya s rezhimom—eto veselo‹«, *Global Voices*, 28. Oktober 2010, ru.globalvoices. org/2010/10/29/2703

13 Ludmila Wasina, »Aleksey Navalnyy protiv goskorporatsiy«, Radio Swoboda, 30. Dezember 2009, svoboda.org/a/1917766.html

14 Artem Galustjan, »Istoriya odnogo Navalnogo«, *Kommersant*, 21. August 2019, kommersant.ru/doc/2235276

15 Alexej Nawalny, »Blagotvoritelnost' v RF« (Blog), 16. August 2008, navalny. livejournal.com/272534.html. Die genannte Anzahl an Kommentaren bezieht sich auf den 23. April 2021.

16 Alexej Nawalny, »Kak pilyat v Gazprome« (Blog), 24. Dezember 2008, navalny.livejournal.com/342311.html. Die genannte Anzahl an Kommentaren bezieht sich auf den 23. April 2021.

17 Alexej Nawalny, »Kak pilyat v VTB« (Blog), 30. November 2009, navalny. livejournal.com/411199.html. Die genannte Anzahl an Kommentaren bezieht sich auf den 23. April 2021.

18 Alexej Nawalny, »Kak pilyat v Transnefti« (Blog), 16. November 2010, navalny.livejournal.com/526563.html. Die genannte Anzahl an Kommentaren bezieht sich auf den 23. April 2021.

19 Vera Jurtschenko, »Chelovek iz interneta«, *Novaya Gazeta*, 16. Februar 2018, novayagazeta.ru/articles/2018/02/15/75520-chelovek-iz-interneta

20 »Gde marzha?«, *Forbes* (russische Ausgabe), 3. September 2008, forbes.ru/ forbes/issue/2008-09/10510-gde-marzha

21 »›Transneft'‹: Bloger Navalnyy sluzhit interesam protivnikov VSTO«, *Wedomosti*, 13. Januar 2011, vedomosti.ru/business/news/2011/01/13/ bloger_navalnyj_sluzhit_interesam_protivnikov_vsto_glava

22 »Putin: Svedeniya o khishcheniyakh v ›Transnefti‹ nado proverit«, BBC News (russischer Dienst), 29. Dezember 2010, bbc.com/russian/business/ 2010/12/101229_putin_transneft_investigation

23 »Putin otbil ataku Navalnogo na Transneft'«, Reuters, 29. September 2011, reuters.com/article/orutp-russia-transneft-putin-idRURXE78R16S 20110929

24 Chwostunowa 2012.

25 Alexej Nawalny, »Yabadabadu!« (Blog), 14. Februar 2011, navalny.livejournal. com/553388.html

26 Wasina 2009.

27 »Trevozhashchiye problemy«, Lewada-Zentrum, 10. September 2020, levada.ru/2020/09/10/trevozhashhie-problemy-3

28 Thomas Remington, »Russian economic inequality in comparative perspective«, *Comparative Politics* 50, no. 3 (2018), S. 395–416.

29 Ellen Barry, »Rousing Russia with a Phrase«, *New York Times*, 10. Dezember 2011, nytimes.com/2011/12/10/world/europe/the-saturday-profile-blogger-aleksei-navalny-rouses-russia.html

30 »Forbes i Aleksey Navalnyy organizovali ›Tsentr zashchity aktsionerov‹«, Lenta, 15. Dezember 2009, lenta.ru/news/2009/12/15/navalny

31 Alexej Nawalny, »Chastnoye litso« (Blog), 30. Dezember 2009, navalny. livejournal.com/417512.html

32 Julia Kalinina, »Blog nakazhet«, *Moskowski Komsomolez*, 9. Juni 2011, mk.ru/politics/2011/06/09/596335-blog-nakazhet.html

33 »Gde marzha?«, *Forbes* 2008.

34 Henry Foy, »›We need to talk about Igor‹: The rise of Russia's most powerful oligarch«, *Financial Times*, 1. März 2018, www.ft.com/content/dc7d48f8-1c13-11e8-aaca-4574d7dabfb6

35 Kalinina 2011.

36 »Case of Magnitsky and others v. Russia: Judgment«, Europäischer Gerichtshof für Menschenrechte (EGMR), 27. August 2019, hudoc.echr.coe.int/eng?i=001-195527

37 Charles Clover, »Hermitage closes embattled Russian fund«, *Financial Times*, 26. März 2013, ft.com/content/13e35c46-9637-11e2-9ab2-00144feabdco

38 »Magnitsky wins Russian rights battle 10 years after his death«, BBC News, 27. August 2019, bbc.com/news/world-europe-49481471

39 Ebd.

40 Benjamin Bidder, »Wie wahr ist die Geschichte, auf der die US-Sanktionen gegen Russland beruhen?«, *Der Spiegel*, 26. November 2019, spiegel.de/wirtschaft/russland-der-fall-magnitski-story-ohne-held-a-00000000-0002-0001-0000-000167093479; »Response to Der Spiegel Story on Magnitsky Case', Russian Untouchables, Dezember 2019, russian-untouchables.com/rus/docs/Response%20to%20Der%20Spiegel%20Article%200n%20Magnitsky%20Case%20-%20Copy%20osm.pdf; »Warum der Spiegel an der Magnitski-Recherche festhält«, *Der Spiegel*, 13. Dezember 2019, spiegel.de/wirtschaft/vorwuerfe-von-bill-browder-warum-der-spiegel-an-der-magnitski-recherche-festhaelt-a-1301048.html

41 »Case of Magnitsky and Others v. Russia: Judgment«, 2019.

42 Diese Zusammenfassung basiert auf der Entscheidung des Europäischen Gerichtshofs für Menschenrechte (EGMR) im Fall Kirowles. »Case of Navalnyy and Ofitserov v. Russia: Judgment«, EGMR, 23. Februar 2016, hudoc.echr.coe.int/fre?i=001-161060

43 »Delo Navalnogo: Bolshe goda sledovateli iskali ›zloy umysel‹ i ne nashli …«, Gorod Kirov, 4. Februar 2011, https://gorodkirov.ru/content/article/delo-navalnogo-bolshe-goda-sledovateli-iskali-zlojumyisel-i-ne-nashli-20110204-1329

44 »SK RF otmenil postanovleniye ob otkaze v vozbuzhdenii dela protiv Navalnogo«, *Forbes* (russische Ausgabe), 8. Februar 2011, forbes.ru/news/63027-sk-rf-otmenil-postanovlenie-ob-otkaze-v-vozbuzhdenii-dela-protiv-navalnogo

45 »Sledstvennyy komitet otkazalsya vozbuzhdat' delo protiv Navalnogo«, *Lenta*, 15. März 2011, lenta.ru/news/2011/03/15/nocase

46 »Na Navalnogo zaveli ugolovnoye delo«, *Lenta*, 10. Mai 2011, lenta.ru/
news/2011/05/10/navalny

47 Alexej Nawalny, »Kirovskiy les ukral kto-to drugoy« (Blog), 28. Mai 2012,
navalny.livejournal.com/707461.html; Michael Weiss, »What the Aleksei
Navalny case says about life in Putin's Russia«, *The Atlantic*, 22. April 2013,
theatlantic.com/international/archive/2013/04/what-the-aleksei-navalny-
case-says-about-life-in-putins-russia/275175

48 Nawalny, »Kirovskiy les ukral kto-to drugoy«, 2012.

49 »Ugolovnoye delo v otnoshenii Navalnogo vozobnovleno«, BBC News
(russischer Dienst), 29. Mai 2012, bbc.com/russian/russia/2012/05/120529_
navalny_case_reopened

50 »Case of Navalnyy and Ofitserov v. Russia: Judgment«, 2016.

51 Nawalny, »Kirovskiyles ukral kto-to drugoy«, 2012.

52 »Professiya aktsioner«, *Ogonjok*, 13. Juli 2009, kommersant.ru/doc/1197604

53 »Gde marzha?«, *Forbes* 2008.

54 »Aleksey Navalnyy, avtor proyekta Tsentr zashchity aktsionerov«, *Lenta*,
22. Dezember 2009, lenta.ru/conf/navalny

55 Wasiljewa 2012.

56 »Gde marzha?«, *Forbes* 2008.

57 Schreck 2012.

58 »›Transneft'‹: Bloger Navalnyy sluzhit interesam protivnikov VSTO«,
2011.

59 Michail Subow, »›Borba kremlevskikh bashen‹: Zachem Navalnyy reshil
idti v prezidenty«, *Moskowski Komsomolez*, 13. Dezember 2016, mk.ru/
politics/2016/12/13/borba-kremlevskikh-bashen-zachem-navalnyy-reshil-
idti-v-prezidenty.html; »Gde marzha?«, *Forbes* 2008.

60 Ioffe 2011.

61 Stanislaw Kutscher, »›Dostatochno legko ustanovit', chto za mnoy nikto ne
stoit‹«, Kommersant FM, 28. Mai 2011, kommersant.ru/doc/1650215

62 Karen Dawisha, *Putin's Kleptocracy: Who Owns Russia?* (New York: Simon
& Schuster, 2014).

63 Andrej Jakowlew, »The evolution of business–state interaction in Russia:
From state capture to business capture?«, *Europe-Asia Studies* 58, no. 7
(2006): S. 1033–1056.

64 Ein Video des kurzen Austauschs findet sich auf youtube.com/watch?-
v=u6NKb79VN8U

65 Thane Gustafson, *Wheel of Fortune: The Battle for Oil and Power in Russia*
(Cambridge, MA: Belknap Press of Harvard University Press, 2012).

66 »The Oligarch who came in from the cold«, *Forbes*, 18. März 2002, forbes.
com/forbes/2002/0318/110.html

67 Gustafson, *Wheel of Fortune*.

68 Daniel Treisman. »Russia's billionaires«, *American Economic Review* 106, Nr. 5
(1. Mai 2016), S. 236–241.

69 Heiko Pleines, »The political role of business magnates in competitive authoritarian regimes«, *Jahrbuch für Wirtschaftsgeschichte / Economic History Yearbook* 60, Nr. 2 (1. November 2019), S. 299–334.

70 Robert W. Orttung, »Corruption in Russia«, *Russian Analytical Digest*, Nr. 144 (2004), S. 2–4.

71 Dada Lindell und Margarita Alechina, »V Rossii rekordno vyroslo chislo osuzhdennykh za krupnyye vzyatki«, RBK, 30. April 2020, rbc.ru/society/30/04/2020/5e9daa0e9a794771cc07e9bd

72 Gilles Favarel-Garrigues, »Les figures du justicier anti-corruption en Russie post-soviétique«, in *Dénoncer la corruption: Chevaliers blancs, pamphlétaires et promoteurs de la transparence à l'époque contemporaine*, hg. von Cesare Mattina u. a. (Paris: Demopolis, 2018), S. 323–341, hier S. 329.

73 Felix Light, »Russia's communists are split over support for Navalny«, *The Moscow Times*, 12. Februar 2021, themoscowtimes.com/2021/02/12/russias-communists-are-split-over-support-for-navalny-a72917

74 Polina Nikolskaja und Daria Korsunskaja, »Russian ex-minister Ulyukayev jailed for eight years over $2 Million bribe«, Reuters, 15. Dezember 2017, reuters.com/article/us-russia-ulyukayev-verdict-idUSKBN1E90SN

75 Wasina 2009.

76 Schreck 2012.

77 Andrew Kramer, »Russian site smokes out corruption«, *New York Times*, 27. März 2011. nytimes.com/2011/03/28/business/global/28investor.html

78 Schreck 2012.

79 »Professiya aktsioner«, 2009.

80 Alexej Nawalny, »Kraudsorsing« (Blog), 17. Juni 2010, navalny.livejournal.com/476181.html

81 Nikolai Petrow, »The Navalny Effect: RosPil.Net«, Carnegie Moscow Center, 8. Dezember 2010, carnegie.ru/2010/12/08/navalny-effect-rospil.net-pub-42105

82 Alena Ledeneva, *Can Russia Modernise? Sistema, Power Networks and Informal Governance* (Cambridge: Cambridge University Press, 2013).

83 Gregori Asmolow, »Russia: Blogger Navalny tries to prove that fighting regime is fun«, *Global Voices*, 27. Oktober 2010, globalvoices.org/2010/10/27/russia-blogger-alexey-navalny-on-fighting-regime

84 Das Online-Informationsportal »Unified Procurement Information System« ging 2006 online und erlaubt den Zugang zu Informationen über das öffentliche Beschaffungswesen: zakupki.gov.ru/epz/main/public/home.html

85 Ioffe 2011.

86 Alexej Nawalny, »Vse v nablyudateli« (Blog), 24. Januar 2012, navalny.livejournal.com/666519.html

87 »Yama« ist das russische Wort für »Schlagloch«; siehe rosyama.ru

88 Gregori Asmolow, »Aleksey Navalnyy: ›Ya pytayus' dokazat', chto borotsya

s rezhimom – eto veselo‹«, *Global Voices*, 28. Oktober 2010, ru.globalvoices.
org/2010/10/29/2703

89 Jurtschenko 2018.

90 Siehe dissernet.org

91 Asmolow, »Aleksey Navalnyy«, 2010.

92 Alexej Nawalny, »Yuristy dlya RosPila« (Blog), 14. Februar 2011, navalny.
livejournal.com/552963.html

93 Alexej Nawalny, »Dva Ob»yavleniya« (Blog), 28. Februar 2011, navalny.
livejournal.com/558726.html

94 Ljubow Sobol, »Privet =)« (Blog), 2. März 2011, sobollubov.livejournal.
com/2299.html

95 Olesja Gerasimenko, »›Ya gotova utashchit' s soboy v mogilu reyting
Sobyanina‹: Kak yurist fonda Navalnogo stala novym simvolom protesta«,
BBC News (russischer Dienst), 2. August 2019, bbc.com/russian/features-
49165540

96 Alexandra Dynko, »›Ya ne gotova vsyu zhizn' prozhit' v takoy Rossii‹:
Yurist FBK Lyubov' Sobol‹«, *Russkiy Monitor*, 27. Mai 2015, rusmonitor.
com/ya-ne-gotova-vsyu-zhizn-prozhit-v-takojj-rossii-yurist-fbk-lyubov-
sobol.html

97 Ilja Klischin, »Tayna navalnogo kabineta«, Openspace.ru, 2012, openspace.
ru/article/468

98 Juri Dud, »Navalnyy: O revolyutsii, Kavkaze i Spartake / Bolshoye intervyu«, vDud', 18. April 2017, youtube.com/watch?v=Bf9zvyPachs

99 »Chto eto za sayt?«, Rospil [ohne Datum], web.archive.org/web/20111029
060832/http://rospil.info:80/about

100 Michail Loginow, »The Navalny effect«, opendemocracy, 7. Juni 2011,
opendemocracy.net/en/odr/navalny-effect

101 Ebd.

102 Ebd.

103 Mokrousowa und Reznik 2012; Alexej Nawalny, »›Na eti 2 % i zhivu‹ (c)«
(Blog), 13. Februar 2012, navalny.livejournal.com/676773.html. Das »einheitliche staatliche Register juristischer Personen« zeigt, dass die Organisation bereits im September 2011 eingetragen worden war, allerdings wurde
ihre Existenz erst 2012 von Nawalny publik gemacht.

104 Mokrousowa und Reznik 2012.

105 »Chto eto za sayt«, [ohne Datum].

106 Mokrousowa und Reznik 2012.

107 Olga Beshley, »Neutomimyy optimist«, *The New Times*, 6. Juni 2012, new
times.ru/articles/detail/53086

108 »200 bogateyshikh biznesmenov Rossii: 2012«, *Forbes* (russische Ausgabe)
[ohne Datum], forbes.ru/rating/bogateishie-biznesmeny-rossii-2012/
2012

109 Klischin 2012.

110 Beshley 2012.

111 Alexej Nawalny, »Ashurkov« (Blog), 4. Juni 2012, navalny.livejournal.
com/710095.html

112 Xenia Sobtschak, »Fridman priznalsya, chto uvolil sponsora Navalnogo po
politicheskim prichinam«, Doschd, 12. April 2012, tvrain.ru/teleshow/
sobchak_zhivem/fridman_priznalsya_chto_uvolil_sponsora_navalnogo_po_
politicheskim_prichinam-228312

113 Roman Badanin und Iwan Osipow, »Ya ponimal, chto sotrudnichestvo s
Navalnym mozhet byt' ugrozoy dlya moyey raboty«, Forbes (russische Ausgabe), 25. April 2012, forbes.ru/sobytiya/lyudi/81639-ya-ponimal-chto-
sotrudnichestvo-s-navalnym-mozhet-predstavlyat-ugrozu-dlya-moei

114 Alexej Nawalny, »16 smelykh« (Blog), 30. Mai 2012, navalny.livejournal.
com/708361.html; Maria Schelesnowa, Aleksej Roschkow, und Polina
Chimschiaschwili, »Kto sponsiruyet fond borby s korruptsiyey Navalnogo«,
Wedomosti, 30. Mai 2012, vedomosti.ru/politics/articles/2012/05/30/16_
druzej_navalnogo

115 Insbesondere Dmitri Bykow, Boris Akunin, Leonid Parfjonow, Sergej
Gurijew und Ekaterina Schurawskaja.

116 Thomas Grove und Alissa de Carbonnel, »Russian protest fund manager
looks to elite for cash«, Reuters, 31. Mai 2012, reuters.com/article/us-
russia-protest-fund-idUSBRE84U1EP20120531

117 Alexej Nawalny, »Ashurkov« (Blog), 30. Juli 2014, https://navalny.com/p/
3704/.

118 Courtney Weaver, »UK grants asylum to Russian dissident«, Financial Times,
1. April 2015, ft.com/content/dbb50132-d890-11e4-ba53-00144feab7de

119 Alexej Nawalny, »Potupchik ne predlagat« (Blog), 6. Februar 2012, navalny.
livejournal.com/673497.html

120 Klischin 2012; »An interview with Anna Veduta, Russian activist, expert,
and feminist«, Global Voices, 26. Mai 2017, globalvoices.org/2017/05/26/an-
interview-with-anna-veduta-russian-activist-expert-and-feminist

121 Dieser Bericht war Stand April 2021 auf der Website des FBK verfügbar.
»Otchet po platezham s 01.09.2012 do 31.11.2012 vklyuchitelno«, Fonds
zur Bekämpfung der Korruption [ohne Datum], fbk.info/fbk-media/
reports/report_2012_wfTzGyk.xlsx

122 Larisa Trubitsina, »Georgiy Alburov: ›Planiruyem samoye tesnoye sotrudnichestvo so vsemi nablyudatelskimi soobshchestvami‹«, Dvizheniye Vmeste,
1. Dezember 2012, web.archive.org/web/20160405073516/http://www.
dvizhenievmeste.com/archives/28452

123 Viktor Feschtschenko, »Verkhom na khaype: Chto pod kapotom u media-
mashiny Alekseya Navalnogo«, Sekret Firmy [ohne Datum], secretmag.ru/
navalnyi

124 Anja Ajwasjan, »Ya rad, chto my vse v itoge rabotayem na Alekseya«,
Public Post, 3. April 2013, web.archive.org/web/20130619013459/http://
publicpost.ru/theme/id/3571/ya_rad_chto_my_vse_v_itoge_rabotaem_na_
alekseya

125 »Vladimir Pekhtin, Putin ally, quits over foreign homes«, BBC News,
20. Februar 2013, bbc.co.uk/news/world-europe-21525364

126 Feschtschenko [ohne Datum]; »Otchet o rabote Fonda Borby s Korrupt-siyey za 2014 god«, Fonds für Korruptionsbekämpfung [ohne Datum], fbk.info/fbk-media/reports/fbk_report_2014.pdf

127 Alexej Nawalny, »Mne sverkhu vidno vsyo, ty tak i znay« (Blog), 12. August 2013, navalny.livejournal.com/835847.html

128 Jurtschenko 2018.

129 Als Anton Nossik – einer der Pioniere des »Runet« – 2017 starb, fand Nawalny warme Worte für ihn und nannte ihn einen seiner »Mentoren«. Alexej Nawalny, »Anton« (Blog), 9. Juli 2017, navalny.com/p/5445

130 Im Jahr 2014 zog Nawalny mit seinem Blog vom Livejournal-Portal auf seine eigene Website um: Navalny.com. Dmitri Bykow, »Aleksey Navalnyy: ›Vlast' ustupit stolko, skolko my potrebuyem‹«, Sobesednik, 5. Dezember 2014, sobesednik.ru/dmitriy-bykov/20141203-aleksey-navalnyy-sudbustrany-vsegda-reshaet-odin-procent

131 Feschtschenko [ohne Datum].

132 Ebd.

133 Ebd.

134 Alexej Nawalny, »Po kassovym sboram ›Chayka‹ pobila ›Zvezdnyye voyny‹«, (Blog), 24. Dezember 2015, navalny.com/p/4646

135 Alexej Nawalny, »Kak my delali ›Dimona‹: Otvety na voprosy i insaydy«, Alexej Nawalny, 21. März 2017, youtube.com/watch?v=2AWyNwLI90M

136 Alexej Nawalny, »Don't call him ›Dimon‹«, 2. März 2017, youtube.com/watch?v=qrwlk7_GF9g&t=2 s

137 Andreas Umland, »A second Gorbachev?«, Prospect, 28. März 2008, prospectmagazine.co.uk/magazine/asecondgorbachev

138 Nawalny, »Don't call him ›Dimon‹«, 2017.

139 »Medvedev vpervyye otreagiroval na rassledovaniye FBK«, BBC News Russian, 4. April 2017, www.bbc.com/russian/news-39494183

140 Alexej Nawalny, »Nedelyu nazad vypustili rassledovaniye ›On vam ne Dimon‹: Reaktsiya vlasti« (Blog), 9. März 2017, navalny.com/p/5269

141 Ebd.

142 Alexej Nawalny, »Raz molchat, nado vykhodit' na miting« (Blog), 14. März 2017, navalny.com/p/5274/. »Skolko lyudey vyshli na ulitsy 26 marta i skolko zaderzhali? Karta protesta«, Meduza, 27. März 2017, meduza.io/feature/2017/03/27/skolko-lyudey-vyshli-na-ulitsy26-marta-i-skolko-zaderzhali-karta-protesta

143 »Dmitriy Zimin«, Forbes (russische Ausgabe) [ohne Datum], forbes.ru/rating/100-bogateishih-biznesmenov-rossii/2006/zimin

144 »Ne khochetsya, konechno, stanovitsya vragom gosudarstva«, Znak, 10. Dezember 2018, znak.com/2018-12-10/zachem_semya_millionerov_ziminyh_pomogaet_navalnomu_i_nezavisimym_media_intervyu

145 »Biznesmen Boris Zimin ob»yasnil, pochemu pomog vyvezti Navalnogo v Germaniyu«, Forbes (russische Ausgabe), 31. August 2020, forbes.ru/

newsroom/obshchestvo/408105-biznesmen-boris-ziminobyasnil-pochemu-pomog-vyvezti-navalnogo-v

146 Dud 2017.

147 Jelisaweta Ossentinskaja, »Chto budet s biznesom v Rossii Navalnogo: Spor s politikom o roste ekonomiki, migrantakh i media«, Russkiye Norm! (YouTube-Kanal), 2020, youtube.com/watch?v=nGT6wq-lPnE

148 Alexej Nawalny, »Bolshoy privet Putinu i ego povaru (+ moya deklaratsiya po prosbe sotrudnitsy RT)« (Blog), 28. Juli 2020, navalny.com/p/6408

149 Dud 2020.

150 Alexej Nawalny, »Voprosy agitatsii: Vozmozhno, eta kvartira mera v Mayami budet neplokho agitirovat' za menya« (Blog), 21. Dezember 2016, navalny.com/p/5173/. Hervorhebung im Original.

151 Einigen Berichten zufolge leugnete der Bürgermeister den Erwerb der Wohnungen nicht, behauptete allerdings, sie gehörten mittlerweile seiner Exfrau. »Nizhegorodskaya prokuratura otkazalas' proveryat' Karnilina po zayavleniyu Navalnogo«, Zerkalo, 21. Februar 2017, zercalo.org/news/15825-nizhegorodskaya-prokuratura-otkazalas-proveryat-ivana-karnilina-po-zayavleniyu-navalnogo#!

152 Der Bürgermeister trat im Mai des darauffolgenden Jahres zurück, was Nawalny auf die Recherchen zurückführte: Roman Krjaschew, »Ivan Karnilin uvel sebya na pensiyu«, Kommersant, 24. Mai 2017, kommersant.ru/doc/3305426

153 Ben Smith, »How investigative journalism flourished in hostile Russia«, New York Times, 21. Februar 2021, nytimes.com/2021/02/21/business/media/probiv-investigative-reporting-russia.html

154 Andrej Gatinski und Anna Rudjak, »V fonde Navalnogo izvinilis' za oshibki v rolike o Kovalchuke«, RBK, 26. Mai 2017, rbc.ru/rbcfreenews/5927fea09a7947d1cbffd7bb

155 Kira Jarmysch, Facebook-Post, 26. Mai 2017, facebook.com/kira.yarmysh/posts/1498481863545341

156 Piotr Mironenko, Sergej Smirnow und Irina Pankratowa, »Sotsseti vzorvalis' iz-za rassledovaniya Navalnogo. Pochemu eto vazhno i chto s nim ne tak?«, The Bell, 4. Dezember 2019, thebell.io/sotsseti-vzorvalis-iz-za-rassledovaniya-navalnogo-pochemu-eto-vazhno-i-chto-s-nim-ne-tak

157 Natalja Sotowa und Andrej Soschnikow, »Bez Navalnogo: Kak FBK rabotayet bez svoyego lidera«, BBC News (russischer Dienst), 11. September 2020, bbc.com/russian/features-54119390

158 Im September 2020 berichtete die BBC, dass dreißig Leute für den FBK arbeiteten; ebd.

159 »Otchet o rabote Fonda Borby s Korruptsiyey za 2013 god«, Fonds für Korruptionsbekämpfung [ohne Datum], fbk.info/fbk-media/reports/fbk_report_2013_ZfkDQXk.pdf

160 »Finansovyy Otchyot«, Fonds für Korruptionsbekämpfung [ohne Datum], report2019.fbk.info/media/report_2019_finance.pdf

161 Kira Djurjagina, »Lyubov' Sobol' nachala kampaniyu po vyboram v Gosdumu«, *Kommersant*, 15. Oktober 2020, kommersant.ru/doc/4531506

162 Gerasimenko, »Ya gotova«; Denis Korotkow, »Povar lyubit poostreye«, *Novaya Gazeta*, 21. Oktober 2018, novayagazeta.ru/articles/2018/10/22/78289-povar-lyubit-poostree; Andrew Higgins, »›I am always asked if I am afraid‹: activist lawyer takes on Putin's Russia«, *The New York Times*, 6. September 2019, nytimes.com/2019/09/06/world/europe/russia-lyubov-sobol-protests.html

163 »Russia's dysfunctional funeral business gets a makeover«, *The Economist*, 23. Dezember 2017, economist.com/business/2017/12/23/russias-dysfunctional-funeral-business-gets-a-makeover

164 Jewgeni Kaljkow, »Navalnyy soobshchil o vzyskanii ₽88 mln v polzu ›Moskovskogo shkolnika‹«, *RBK*, 28. Oktober 2019, rbc.ru/society/28/10/2019/5db6e82e9a794767ea737163

165 »Dvizheniye ›Za prava cheloveka‹ namereno ignorirovat' zakon ob ›inostrannykh agentakh‹«, *Wedomosti*, 21. Juli 2012, vedomosti.ru/politics/news/2012/07/21/dvizhenie_za_prava_cheloveka_namereno_ignorirovat_zakon_ob

166 Alexej Kowalew, »›Meduza‹ nashla ispantsa, iz-za kotorogo FBK priznali ›inostrannym agentom‹: On ne mozhet ob»yasnit', zachem pomogal rossiyskim bortsam s korruptsiyey«, *Meduza*, 18. Oktober 2019, meduza.io/feature/2019/10/18/meduza-nashla-ispantsa-iz-za-kotorogo-fbk-priznali-inostrannymagentom-on-ne-mozhet-ob-yasnit-zachem-pomogal-rossiy skim-bortsam-s-korruptsiey

167 »Russia agents raid Alexei Navalny offices with power tools«, BBC News, 26. Dezember 2019, bbc.com/news/world-europe-50916198

168 Der Twitter-Account der FBK-Tür kann über diese Adresse abgerufen werden: twitter.com/fbk_door

169 Dver' FBK, Tweet vom 18. Oktober 2019, twitter.com/fbk_door/status/1185248471902838785

170 Alexej Nawalny, »SOS: Likvidatsiya FBK« (Blog), 20. Juli 2020, navalny.com/p/6400

171 Georgij Tadtajev und Maja Bobenko, »Prigozhin vykupil dolg Naval'nogo i FBK u ›Moskovskogo shkol'nika‹«, *RBK*, 26. August 2020, https://www.rbc.ru/society/26/08/2020/5f46025b9a79473a6cebe1d7; »Powerful ›Putin's Chef‹ Prigozhin Cooks Up Murky Deals«, BBC News, 4. November 2019, https://www.bbc.com/news/world-europe-50264747; Michail Maglov, Natalija Schagirova und Dmitrij Treschchanin, »Faktchek: Svyazana li imperiya Prigozhina so vsemi sluchayami dizenterii v Moskve«, *Current Time*, 28. März 2019, https://www.currenttime.tv/a/fact-check-prigozhin-dysentery-empire/29846739.html; »Russian Oligarch and Opposition Nemesis Buys Civil-Suit Debt Owed by Navalny and Company, Says He'll ›Ruin‹ Him, If He Survives Poisoning«, *Meduza*, 26. August 2020, https://meduza.io/en/news/2020/08/26/russian-oligarch-and-opposition-nemesis-buys-civil-suit-debt-owed-by-navalny-and-company-says-he-ll-ruin-him-if-he-survives-poisoning

172 Alexej Nawalny, »Tam, za 6-metrovym zaborom dachi Medvedeva«, Navalny.com (Blog), 15. September 2016, navalny.com/p/5059

173 Alexej Nawalny, »Sekretnaya dacha Dmitriya Medvedeva«, Alexej Nawalny
     (YouTube-Kanal), 15. September 2016, youtube.com/watch?v=nMVJxTc
     U8Kg

174 »Russian activist in jail for giant duck protest«, BBC News, 26. Februar
     2018, bbc.com/news/world-europe-43202127

3 Der Politiker

1 Alexej Nawalny, »Pora Vybirat: Aleksey Navalnyy–Kandidat v Prezidenty
   Rossii«, 13. Dezember 2016, youtu.be/wkN8sSrUbdY

2 Ebd.

3 Alexander Gorbatschow, »›Ya khochu ustanovit' novyye standarty politiki
   voobshche‹: Intervyu Alekseya Navalnogo o tom, zachem on idet v
   prezidenty«, *Meduza*, 15. Dezember 2016, meduza.io/feature/2016/12/15/
   ya-hochu-ustanovit-novye-standarty-politiki-voobsche

4 Dud 2017.

5 Graeme B. Robertson, »Protest, Civil Society and Informal Politics«, in
   Developments in Russian Politics 9, hg. v. Richard Sakwa, Henry E. Hale und
   Stephen White (London: Red Globe, 2019), S. 80–93.

6 Gerasimenko 2010.

7 Woronkow, *Aleksey Navalnyy*, S. 22.

8 Ebd., S. 28–31.

9 Auf Russisch setzt sich der Name aus den Anfangsbuchstaben der Parteigründer zusammen: Jawlinski, Juri Boldirew und Wladimir Lukin.

10 Woronkow, *Aleksey Navalnyy*, S. 37f.

11 Gerasimenko 2010.

12 Kalinina 2011.

13 Oleg Kaschin, »Nedovolnykh zhiltsov prinyali v partiyu«, *Kommersant*,
    10. Juni 2004, kommersant.ru/doc/482159

14 Gerasimenko 2010.

15 Gaidar und Nawalny hatten ihre Zusammenarbeit im Jahr zuvor mit
    der Bewegung »DA!« (»Demokratische Alternative«) begonnen. Jelena
    Loskutowa, *Yunaya politika: Istoriya molodezhnykh politicheskikh organizatsiy
    sovremennoy Rossii* (Moskau: Tsentr Panorama), S. 71–79.

16 Ruslan Kadrmatow, »Prishli za Tesakom«, *Lenta*, 4. Juli 2007, lenta.ru/
    articles/2007/07/04/tesak

17 »Politicheskiye debaty v moskovskom klube zakonchilis' strelboy«,
    Wedomosti, 31. Oktober 2007, vedomosti.ru/library/news/2007/10/31/
    politicheskie-debaty-vmoskovskom-klube-zakonchilisstrelboj

18 Alexej Nawalny, »Yale« (Blog), 28. April 2010, navalny.livejournal.
    com/453781.html

19 Gerasimenko 2010.

20 Véra Nikolski, *National-bolchévisme et néo-eurasisme dans la Russie contempo-
    raine: La carrière militante d'une idéologie* (Paris: Mare et Martin, 2013).

21 Fabrizio Fenghi, »The eternal adolescent Savenko: Eduard Limonov, the hooligan of Russian literature and politics, dies in Moscow at the age of 77«, NYU Jordan Center, 6 April 2020, jordanrussiacenter.org/news/the-eternal-adolescent-savenko

22 Alexej Nawalny, »Postupayut vstrevozhennyye zvonki ot obshchestvennosti« (Blog), 31. Oktober 2006, navalny.livejournal.com/53991.html; »Novaya politika: Kto takoy Navalnyy?«, Afisha Daily, 27. Februar 2012, daily.afisha.ru/archive/gorod/archive/new-politics-navalny

23 Mokrousowa und Reznik 2012.

24 »Manifest Natsionalnogo russkogo osvoboditelnogo dvizheniya ›NAROD‹«, APN, 27. Juni 2007, apn.ru/publications/article17321.htm

25 Wladimir Putin, »Stenogramma pryamogo tele- i radioefira (›Pryamaya liniya s Prezidentom Rossii‹)«, Kreml, 18. Dezember 2003, kremlin.ru/events/president/transcripts/22256. Marlène Laruelle, »Misinterpreting nationalism: Why russkii is not a sign of ethnonationalism«, PONARS, 27. Januar 2016, ponarseurasia.org/misinterpreting-nationalism-why-russkii-is-not-a-sign-of-ethnonationalism

26 Alexej Nawalny, »Ofitsialno« (Blog), 26. Juni 2007, navalny.livejournal.com/139946.html

27 »Novaya politika: Kto takoy Navalnyy?«, 2012.

28 Für eine Übersicht zu diesem Phänomen siehe Martin Laryš und Miroslav Mareš, »Right-wing extremist violence in the Russian Federation«, Europe-Asia Studies 63, Nr. 1 (2011), S. 129–154.

29 Olesja Gerasimenko und Jelena Schmarajewa, »Delo trinadtsati«, Kommersant Vlast, 25. Juli 2011, kommersant.ru/doc/1681380

30 »Konferentsiya ›Novyy politicheskiy natsionalizm‹«, APN, 9. Juni 2008, www.apn.ru/index.php?newsid=20057

31 Ekaterina Sawina, »Vmenyayemykh sobrali v odnom zale«, Kommersant, 9. Juni 2008, kommersant.ru/doc/901541

32 Masha Gessen, »The evolution of Alexey Navalny's nationalism«, The New Yorker, 15. Februar 2021, newyorker.com/news/our-columnists/the-evolution-of-alexey-Navalnys-nationalism

33 Natalia Moen-Larsen, »›Normal nationalism‹: Alexei Navalny, LiveJournal and ›the other‹«, East European Politics 30, 4 (2014), S. 548–567.

34 Gregori Asmolow, »Russia: Blogger Navalny tries to prove that fighting regime is fun«, Global Voices, 27. Oktober 2010, globalvoices.org/2010/10/27/russia-blogger-alexey-Navalny-on-fighting-regime

35 Alexander Werchowski, »Sovremennoye diskursivnoye protivostoyaniye russkikh natsionalistov i federalnykh vlastey«, Westnik Obschestwennogo Wremeni (Lewada-Zentrum) 110, Nr. 4 (Dezember 2011), S. 5–18.

36 Martin Laryš und Miroslav Mareš 2011.

37 Alexej Nawalny, »Stan' natsionalistom!«, 2007, youtube.com/watch?v=ICoc2VmGdfw

38 Alexej Nawalny, »NAROD za legalizatsiyu oruzhiya«, 2007, youtube.com/watch?v=oVNJiO10SWw

39 Shaun Walker, »Alexei Navalny on Putin's Russia: ›All Autocratic Regimes Come to an End‹«, *Guardian*, 29. April 2017, theguardian.com/world/2017/apr/29/alexei-Navalny-on-putins-russia-all-autocratic-regimes-come-to-an-end

40 Ilja Asar, »Ushchemlennyy russkiy«, *Lenta*, 4. November 2011, lenta.ru/articles/2011/11/04/navalny

41 Informationen laut Informationsportal des russischen Außenministeriums, Stand Januar 2021, kdmid.ru

42 Xenia Sobtschak und Xenia Sokolowa, »Problema babla i zla«, *GQ* (russische Ausgabe), 24. Februar 2011, web.archive.org/web/20110528054908/www.gq.ru/talk/sobchak-sokolova/1537

43 Asar 2011.

44 Alisa Wolkowa, »›Khvatit kormit' Kavkaz‹: Kak menyalsya natsionalizm Navalnogo«, *Kavkaz.realii*, 1. Februar 2021, kavkazr.com/a/31075519.html

45 »Ot nikh prosyat tolko odnogo: Razvesit' vezde plakaty Putina i dat' emu 99 %; Za eto oni mogut delat' chto khotyat'«, *Ura.ru*, 9. Februar 2012, ura.news/articles/1036257585

46 Ioffe 2011.

47 Andrew E. Kramer, »Russian site smokes out corruption«, *The New York Times*, 27. März 2011, nytimes.com/2011/03/28/business/global/28investor.html

48 Leonid Wolkow, »I obo vsem ostalnom', O vsyakoy vsyachine« (Blog), 6. Juli 2011, leonwolf.livejournal.com/284373.html

49 Tobias Rupprecht, »Formula Pinochet: Chilean lessons for Russian liberal reformers during the soviet collapse, 1970–2000«, *Journal of Contemporary History* 51, 1 (2015), S. 165–186.

50 Woronkow, *Aleksey Navalnyy*, S. 31.

51 Alexej Nawalny, »Chto delat' oppozitsii« (Blog), 16. Juni 2010, navalny.livejournal.com/475935.html

52 Oleg Kaschin, »Nastoyashchiy lider tot, kto otkazyvayetsya prodat' ideyu i lyudey za kabinet s komnatoy otdykha«, *Kommersant*, 19. Oktober 2010, kommersant.ru/doc/1524739

53 Nawalny, »Chto delat' oppozitsii«, 2010.

54 Alexej Nawalny, »Doklad dvizheniya NAROD: Interesny Vashi mneniya« (Blog), 6. Dezember 2007, navalny.livejournal.com/185724.html

55 Alexej Nawalny, »Ladno, davayte obyavim konkurs EdRo-plakata«, (Blog), 24. Februar 2011, navalny.livejournal.com/556796.html

56 Eine Studie über die Partei in den neunziger Jahren bietet Luke March, *The Communist Party in Post-Soviet Russia* (Manchester: Manchester University Press, 2002).

57 Isabel Gorst, »Russia's ultranationalist leader Vladimir Zhirinovsky orders aides to rape pregnant journalist«, *Irish Times*, 25 April 2014, irishtimes.com/news/world/europe/russia-s-ultranationalist-leader-vladimir-zhirinovsky-orders-aides-to-rape-pregnant-journalist-1.1773043

58 Alexej Nawalny, »Za lyubuyu partiyu, protiv Edinoy Rossii« (Blog), 6. Juli 2011, navalny.livejournal.com/603104.html

59 Jewgenija Albaz u. a., »Dekabr' 2011-go«, *The New Times*, 3. Dezember 2012, newtimes.ru/articles/detail/60591

60 Olga Kusmenkowa, »Ot dushi togda oralos'«, *Gazeta.ru*, 5. Dezember 2012, gazeta.ru/politics/2012/12/04_a_4878797.shtml

61 Alexej Nawalny, [ohne Titel] (Blog), 21. Dezember 2011, navalny.live journal.com/657702.html

62 »Pryamaya rech«-Vystupleniya na mitinge protesta v Moskve«, Reuters, 24. Dezember 2011, reuters.com/article/orutp-russia-rally-quotes-idRURXE7BN03C20111224

63 Alexej Nawalny, »Pro vchera« (Blog), 25. Dezember 2011, navalny.live journal.com/2011/12/25

64 Alexej Nawalny, »Vcherashniy efir pro chto delat dalshe'« (Blog), 27. Dezember 2011, navalny.livejournal.com/2011/12/27

65 Tichon Dziadko, »12 druzey Navalnogo: Kto gotov vkladyvatsya v oppozitsionnogo politika?«, Doschd, 29. Februar 2012, tvrain.ru/teleshow/harddaysnight/12_druzey_navalnogo_kto_gotov_vkladyvatsya_v_oppo zitsionnogo_politika-185702

66 Alexej Nawalny, »Karuselno-otkrepitelnyy prezident« (Blog), 5. März 2012, navalny.livejournal.com/690060.html

67 »Boi fontannogo znacheniya«, *New Times*, 5. März 2012, newtimes.ru/articles/detail/50740

68 Ebd.

69 »Orgkomitet bolshe ne nuzhen«, *Lenta*, 9. April 2012, lenta.ru/articles/2012/04/09/navalny3

70 Françoise Daucé, *Être opposant dans la Russie de Vladimir Poutine* (Paris: Le bord de l'eau, 2016).

71 Florian Toepfl, »From connective to collective action: Internet elections as a digital tool to centralize and formalize protest in Russia«, *Information, Communication & Society* 21, Nr. 4 (2018), S. 531–547.

72 Mischa Gabowitsch, *Protest in Putin's Russia* (Cambridge: Polity Press, 2016).

73 Ben Judah, *Fragile Empire: How Russia Fell In and Out of Love with Vladimir Putin* (London: Yale University Press, 2013), S. 206 f.

74 Marlène Laruelle, »Alexei Navalny and challenges in reconciling ›nationalism‹ and ›liberalism‹«, *Post-Soviet Affairs* 30, Nr. 4 (2014), S. 276–297, hier S. 279.

75 Leonid Wolkow, Twitter-Post, 4. Juni 2013, twitter.com/leonidvolkov/status/341908416018669568

76 Andrej Kosenko, »Put' k sebe: Sergey Sobyanin ushel, chtoby vernutsya«, *Lenta*, 4. Juni 2013, lenta.ru/articles/2013/06/04/major

77 Michail Rubin, mit Olga Schurakowa und Roman Badanin, »Enemy number one: How the regime has struggled to thwart Alexei Navalny«, *Proekt*, 24. August 2020, proekt.media/en/narrative-en/kremlin-vs-navalny

78 Robert Orttung und Julian G. Waller, »Navalny and the Moscow mayoral election«, *Russian Analytical Digest*, 16. September 2013, doi.org/10.3929/ethz-a-009978989

79 »Case of Navalnyy and Ofitserov v. Russia: Judgment«, 2016.

80 Rubin, Schurakowa, Badanin 2020.

81 Alena Ledeneva, »Telephone justice in Russia«, *Post-Soviet Affairs* 24, Nr. 4 (2008), S. 324–350.

82 »Podderzhka: My za Navalnogo!«, Navalny2013.ru, 2013, web.archive.org/web/20130815000000*/http://navalny2013.ru/support

83 Ilja Asar, »›My ne mozhem razorvatsya vo vse storony›: Intervyu s kandidatom v mery Moskvy Sergeyem Mitrokhinym«, *Lenta*, 15. August 2013, lenta.ru/articles/2013/08/15/mitrokhin

84 Ilja Asar, »›Pochemu my ne mozhem vyigrat‹? Glava shtaba Navalnogo o sudakh v Kirove i dogovorennostyakh s Sobyaninym«, *Lenta*, 23. Juli 2013, lenta.ru/articles/2013/07/23/volkov

85 »Alexei Navalnyy: ›My vozrodili politiku. I eto kruto‹«, *The New Times*, 25. August 2013, newtimes.ru/articles/detail/70195

86 Patjulina verwendete den englischen Ausdruck, auch die Ergänzung in Klammern stammt von ihr. Ilja Warlamow und Ekaterina Patjulina, »Pochemu possorilis' Aleksey Navalnyy i Maksim Kats« (Blog), 1. Juni 2016, varlamov.ru/1755254.html

87 Ebd.

88 Kevin Rothrock, »What its like to come forward about sexual harassment in the Russian opposition«, *Global Voices*, 3. Juni 2016, globalvoices.org/2016/06/03/what-its-like-to-come-forward-about-sexual-harassment-in-the-russian-opposition; Dud 2017.

89 Nadeschda Pomerantsewa, »Ya postradal ot rezhima, ne buduchi professionalnym politikom«, *Gazeta.ru*, 23 August 2013, gazeta.ru/politics/2013/08/23_a_5603225.shtml

90 Alexej Nawalny, »Programma kandidata v mery Moskvy«, 2013, web.archive.org/web/20130717141410/https://navalny.ru/platform/Navalny_Program.pdf

91 Žanna Uljanova, »Personalnaya programma Navalnogo«, *Gazeta.ru*, 1 July 2013, gazeta.ru/politics/2013/07/01_a_5402685.shtml?updated

92 Alexej Wenediktow, »Intervyu: Migratsiya«, Echo Moskvy, 23. August 2013, echo.msk.ru/programs/beseda/1139878-echo

93 Kalinina 2011.

94 Ebd.

95 Leonid Wolkow und Fjodor Krascheninnikow, »Let's Go Party«, *Wedomosti*, 18. April 2012, vedomosti.ru/opinion/articles/2012/04/18/lets_go_party

96 »Elektronnaya partiya, ›Lenta.ru‹ izuchila ustroystvo ›partii Navalnogo‹«, *Lenta*, 6. August 2012, lenta.ru/articles/2012/08/06/electronicperformers

97 »Programnye Tezisy«, Narodni Aljans, 2012, web.archive.org/web/20120915132140/http://peoplesalliance.ru/us/programmnye_tezisy

98 »Elektronnaya partiya«, 2012.

99 Alexej Nawalny, »Itogi ›vyborov‹« (Blog), 15. September 2014, navalny.
com/p/3813

100 Alexej Nawalny, »O vyborakh: Nasha taktika« (Blog), 11. September 2014,
navalny.com/p/3803

101 Boris Nemzow, »Koalitsiya ›Za evropeyskiy vybor‹ kak alternativa samoi-
zolyatsii i agressii«, Echo Moskwy, 16. November 2014, echo.msk.ru/blog/
nemtsov_boris/1438170-echo

102 Natalja Korschenkowa, »RPR–PARNAS obyedinyayet soyuznikov v
koalitsiyu«, Kommersant, 17. November 2014, kommersant.ru/doc/261
2394

103 »Zayavleniye syezda ›partii Progressa‹«, Partiya Progressa, 1. Februar
2015, web.archive.org/web/20150202155249/https://partyprogress.org/
news/24

104 Maria-Luisa Tirmaste u. a., »Mikhail Kasyanov i Aleksey Navalnyy poshli
na novoye ob"yedineniye«, Kommersant, 18. April 2015, www.kommersant.
ru/doc/2712281

105 Alexej Nawalny, »Plany u nas konkretnyye: 6 izbiratelnykh kampaniy v
3-kh regionakh« (Blog), 22. April 2015, Navalny.com/p/4211

106 Geir Flikke, »Canaries in a coal mine: The uphill struggle of Russia's
non-system liberals«, Demokratizatsiya 24, Nr. 3 (2016), S. 291–325.

107 Juri Wendik, »Vybory v Kostrome: Ozhivleniye iz-za PARNASa«, BBC
News (russischer Dienst), 11. September 2015, bbc.com/russian/russia/
2015/09/150911_kostroma_pre_elections_report

108 Grigori Belonuschkin und Dmitri Belomestnow, Est' takiye partii!
2016–2017: Putevoditel' izbiratelya (Moscow: Panorama, 2017), S. 120–121.

109 Rubin, Schurakowa, Badanin 2020.

110 Alexej Nawalny, »Ya, navernoye, dolzhen izvinitsya« (Blog), 5. Mai 2016,
navalny.com/p/4860.

111 Jelisaweta Antonowa, »Navalnyy protiv Kasyanova«, RBK, 27. April 2016,
rbc.ru/newspaper/2016/04/28/5720d8a09a794788d48aafdf

112 Alexej Nawalny, »O rezultatakh ›vyborov‹: Eto ne vashe porazheniye«
(Blog), 20. September 2016, navalny.com/p/5064

113 Diana Bruk, »The best of Vladimir Zhirinovsky, the clown prince of
Russian politics«, Vice, 10. August 2013, vice.com/en/article/xd5q47/
the-best-of-vladimir-zhirinovskyrussias-craziest-politician.

114 Taisija Bekbulatowa, »Prekrasnyy art-proyekt, tresh, steb«, Meduza, 21. November 2017, meduza.io/feature/2017/11/21/prekrasnyy-art-proekt-tresh-
steb

115 »Sobchak prokommentirovala plany Kremlya nayti Putinu sopernika dlya
vyborov sredi zhenshchin«, Wedomosti, 1. September 2017, vedomosti.ru/
politics/news/2017/09/01/731964-copernikom

116 Alexej Nawalny, »2018: Ya budu uchastvovat' v vyborakh i kochy stat'
vashim golosom« (Blog), 13. Dezember 2016, navalny.com/p/5162

117 Alexej Nawalny, »Borba s korruptsiyey i est' moya ekonomicheskaya pro-

gramma«, *Wedomosti*, 1. März 2012, vedomosti.ru/opinion/articles/
2012/03/01/ne_vrat_i_ne_vorovat

118 Alexej Nawalny, »Sobchak i vybory, vosstaniye migrantov, Lyaskin izbil sam sebya, zapugivaniye shkolnika vo Vladivostoke«, Navalny LIVE, 21. September 2017, youtube.com/watch?v=ubDFhgc4qIo

119 Nawalny, »2018: Ya budu uchastvovat' v vyborakh i kochy stat' vashim golosom«, 2016.

120 Alexej Nawalny, »Programma Alekseya Navalnogo«, Navalny 2018, 2017, web.archive.org/web/20171213143847/https://2018.navalny.com/platform

121 Alexej Nawalny, »God kampanii. Bol'she o programme« (Blog), 13. Dezember 2017, https://navalny.com/p/5662/

122 Alexej Nawalny, »›Khvatit kormit' oligarkhov‹: Universalnyy lozung« (Blog), 19. Dezember 2016, navalny.com/p/5169

123 Alexej Nawalny, »Programma Alekseya Navalnogo«, 2018.

124 Siehe etwa das Interview, das Schanna Nemzowa mit Wolkow geführt hat: »Vybory v Gosdumu-2021 budut nochnym koshmarom dlya ›Edinoy Rossii‹: Leonid Volkov v ›Nemtsova.Intervyu‹«, Deutsche Welle, 20. November 2019, youtube.com/watch?v=Ca-gfNgmnmM

125 Kathrin Hille, »Alexei Navalny: A genuine alternative to Vladimir Putin?«, *Financial Times*, 7. August 2017, ft.com/content/16df421e-72c1-11e7-aca6-c6bd07df1a3c

126 Anton Schelnow, »Aleksey Navalnyy: ›Elita tolko zhdet momenta, chtoby predat' Putina‹«, Doschd, 1. November 2016, tvrain.ru/teleshow/harddaysnight/navalny-420199

127 Alexej Wenediktow und Lesya Ryabtsewa, »Sbityi Fokus«, Echo Moskwy, 15. Oktober 2014, echo.msk.ru/programs/focus/1417522-echo.html

128 »Debaty: Aleksey Navalnyy vs. Igor' Girkin (Strelkov)«, Echo Moskwy, 20. Juli 2017, echo.msk.ru/blog/echomsk/2022082-echo

129 Wolkow, »God kampanii'«, 2017.

130 Leonid Wolkow, »Finalnyy finansovyy otchet kampanii Navalnogo«, (Blog), 25. April 2018, leonidvolkov.ru/p/289

131 »Navalnyy v Murmanske: ›Vasha gubernator schitayet, chto ona krutaya tëtya!‹, *Severpost*, 18. September 2017, severpost.ru/read/58085; Dmitri Komarow, »Ya vas nauchu plokhomu«, *Znak*, 16. September 2017, znak.com/2017-09-16/aleksey_Navalnyy_sobral_neskolko_tysyach_chelovek_na_miting_v_ekaterinburge

132 »Case of Navalnyy and Ofitserov v. Russia: Judgment«, 2016.

133 Margarita Alechina, Natalja Galimowa und Ilja Roschdestwenski, »Navalnyy poluchil pyat' let uslovno po ›delu Kirovlesa‹«, RBK, 8. Februar 2017, rbc.ru/society/08/02/2017/589890179a7947795fb26569

134 Anastasia Agamalowa, Anastasia Kornya, Elena Muchametschina, »TsIK otkazal Navalnomu v uchastii v vyborakh prezidenta«, *Wedomosti*, 25. Dezember 2017, vedomosti.ru/politics/articles/2017/12/25/746411-navalnomu-viborah-prezidenta

135 »Pamfilova: Navalnyy smozhet ballotirovatsya posle 2028 goda«, TASS, 17. Oktober 2017, tass.ru/politika/4652240

136 Alexej Nawalny, »Obyavlyayem zabastovku izbirateley«, 25. Dezember 2017, youtube.com/watch?v=Tz5ovEXonwE

137 Alexej Nawalny, »Ob itogakh zabastovki i ›vyborov‹« (Blog), 20. März 2018, navalny.com/p/5820

138 Alexej Nawalny, »Kak ya proigral: I kakiye nado sdelat' vyvody« (Blog), 25. März 2018, navalny.com/p/5824

4 Der Straßenaktivist

1 Alexej Nawalny, »Dvorets dlya Putina: Istoriya samoy bolshoy vzyatki«, youtube.com/watch?v=ipAnwilMncI. Nawalnys Appell beginnt bei 1:47:49.

2 Das Kapitel stützt sich auf die Aussagen vieler Russen aus verschiedenen Städten im ganzen Land. Einige von ihnen waren in Nawalnys Wahlkampf-büros angestellt, andere engagierten sich ehrenamtlich, wiederum andere betrachteten sich nicht als Nawalny-Anhänger, aber alle waren sie auf die eine oder andere Weise politisch aktiv. Die Gespräche wurden zwischen 2017 und 2021 geführt.

3 »Aleksey Navalnyy: aresty s 2011 po 2021 gody (infografika)«, Deutsche Welle, 19. Januar 2021, dw.com/ru/aleksej-navalnyj-aresty-za-protesty-infografika/a-45626448

4 Vgl. etwa Juri Dud 2017.

5 Andreas Schedler, »Elections Without Democracy: The Menu of Manipu-lation«, *Journal of Democracy* 13, Nr. 2 (2002), S. 36–50.

6 Die erfahrenen Aktivisten in Perm – wie an vielen anderen Orten – waren an einer Kampagne gegen eine Beeinträchtigung der Unabhängigkeit der Stadt durch die Regionalverwaltung beteiligt. 2009 hatten sie begonnen, sich für die Beibehaltung der Bürgermeisterwahlen einzusetzen, die im gesamten Land schrittweise durch die Ernennung von »Stadtvorstehern« ersetzt wurden.

7 Für eine vollständige Beschreibung des Konflikts siehe Jan Matti Doll-baum, »When Does Diffusing Protest Lead to Local Organization Build-ing? Evidence from a Comparative Subnational Study of Russia's ›For Fair Elections‹ Movement«, *Perspectives on Politics* (Veröffentlichung anste-hend), S. 1–16.; 2020 online erschienen: doi.org/10.1017/S153759272000 2443

8 Leonid Wolkow, »Pervoye soobshcheniye«, O vsyakoy vsyachine (Blog), 28. September 2007, leonwolf.livejournal.com/2007/09/28/

9 Leonid Wolkow, »Kak ya byl plokhim nablyudatelem«, O vsyakoy vsyachine (Blog), 2. Dezember 2007, leonwolf.livejournal.com/2007/12/02/

10 Leonid Wolkow, »Statistika«, O vsyakov vsyachine (Blog), 27. Februar 2009, leonwolf.livejournal.com/2009/02/27/

11 »Navalnyy v Yekaterinburge: O prezidentskikh vyborakh, Royzmane i sataninskom gosudarstve«, *Politsovet*, 25. Februar 2017, politsovet.ru/54595-

navalnyy-v-ekaterinburge-o-prezidentskih-vyborah-royzmane-
i-sataninskom-gosudarstve.html

12 Interview mit einem Mitarbeiter von Alexej Nawalny aus Jekaterinburg, 2017.

13 Jan Matti Dollbaum, »Protest trajectories in electoral authoritarianism:
From Russia's ›For Fair Elections‹ movement to Alexei Navalny's presiden-
tial campaign«, *Post-Soviet Affairs* 36, Nr. 3 (2020), S. 192–210.

14 »Aleksey Navalnyi i ego potentsialnyye storonniki«, Lawada-Zentrum,
1. März 2021, levada.ru/2021/03/01/aleksej-navalnyj-i-ego-potentsialnye-
storonniki/

15 Dollbaum 2020.

16 In Zusammenarbeit mit OWD-Info stellt das unabhängige Online-Magazin *Meduza* Karten mit Zahlen von Teilnehmern und Verhaftungen bei
Protestaktionen zur Verfügung. Für den 26. März 2017 siehe »Protestnaya
karta Rossii«, *Meduza*, 7. Juni 2017, meduza.io/feature/2017/06/07/
protestnaya-karta-rossii; für den 12. Juni 2017 siehe »12 iyunya na ulitsy
vyshlo bolshe lyudey, chem 26 marta«, *Meduza*, 13. Juni 2017, meduza.io/
feature/2017/06/13/skolko-lyudey-protestovali-12-iyunya-i-skolko-
zaderzhali

17 Die Umfrage wurde im Januar 2018 zusammen mit Elena Sirotkina und
Andrej Semenow durchgeführt. Etwa 5000 Einladungen wurden an Mitglieder von Nawalnys offiziellen Wahlkampfgruppen in acht großen Städten
verschickt – Moskau, Sankt Petersburg, Wladiwostok, Iwanowo, Tomsk,
Barnaul, Kasan und Rostow. Die Stichproben wurden so gewählt, dass sie
für die Alters- und Geschlechterverteilung innerhalb der Gruppen reprä-
sentativ waren. Für eine detailliertere Beschreibung siehe Jan Matti Dollbaum und Andrej Semenow, »Navalny's digital dissidents: A new data set on
a Russian opposition movement«, *Problems of Post-Communism* (Veröffentlichung anstehend), S. 1–10; 2021 online: doi.org/10.1080/10758216.2021.1
893123

18 Dollbaum 2020.

19 »Shtab Navalnogo v Krasnodare: Kto eti lyudi i chem oni budut zanimat-
sya«, RBK, 13. März 2017, kuban.rbc.ru/krasnodar/13/03/2017/58c6434e
9a7947a269ceec81

20 Natalia Forrat, »Shock-resistant authoritarianism: Schoolteachers and
infrastructural state capacity in Putin's Russia«, *Comparative Politics* 50, Nr. 3
(2018), S. 417–49.

21 »Leonida Volkova obvinili v prizyvakh podrostkov k uchastiyu v mitingakh;
SK vozbudil delo«, BBC News Russian, 28. Januar 2021, bbc.com/russian/
news-55838513

22 Dollbaum und Semenow 2021.

23 Zwei Umfragen wurden zum Vergleich herangezogen: Eine wurde Ende
2017 von dem russischen Meinungsforschungsinstitut »Lewada-Zentrum«
durchgeführt und die andere von der russischen Arbeitsgruppe des »World
Values Survey«: Eduard Ponarin, Anna Almakaewa und Natalja Sobolewa,
»World Values Survey: Round Seven; Russia Datafile Version« (Moskau:
Higher School of Economics, 2017).

24 Das Durchschnittsalter bei der Nawalny-Umfrage betrug 23 Jahre. Etwa zwei Drittel von Nawalnys treuesten Anhängern haben eine höhere Bildung genossen, in der allgemeinen Bevölkerung dagegen nur die Hälfte.

25 Etwa 44 Prozent der Teilnehmer der Nawalny-Umfrage fallen in die obersten drei von sechs Kategorien einer Skala von Lebensstandards. Dem stehen 57 Prozent von Internetnutzern aus großen urbanen Zentren in den oberen drei Kategorien bei einer Lewada-Umfrage von 2017 gegenüber.

26 Naturgemäß ist das nur ein Ausschnitt aus einer Umfrage – allerdings der einzigen, von der wir Kenntnis haben. Aber insofern Nawalny immer bekannter und beliebter wird, werden diese Unterschiede in grundlegenden Kategorien wie Einkommen, Bildung – und möglicherweise auch Geschlecht – wohl eher ab- als zunehmen.

27 Georgi Tadtajew, »Roskomnadzor potreboval ot TikTok udalit' prizyvy k protestam«, RBK, 20. Januar 2021, rbc.ru/politics/20/01/2021/60086 2309a7947b226f20083

28 »Kazhdyy den' Navalnyy«, OWD-Info, 23. März 2018, ovdinfo.org/articles/2018/03/23/kazhdyy-den-navalnyy. In dieser Analyse dokumentiert OWD-Info Tausende von Unterdrückungsmaßnahmen gegenüber Aktivisten und Unterstützern von Nawalny während seines Wahlkampfs 2017/18.

29 Dollbaum 2020.

30 Für weitere Einzelheiten siehe Dollbaum und Semenow 2021.

31 Ilja Budraitskis und Ilja Matveev, »Putin's Majority?«, *New Left Review*, Sidecar (Blog), 9. Februar 2021; newleftreview.org/sidecar/posts/putins-majority

32 Nawalny hat sich öffentlich dafür entschuldigt, dass er sich während des kurzen Kriegs zwischen Russland und Georgien im Jahr 2008 abfällig über die Georgier geäußert habe. In jüngeren Gesprächen sagten Mitarbeiter, er habe seine Ansichten geändert, aber Nawalny selbst hat sich nicht für die Inhalte seiner Narod-Videos von 2007 entschuldigt. Vgl. Masha Gessen 2021; Ostrowski, »›I've mortally offended Putin by surviving‹: Why Alexei Navalny keeps fighting«, *The Economist*, 2. Mai 2021, economist.com/1843/2021/05/02/ive-mortally-offended-putin-by-surviving-why-alexei-navalny-keeps-fighting

33 Der »social desirability bias« ist in der demoskopischen Forschung ein bekanntes Problem. Für eine Zusammenfassung siehe Iwar Krumpal, »Determinants of social desirability bias in sensitive surveys: A iterature review«, *Quality & Quantity* 47, Nr. 4 (2013): 2025–47.

34 Der Befragte verwendete das Wort *russki* – ein Begriff, der sich eher auf die russische Ethnizität als die russische Staatsbürgerschaft bezieht, die mit *rossijskij* bezeichnet wird.

35 Dieses Gespräch führte Irina Koslowa, wissenschaftliche Mitarbeiterin der Russischen Akademie für Volkswirtschaft und Öffentlichen Dienst beim Präsidenten der Russischen Föderation.

5   Der Kreml gegen Nawalny

1   Dmitri Smirnow, »Peskov ob"yasnil, pochemu Putin ne boitsya Naval-
    nogo«, *Komsomolskaja Prawda*, 19. Januar 2021, kp.ru/daily/27228/4354
    766/; »›Nalichiye pretenziy k Navalnomu ne imeyet otnosheniya k
    prezidentu Rossii‹«, Kommersant FM, 19. Januar 2021, kommersant.ru/
    doc/4653391

2   »Tsentralnyye stantsii metro Moskvy zakroyut v den' protestov 31 yanvarya«,
    Kommersant, 29. Januar 2021, kommersant.ru/doc/4670680; »SMI
    soobshchili ob obkhode kafe i barov v Moskve s prosboy otklyuchit'
    Wi-Fi«, RBK, 31. Januar 2021, rbc.ru/society/31/01/2021/6015c9ea9a
    7947382cdd73d7

3   Andrej Semenow, »Pro-Navalny protests are breaking records across
    Russia«, *Riddle*, 16. April 2021, ridl.io/en/pro-navalny-protests-are-
    breaking-records-across-russia

4   Für den Bericht über die Januar-Proteste siehe ovdinfo.org/navalny-
    protests

5   »Kak vyyasnila ›Meduza‹, po vnutrennim podschetam FSB, na yanvarskiye
    mitingi vyshli 90 tysyach chelovek«, *Meduza*, 9. März 2021, meduza.io/
    feature/2021/03/09/kak-vyyasnila-meduza-po-vnutrennim-podschetam-
    fsb-na-yanvarskiemitingi-vyshli-90-tysyach-chelovek

6   »Putin rasskazal o lichnom uchastii v snyatii ogranicheniy na vyyezd Na-
    valnogo v FRG«, *Iswestija*, 22. Oktober 2020, iz.ru/1077364/2020-10-22/
    putin-rasskazal-o-lichnom-uchastiiv-sniatii-ogranichenii-na-vyyezd-
    navalnogo-v-frg

7   Die deutsche Übersetzung der Rede Putins vom 18. März 2014 ist abrufbar
    unter crimea.dekoder.org/rede; die englische Version der Rede mit An-
    merkungen zu den historischen Anspielungen ist verfügbar unter crimea.
    dekoder.org/speech

8   »Putin reveals secrets of Russia's crimea takeover plot«, BBC News, 9. März
    2015, bbc.com/news/world-europe-31796226

9   Samuel A. Greene und Graeme B. Robertson, *Putin v. the People: The
    Perilous Politics of a Divided Russia* (New Haven: Yale University Press,
    2019).

10 Regina Smyth, Anton Sobolev und Irina Soboleva, »A well-organized
    play: Symbolic politics and the effect of the pro-Putin rallies«, *Problems of
    Post-Communism* 60, Nr. 2 (2013), S. 24–39.

11 »Volodin podtverdil svoy tezis o tom, chto ›net Putina–net Rossii‹«, TASS,
    18. Oktober 2017, tass.ru/politika/4658232

12 Siehe etwa Mabel Berezin, »Emotions and political identity: Mobilizing
    affection for the polity«, in Jeff Goodwin und James Jasper (Hg.), *Passionate
    Politics: Emotions and Social Movements* (Chicago: University of Chicago
    Press, 2001), S. 83–98.

13 Greene und Robertson, *Putin v. the People.*

14 Für einen Überblick des Falls siehe »Na Navalnogo zaveli delo ob oskor-
    blenii veterana iz-za rolika RT pro Konstitutsiyu: Sam pensioner postov

oppozitsionera ne videl«, *Meduza*, 18. Juni 2020, meduza.io/feature/
2020/06/18/na-navalnogo-zaveli-delo-iz-zaposta-o-rolike-rt-pro-konsti
tutsiyu-oppozitsioner-yakoby-oskorbil-veterana-no-dazhe-ne-upominal-
ego

15 Alexej Nawalny, »Chayka«, 1. Dezember 2015, youtube.com/watch?v
    =eXYQbgvzxdM; siehe auch chaika.navalny.com

16 Shaun Walker, »The luxury hotel, the family of the top Moscow prosecutor
    and russia's most notorious gang«, *Guardian*, 13. Dezember 2015, theguar
    dian.com/world/2015/dec/13/alexei-navalny-yuri-chaika

17 Alexej Nawalny, »Znakomtes', synovya genprokurora–LSDU3 i YFYaU9«
    (Blog), 9. Juni 2016, navalny.com/p/4905

18 Ebd.

19 Zu diesem Vorgang siehe Staatsduma der Russischen Föderation, »O
    vnesenii izmeneniy v Federalnyy zakon ›O gosudarstvennoy okhrane‹ i
    otdelnyye zakonodatelnyye akty Rossiyskoy Federatsii«, sozd.duma.gov.ru/
    bill/99654-7

20 »Gosduma odobrila rasshireniye polnomochiy FSO«, RBK, 15. Juni 2017,
    rbc.ru/politics/15/06/2017/594105e89a79473d101832fb

21 Ben Noble, »Authoritarian amendments: Legislative institutions as intra-
    executive constraints in post-Soviet Russia«, in *Comparative Political Studies*
    53, Nr. 9 (2020), S. 1417–1454, doi.org/10.1177/0010414018797941; Noble,
    »Vagonchiki (Russia)«, Global Informality Project, 2020, in-formality.com/
    wiki/index.php?title=Vagonchiki_(Russia)

22 Anastasia Kornya und Olga Schurakowa, »Gosduma razreshila zasekrechivat'
    informatsiyu ob imushchestve i aktivakh krupnykh chinovnikov«, *Wedomosti*,
    15. Juni 2017, vedomosti.ru/politics/articles/2017/06/16/694626-zase
    krechivat-imuschestve-chinovnikov

23 »O vnesenii izmeneniy v otdelnyye zakonodatelnyye akty Rossiyskoy Fe-
    deratsii v chasti obespecheniya konfidentsialnosti svedeniy o zashchishchay-
    emykh litsakh i ob osushchestvlenii operativno-rozysknoy deyatelnosti«,
    Staatsduma der Russischen Föderation, 8. Dezember 2020, sozd.duma.gov.
    ru/bill/1070431-7

24 Mariya Makutina, »Siloviki poluchat shirokuyu neizvestnost'«, *Kommersant*,
    16. Dezember 2020, kommersant.ru/doc/4615747

25 »Ne tak-to prosto otravit' cheloveka ›Novichkom‹: Rassledovatel' Khristo
    Grozev iz Bellingcat rasskazyvayet, kak on nashel vozmozhnykh otraviteley
    Navalnogo«, *Meduza*, 16. Dezember 2020, meduza.io/feature/2020/12/16/
    ne-tak-to-prosto-otravit-cheloveka-novichkom; Ben Smith, »How in-
    vestigative journalism flourished in hostile Russia«, *The New York Times*,
    21. Februar 2021, nytimes.com/2021/02/21/business/media/probiv-
    investigative-reporting-russia.html

26 Jewgeni Tschernow, »Pereletnyye litsa utekali iz Samary«, *Kommersant*,
    20. Januar 2021, kommersant.ru/doc/4653655; »›Magistral‹ utekla v
    Sankt-Peterburge«, *Kommersant*, 1. März 2021, www.kommersant.ru/
    doc/4710833

27 Mark Galeotti, »Kremlin turns on Russia's ›subversive transparency‹«,

Moscow Times, 9. März 2021, themoscowtimes.com/2021/03/09/kremlin-turns-on-russias-subversive-transparency-a73178

28   Staatsduma der Russischen Föderation, »O vnesenii izmeneniy v stati 183 i 320 Ugolovnogo kodeksa Rossiyskoy Federatsii«, sozd.duma.gov.ru/bill/1112804-7

29   Alexej Nawalny, »Kleptokraticheskoye puteshestviye: Tur po domam rossiyskikh milliarderov« (Blog), 12. Februar 2016, navalny.com/p/4723

30   Siehe hierzu den Dokumentarfilm *Kholivar: History of the Runet* des Journalisten Andrej Loschak (2019). Ein kurzer Clip, in dem sich der Investor Egor Schuppe an Putins Versprechen erinnert, findet sich auf youtube.com/watch?v=YfN_DLpjacU

31   Pawel Durow, Twitter-Post, 8. Dezember 2011, twitter.com/durov/status/144775176742113281

32   Ingrid Lunden, »Pavel Durov resigns as head of Russia's social network VK. com, Ukraine conflict was the tipping point«, in *Tech Crunch*, 1. April 2014, techcrunch.com/2014/04/01/founder-pavel-durov-says-hes-stepped-down-as-head-of-russias-top-social-network-vk-com/?_ga=2.29273212.1340845031.1617803886-738729247.1617803886

33   »Telegram retains users after Russia's ban amid internet chaos«, *Moscow Times*, 18. April 2018, themoscowtimes.com/2018/04/18/telegram-retains-users-after-russias-ban-amid-internet-chaos-a61204

34   »Russia lifts ban on Telegram messaging app after failing to block it«, Reuters, 18. Juni 2020, reuters.com/article/us-russia-telegram-ban-idUSKBN23P2FT

35   Ihr bürgerlicher Name ist Anastasia Waschukewitsch. »Rossiyskiye operatory nachali blokirovat' sayt Navalnogo«, BBC News (russischer Dienst), 15. Februar 2018, www.bbc.com/russian/news-43072741

36   »Roskomnadzor razblokiroval sayt Navalnogo«, BBC News (russischer Dienst), 26. Februar 2018, bbc.com/russian/news-43083438

37   Andrej Nikitin, *Perm: Rodina Rossijskogo Liberalizma*, (Moscow: Moskovskaya shkola politicheskikh issledovaniy, 2004).

38   Die Ford-Stiftung, 1936 als wohltätiger Zweig der Ford Motor Company gegründet, ist seit 1974 unabhängig. Mit einem Stiftungsvermögen von 13 Mrd. Dollar zählt sie zu den größten Privatstiftungen der Welt.

39   Igor Awerkiew, »Permskiye Pravila Povedeniya«, 2004, prpc.ru/averkiev/041110.shtml

40   Nikitin 2004.

41   »Ochen' skoro vy (da, imenno vy) smozhete stat' ›inostrannym agentom‹– dazhe etogo ne zametiv; Chto?«, *Meduza*, 4. Dezember 2020, meduza.io/cards/ochen-skoro-vy-da-imenno-vy-smozhete-stat-inostrannym-agentom-dazhe-etogo-ne-zametiv-chto

42   »Valentina Cherevatenko«, *Kawkasski Usel*, 27. Oktober 2017, kavkaz-uzel.eu/articles/311673

43   Siehe fbk.info, auf der Seite ganz unten.

44   »Nelogicheskoye odareniye: ›Agora‹ i ›Memorial‹ poluchili prezidentskiye granty«, *Grani.ru*, 19. Juni 2014, graniru.org/Society/ngo/m.230342.html

45 Siehe etwa Kirsti Stuvøy, »›The foreign within‹: state–civil society relations in Russia«, *Europe–Asia Studies* 72, Nr. 7 (2020), S. 1103–1124, hier S. 1108.

46 Alexandra Zachwatkina, »›Nuzhno vyyti iz etogo, ukrepivshis‹: Lev Ponomarev–o likvidatsii dvizheniya ›Za prava cheloveka‹«, Agenstvo Sotsialnoy Informatsii, 5. November 2019, asi.org.ru/news/2019/11/05/lev-ponomarev-2

47 Marc Morjé Howard, *The weakness of civil society in post-communist Europe* (Cambridge: Cambridge University Press, 2003). Siehe dazu auch die Debatte über Juri Lewadas *Homo Sovieticus* in Gulnaz Sharafutdinova, »Was there a ›simple soviet‹ person? Debating the politics and sociology of ›Homo Sovieticus‹«, *Slavic Review* 78, Nr. 1 (2019), S. 173–195.

48 Siehe dazu Graeme Robertson, »Protesting Putinism: The election protests of 2011–2012 in broader perspective«, *Problems of Post-Communism* 60, Nr. 2 (2013), S. 11–23; sowie die Arbeiten von Carine Clément, etwa »Unlikely mobilisations: How ordinary Russian people become involved in collective action«, *European Journal of Cultural and Political Sociology* 2, Nr. 3–4 (2015), S. 211–240.

49 Siehe Robertson 2013.

50 Graeme Robertson, »Managing society: protest, civil cociety, and regime in Putin's Russia«, *Slavic Review* 68, Nr. 3 (2009), S. 528–547.

51 Wie eine Studie zeigte, wirkten sich die Proteste im Dezember 2011 kurzfristig positiv auf das Vertrauen der Menschen in die staatlichen Institutionen aus, vor allem bei jenen, die den Behörden bisher kritisch gegenüber gestanden hatten. Eine mögliche Erklärung lautet, dass die der Opposition nahestehenden Bürger Repressalien erwartet hatten und nun positiv überrascht waren, als diese nicht erfolgten. Siehe hierzu Timothy Frye und Ekaterina Borisova, »Elections, protest, and trust in government: a natural experiment from Russia«, *The Journal of Politics* 81, Nr. 3 (2019), S. 820–832.

52 Human Rights Watch, »Russia's protestors on trial: What you need to know about the Bolotnaya case«, 18. Dezember 2013, hrw.org/video-photos/interactive/2013/12/18/russias-protestors-trial-what-you-need-know-about-bolotnaya-case

53 Fabian Burkhardt und Jan Matti Dollbaum, »Der Bolotnaja-Prozess«, in *Lexikon der Politischen Strafprozesse*, hg. von Kurt Groenewold, Alexander Ignor und Arndt Koch, 2018, lexikon-der-politischen-strafprozesse.de/glossar/der-bolotnaja-prozess-2012

54 Jegor Skoworoda, »Tseremoniya zakrytiya«, *Russkaya Planeta*, 24. Februar 2014, rusplt.ru/policy/bolotka-prigovor-8215.html

55 Burkhardt und Dollbaum 2018.

56 Der Grund für die Aufhebung war, dass eine der administrativen Strafen, auf denen das Urteil beruhte, zum Zeitpunkt der Prozesseröffnung noch gar nicht in Kraft getreten war – ein Umstand, auf den Dadins Anwalt auch bereits beim Prozess hingewiesen hatte.

57 Grigori Durnowo, »›Dadinskaya statya‹: Chetyre goda spustya«, OWD-Info, 1. Februar 2019, ovdinfo.org/articles/2019/02/01/dadinskaya-statya-chetyre-goda-spustya

58 Elisaweta Focht, »Osuzhdennuyu po ›dadinskoy statye‹ Yuliyu Galyaminu lishili statusa deputata«, BBC News Russian, 25. März 2021, bbc.com/russian/news-56528142

59 Die Daten von OWD-Info zu den administrativen Fällen sind abrufbar unter »Kak sudyat po statye 20.2 KoAP: statistika«, OWD-Info [ohne Datum], data.ovdinfo.org/20_2

60 Die Daten von OWD-Info zu den individuellen Protesten sind abrufbar unter: »Odinochnyye pikety: dannyye«, OWD-Info [ohne Datum], ovdinfo.org/data/odinochnye-pikety-dannye#1

61 Sergey Belanovsky und Anastasia Nikolskaya, »Why is Khabarovsk backing Furgal?«, *Riddle*, 21. Juli 2020, ridl.io/en/why-is-khabarovsk-backing-furgal

62 Michail Schubin, »Kak podavlyali protesty v Khabarovske? Glavnoe«, OWD-Info, 28. Dezember 2020, ovdinfo.org/articles/2020/12/28/kak-podavlyali-protesty-v-habarovske-glavnoe

63 Alexander Marrow, »Russian police detained around 200 people, including leading opposition figures, at Moscow meeting«, Reuters, 13. März 2021, reuters.com/article/us-russia-politics-opposition-idUSKBN2B50AP

64 »›Otkrytaya Rossiya‹ nadoela: Organizatsiyu, osnovannuyu Mikhailom Khodorkovskim, priznali nezhelatelnoy«, RBK, 26. April 2017, rbc.ru/newspaper/2017/04/27/5900b60a9a7947c5e8ac8807

65 Taisija Bekbulatowa, Iwan Golunow und Alexander Gorbatschow, »Byvshiy soratnik Alekseya Navalnogo registriruyet Partiyu progressa: Navalnyy uveren, chto u nego kradut partiyu–tak i est'«, *Meduza*, 22. Februar 2018, meduza.io/feature/2018/02/22/byvshiy-soratnik-alekseya-navalnogo-registriruet-partiyu-progressa-navalnyy-uveren-chto-u-nego-kradut-partiyu-tak-i-est

66 »Navalnyy zapustil proyekt ›Umnoye golosovaniye‹: On dolzhen ob"yedinit' oppozitsiyu, chtoby pobedit' »Edinuyu Rossiyu« v regionakh«, *Novaya Gazeta*, 28. November 2018, novayagazeta.ru/news/2018/11/28/147156-navalnyy-zapustil-proekt-umnoe-golosovanie-on-dolzhen-obedinit-oppozitsiyu-chtoby-pobedit-edinuyu-rossiyu-v-regionah

67 Alexej Nawalny, »Umnoye golosovaniye: Otvety na voprosy i kritiku« (Blog), 21. August 2019, navalny.com/p/6194

68 Mikhail Turchenko und Grigorii V. Golosov, »Smart enough to make a difference? An empirical test of the efficacy of strategic voting in Russia's authoritarian elections«, *Post-Soviet Affairs* 37, Nr. 1 (2021), S. 65–79.

69 »Mironov: ›Umnoye golosovaniye‹ ne povliyalo na pobedu spravorossov na vyborakh v Mosgordumu«, TASS, 9. September 2019, tass.ru/politika/6864618. Mironow vergaß jedoch zu erwähnen, dass sich unter den Kandidaten der Partei, die durch »Smart Voting« ins Parlament gewählt wurden, auch ein Kandidat mit vorgetäuschter Identität, Alexander Solowjow, befand. »Gerechtes Russland« hatte ihn – vermutlich in geheimer Absprache mit den Behörden – auf den Wahlzettel gesetzt, eine typische Maßnahme, um die Wähler zu verwirren.

70 Elena Muchametschina und Maksim Iwanow, »Gosduma otkryla sessiyu s

obsuzhdeniya Alekseya Navalnogo i vyborov v SShA«, *Wedomosti*, 19. Januar 2021, vedomosti.ru/politics/articles/2021/01/19/854692-gosduma-otkrila

71 »Elektoralnyye reytingi partiy«, Lewada-Zentrum, 11. März 2021, levada. ru/2021/03/11/elektoralnye-rejtingi-partij-5

72 »›Tsirk‹, ›Umnyy golos‹ i ›Polnyy vpered‹-novaya strategiya partii vlasti v Moskve«, *Meduza*, 26. März 2021, meduza.io/feature/2021/03/26/tsirk-umnyy-golos-i-polnyy-vpered-novaya-strategiya-partii-vlasti-vmoskve

6 Nawalny und die Zukunft Russlands

1 Reuters, Twitter-Post, 3. Februar 2021, twitter.com/Reuters/status/135703 6129594167296

2 »Case of Navalnyye v. Russia: Judgment«, Europäischer Gerichtshof für Menschenrechte (EGMR), 17. Oktober 2017, hudoc.echr.coe.int/eng?i=001-177665

3 »›Zavedomo lozhnyy donos‹: Sut' dela ›Iv Roshe‹, po kotoromu Aleksey Navalnyy mozhet popast' za reshetku«, *Znak*, 2. Februar 2021, znak. com/2021-02-02/sut_dela_iv_roshe_po_kotoromu_aleksey_navalnyy_mozhet_popast_za_reshetku

4 »›Vladimir the poisoner‹: A translation of Alexey Navalny's speech in court on February 2«, *Meduza*, 2. Februar 2021, meduza.io/en/feature/2021/02/02/vladimir-the-poisoner

5 Nachdem Nawalnys Anwälte Berufung eingelegt hatten, wurde die Haftstrafe auf zwei Jahre und fünf Monate herabgesetzt. Max Seddon, »Moscow appeals court upholds jailing of Putin critic Navalny«, *Financial Times*, 20. Februar 2021, ft.com/content/0765d2fb-abb7-4622-90b4-686e7475 fa68

6 »Father of Navalny associate remanded in custody; son calls charge ›a new level of villainy‹«, RFE/RL, 7. April 2021, rferl.org/a/russia-zhdanov-father-custody-navalny-abuse-of-office/31191420.html

7 Angaben stammen von OWD-Info, Mediazona und verschiedenen Pressequellen sowie Twitter-Feeds der örtlichen Büros.

8 Sergej Romaschenko, »Protiv Lyubovi Sobol' vozbudili ugolovnoye delo«, Deutsche Welle, 4. Februar 2021, dw.com/ru/protiv-soratnicy-navalnogo-sobol-vozbudili-ugolovnoe-delo/a-56452795. Zum ersten Fall, siehe »Protiv Sobol' vozbudili delo o narushenii neprikosnovennosti zhilishcha«, *Kommersant*, 25. Dezember 2020, kommersant.ru/doc/4628469

9 »Father of Navalny associate remanded in custody«,2021.

10 Er retweetete ein Bild mit Datums- und Zeitangabe der Proteste vom 23. Januar in Moskau: »Glavnogo redaktora ›Mediazony‹ Sergeya Smirnova arestovali na 25 sutok za retvit«, *Mediazona*, 3. Februar 2021, zona.media/news/2021/02/03/smirnov

11 »Delo o mitingakh i podrostkakh: Mera presecheniya zhurnalistam DOXA«, *Mediazona*, 14. April 2021, zona.media/online/2021/04/14/doxa

12 »Spisok zaderzhannykh v svyazi s sudom nad Alekseyem Navalnym«, OWD-Info, 2. Februar 2021, ovdinfo.org/news/2021/02/02/spisok-zaderzhannyh-v-svyazi-s-sudom-nad-alekseem-navalnym-2-fevralya-2021-goda; »Realnyy srok Navalnomu: Protesty posle resheniya suda«, *Mediazona*, 2. Februar 2021, zona.media/online/2021/02/02/aftercourt

13 Alexej Nawalny, Instagram-Post, 15. März 2021, instagram.com/p/CMc Vo3qFSvY

14 Alexej Nawalny, Instagram-Post, 29. März 2021, instagram.com/p/CM_ 6xtrF3s_

15 Sergej Dolgow, »Arestant vserossiyskogo masshtaba: Kak Navalnyy vybivayet privilegii v pokrovskoy kolonii«, *Life News*, 2. April 2021, life. ru/p/1388796

16 Alexander Borodichin, Elisaweta Pestowa und Dima Schwets, »Nochnoy ›Dozor‹: Pochemu Navalnogo v kolonii budyat kazhdyy chas i chto takoye profilakticheskiy uchet«, *Mediazona*, 25. März 2021, zona.media/article/ 2021/03/25/navalny-sklonen

17 Alexej Nawalny, Instagram-Post, 15. März 2021, instagram.com/p/CMc Vo3qFSvY

18 Borodichin, Pestowa und Schwets 2021.

19 Alexej Nawalny, »Dva zayavleniya Alekseya Navalnogo« (Blog), 25. März 2021, navalny.com/p/6476/; Irek Murtasin, »Medvedev razreshil«, *Novaya Gazeta*, 20. April 2021, novayagazeta.ru/articles/2021/04/20/medvedev-razreshil

20 Alexej Nawalny, »Golodovka Sobol'« (Blog), 16. August 2019, navalny. com/t/595

21 Maria Butina war angeklagt und hatte sich schuldig bekannt, als »Agentin der Russischen Föderation in den Vereinigten Staaten tätig« gewesen zu sein. »Russian national charged in conspiracy to act as an agent of the Russian Federation within the United States«, Justizministerium der Vereinigten Staaten, 16. Juli 2018, justice.gov/opa/pr/russian-national-charged-conspiracy-act-agent-russian-federation-within-united-states. 2019 wurde sie entlassen und nach Russland abgeschoben; siehe Jonny Tickle, »Maria Butina, once jailed in US, visits Navalny's prison & calls it ›exemplary‹, but allies of Russian opposition figure cry foul«, Russia Today, 2. April 2021, rt.com/russia/519977-butina-prison-visit-navalny

22 Julia Nawalnaja, Instagram-Post, 13. April 2021, instagram.com/p/ CNm-iqxlHjL

23 Alexej Nawalny, »Kak vyglyadit propaganda nasiliya v ›Novoy gazete‹ po mneniyu IK-2« (Blog), 14. April 2021, navalny.com/p/6479

24 Alexej Nawalny, Instagram-Post, 7. April 2021, instagram.com/p/ CNXy3DGFZx1

25 Alexej Nawalny, Instagram-Post, 23. April 2021, instagram.com/p/ COAeBxIFNpL

26 »Prokuratura potrebovala priznat' FBK i ›Shtaby Navalnogo‹ ekstremist-skimi organizatsiyami«, *Novaya Gazeta*, 16. April 2021, novayagazeta.ru/ articles/2021/04/16/prokuratura-potrebovalapriznat-fbk-i-shtaby-navalnogo-ekstremistskimi-organizatsiiami

27 Anastasia Jasenitskaja, Dima Schwets und Nikita Sologub, »Tebya delayut ekstremistom: Chem grozit isk prokuratury FBK«, *Mediazona*, 16. April 2021, zona.media/article/2021/04/16/fbk-extremism

28 »Istochniki informatsii«, Lewada-Zentrum, 28. September 2020, levada. ru/2020/09/28/ggh

29 Interview mit Viktor, 39, aus Jekaterinburg.

30 »Uslovno Vash: Aleksey Navalnyy i Yegor Zhukov«, Echo Moskwy. Das Gespräch ist abrufbar unter youtube.com/watch?v=lnRIIqsuCp8

31 Jewgenija Albaz, »Ya dumayu, vlast' v Rossii smenitsya ne v rezultate vyborov«, *New Times*, 25. April 2011, newtimes.ru/articles/detail/38107; Aleksej Nawalny, »Ya, navernoye, dolzhen izvinitsya«, (Blog), 5. Mai 2016, navalny.com/p/4860/

32 »›My stalkivalis' s situatsiyami, kogda situatsiya vykhodila za ramki zakona i privodila k raskachke gosudarstva‹: Putin ob aktsiyakh v podderzhku Navalnogo«, *Meduza*, 25. Januar 2021, zona.media/news/2021/01/25/ptnnava

33 Benjamin Bidder und Christian Esch, »Es war kein Schmerz, es war etwas Schlimmeres«, *Der Spiegel*, 1. Oktober 2020, spiegel.de/ausland/alexej-nawalny-ueber-anschlag-ich-behaupte-dass-hinter-der-tat-putin-steht-a-00000000-0002-0001-0000-000173324596

34 Filip Nubel und Jewgenija Plachina, »Alexey Navalny's views on migrants run counter to his pro-democracy discourse«, *Global Voices*, 9. Februar 2021, globalvoices.org/2021/02/09/alexey-navalnys-views-on-migrants-run-counter-to-his-pro-democracy-discourse; Robert Coalson, »Is Aleksei Navalny a liberal or a nationalist?«, *The Atlantic*, 29. Juli 2013, theatlantic. com/international/archive/2013/07/is-aleksei-navalny-a-liberal-or-a-nationalist/278186

35 Terrell Jermaine Starr, »We Need to Have a Talk About Alexei Navalny«, *The Washington Post*, 1. März 2021, https://www.washingtonpost.com/opinions/2021/03/01/we-need-have-talk-about-alexei-navalny

36 Françoise Daucé, *Être opposant dans la Russie de Vladimir Poutine.*

37 Wolkowa 2021.

38 Siehe etwa Bermet Talant, Twitter-Post, 24. Februar 2021, twitter.com/ser_ou_parecer/status/1364645136572022789?s=20

39 Sergej Smirnow, »›Byl samolet, i v nem ya pomer‹: Intervyu Alekseya Navalnogo«, *Mediazona*, 7. Oktober 2020, zona.media/article/2020/10/06/navalny

40 Andrej Kosenko und Olga Proswirowa, »›Moya likvidatsiya nichego ne izmenit‹: Intervyu Alekseya Navalnogo o ego vosstanovlenii i vozvrashchenii v Rossiyu«, BBC News (Russian service), 6. Oktober 2020, bbc.com/russian/features-54435835

41 Wladimir Aschurkow, Facebook-Post, 18. Januar 2020, facebook.com/vladimir.ashurkov/posts/3924279780956491

42 Alexej Nawalny, »Ogo« (Blog), 26. April 2010, navalny.livejournal. com/453093.html

43 Bidder und Esch 2020.

44 Smirnow 2020.

45 Alexej Nawalny, »Spektakl' v teatre absurda« (Blog), 7. Dezember 2012, navalny.livejournal.com/755371.html

46 Alexej Nawalny, »Gollandchegi«, (Blog), 19. Oktober 2010, navalny.live journal.com/632543.html

47 Ebd.

48 Nawalny, »Spektakl' v teatre absurda«, 2021.

49 »Vozvrashcheniye Alekseya Navalnogo«, Lewada-Zentrum, 5. Februar 2021, levada.ru/2021/02/05/vozvrashhenie-alekseya-navalnogo

50 »Navalny's Poisoning«, Lewada-Zentrum, 1. Februar 2021, levada.ru/en/2021/02/01/navalny-s-poisoning

51 »›Ya ne chuvstvuyu sebya odinokim‹: Dva poslednikh slova Navalnogo za odin den'«, BBC News (Russian service), 20. Februar 2021, bbc.com/russian/news-56137696

52 Umfragen zeigen, dass junge Russinnen und Russen liberaler eingestellt sind als ältere Generationen, aber nicht in jeder Hinsicht. Margarita Zavadskaya, »Russia's Gen Z: Progressive or reactionary?«, Riddle, 12. April 2021, ridl.io/en/russia-s-genz-progressive-or-reactionary

53 »›Rossiya budet schastlivoy‹: Rech' Navalnogo na apellyatsii«, 20. Februar 2021, youtu.be/4yXPNieGgtA

54 Smirnow 2020.

Nachwort

1 Das Gesetz erlaubt eine Höchststrafe von fünfzehn Jahren. »Russian prosecutors call for Alexei Navalny to serve 13 years in prison«, The Guardian, 15. März 2022, https://www.theguardian.com/world/2022/mar/15/russian-prosecutors-call-for-alexei-navalny-to-serve-13-years-in-prison

2 »In prison and on trial: Here's why Alexey Navalny is back in court and facing up to 15 more years behind bars«, Meduza, 15. Februar 2022, https://meduza.io/en/feature/2022/02/16/in-prison-and-on-trial

3 »›This will lead to our country's collapse‹: Alexey Navalny's address to the Russian public as the state seeks new charges against him«, Meduza, 16. März 2022, https://meduza.io/en/feature/2022/03/16/this-will-lead-to-our-country-s-collapse

4 Ebd.

5 Alexej Nawalny, Instagram-Post, 15. März 2022, https://www.instagram.com/p/CbIf-xcN4x6/

6 »Russian forces seize Chernobyl nuclear power plant«, BBC News, 25. Februar 2022, https://www.bbc.co.uk/news/world-us-canada-60514228

7 »›Bi-bi-si‹: ubityy v Buche Il'ya Naval'nyy okazalsya dal'nim rodstvennikom politika Alekseya Naval'nogo«, Meduza, 18. April 2022, https://meduza.io/news/2022/04/18/bi-bi-si-ubityy-v-buche-ilya-navalnyy-okazalsya-dalnim-rodstvenni kom-politika-alekseya-navalnogo

8   Alexej Nawalny, Twitter-Post, 19. April 2022, https://twitter.com/navalny/
    status/1516433250553679874

9   »Ukraine war: Russian journalist Oksana Baulina killed in Kyiv shelling«,
    BBC News, 23. März 2022, https://www.bbc.co.uk/news/world-europe-
    60855732; Alexej Nawalny, Twitter-Post, 24. März 2022, https://twitter.
    com/navalny/status/1507009930582142976

10 »›This will lead to our country's collapse‹«.

11 Alexej Nawalny, »Sud'ya po vyzovu: Kto stoit za fal'shivym delom Na-
    val'nogo?« (Blog), 15. März 2022, https://navalny.com/p/6618/

12 Nawalny legte Berufung gegen das Urteil ein, ohne Erfolg. »Naval'nyy:
    Apellyatsiya na prigovor po delu o moshennichestve, den' vtoroy«, Media-
    zona, 24. Mai 2022, https://zona.media/online/2022/05/24/naval-2

13 Alexej Nawalny, Twitter-Post, 22. März 2022 https://twitter.com/navalny/
    status/1506247694804783113

14 Alexej Nawalny, Instagram-Post, 30. September 2021, https://www.insta
    gram.com/p/CUc2J77IZpE/

15 Alexej Nawalny, Instagram-Post, 25. August 2021, https://www.instagram.
    com/p/CTASOJ8Ijik/

16 Alexej Nawalny, Instagram-Post, 11. Oktober 2021, https://www.instagram.
    com/p/CU4ffm2owoK/

17 Alexej Nawalny, Instagram-Post, 20. Dezember 2021, https://www.insta
    gram.com/p/CXtYBCIoSNR/

18 Alexej Nawalny, Instagram-Post, 14. Dezember 2021, https://www.insta
    gram.com/p/CXdRvzloO2l/

19 Alexej Nawalny, Instagram-Post, 10. Januar 2022, https://www.instagram.
    com/p/CYjdiM1IkEe/

20 Alexej Nawalny, Instagram-Post, 9. Juli 2021, https://www.instagram.
    com/p/CRGwMqLtIWa/

21 Andrew Kramer, »In First Interview From Jail, an Upbeat Navalny Dis-
    cusses Prison Life«, The New York Times, 25. August 2021 (aktualisiert am
    15. September 2021), https://www.nytimes.com/2021/08/25/world/
    europe/navalny-jail-prison.html

22 »Read Excerpts From Navalny's Interview With The Times«, The New York
    Times, 25. August 2021 (aktualisiert am 20. Oktober 2021), https://
    www.nytimes.com/2021/08/25/world/europe/navalny-interview-excerpts.
    html

23 Alexej Nawalny, Instagram-Post, 26. März 2022, https://www.instagram.
    com/p/CbkDFtbNROw/

24 Simon Shuster, »Exclusive: Alexei Navalny Urges Biden to Stand Up to
    Putin«, Time, 19. Januar 2022, https://time.com/6140114/alexei-navalny-
    interview/

25 Vladislav Davidzon, »The IT Whiz in Charge of Bringing Down Putin«,
    Tablet, 11. Januar 2022, https://www.tabletmag.com/sections/news/
    articles/leonid-volkov

26 Interview mit Wladimir Aschurkow, 9. Mai 2022.

27 Andrew Kramer und Aina Khan, »Navalny, Putin's Imprisoned Foe, Wins
    E. U.'s Top Human Rights Award«, *The New York Times*, 20. Oktober 2021,
    https://www.nytimes.com/2021/10/20/world/europe/navalny-sakharov-
    prize-putin-russia.html; David Smith, »›All I could do was film‹: the ma-
    king of a shocking movie on Alexei Navalny«, *The Guardian*, 23. April 2022,
    https://www.theguardian.com/film/2022/apr/23/alexei-navalny-documen
    tary-film

28 Davidzon, »The IT Whiz in Charge of Bringing Down Putin«.

29 Wladimir Aschurkow zufolge besteht das Büro aus 50 Leuten – Stand Juni
    2022 –, wobei die Anzahl der Mitarbeiter im Jahr 2021, nach Auflösung
    von Nawalnys Organisationen in Russland, deutlich angestiegen ist. Inter-
    view mit Wladimir Aschurkow, 17. Juni 2022.

30 Davidzon, »The IT Whiz in Charge of Bringing Down Putin«.

31 Sobol beendete ihren Wahlkampf am 14. Juni 2021, nachdem Nawalnys
    Organisationen als extremistisch eingestuft worden waren. Natalya Anisi-
    mova, »Sobol' prekratila svoyu vybornuyu kampaniyu v Gosdumu«, RBK,
    14. Juni 2021, https://www.rbc.ru/politics/14/06/2021/60c762729a7947
    bacf5ae108

32 Dies und weitere Details besprechen wir in Jan Matti Dollbaum, Morvan
    Lallouet und Ben Noble, »Alexei Navalny, ›Smart Voting‹ and the 2021
    Russian State Duma Elections«, *Russian Analytical Digest*, Nr. 271, 4. Okto-
    ber 2021, https://css.ethz.ch/content/dam/ethz/special-interest/gess/cis/
    center-for-securities-studies/pdfs/RAD2 71.pdf

33 »Smart Voting«, Lewada-Zentrum, 12. Oktober 2021, https://www.levada.
    ru/en/2021/10/12/smart-voting

34 Felix Light, »Russian Opposition Calls Foul After Ruling Party Landslide in
    Parliamentary Elections«, *The Moscow Times*, 20. September 2021, https://
    www.themoscowtimes.com/2021/09/20/russian-opposition-calls-foul-
    after-ruling-party-landslide -in-parliamentary-elections-a75089

35 Andrej Sajakin, »DEG protiv UG: Chto my ponyali pro elektronnoye golo-
    sovaniye v Rossii?« Fond Liberal'naya Missiya, 18. November 2021, https://
    liberal.ru/lm-ekspertiza/deg-protiv-ug-chto-my-ponyali-pro-elektronnoe-
    golosovanie-v-rossii

36 Leonid Wolkow, »Itogi Umnogo golosovaniya 2021 goda«, Alexej Nawalny
    (YouTube-Kanal), 23. September 2021, https://youtu.be/TPBfQHISF9I

37 Alexej Nawalny, Instagram-Post, 21. September 2021, https://www.insta
    gram.com/p/CUFWtmZIMwP/

38 »›Poka tochno ne yasno, kakim zverem my stanem. No tochno krasivym‹.
    ‚Meduza' publikuyet pis'mo Alekseya Naval'nogo, adresovannoye ego
    sotrudnikam I soratnikam«, *Meduza*, 13. Oktober 2021, https://meduza.io/
    feature/2021/10/13/poka-tochno-ne-yasno-kakim-zverem-my-stanem-
    no-tochno-krasivym

39 Ben Noble und Nikolai Petrov, »Russia elections may tighten Putin's grip
    on repression«, Chatham House, 22. September 2021, https://www.
    chathamhouse.org/2021/09/russia-elections-may-tighten-putins-grip-
    repression

40   Sergej Gurijew und Daniel Treisman, »Informational Autocrats«, *Journal of Economic Perspectives* 33, Nr. 4 (2019), S. 100-127.

41   Jan Matti Dollbaum, Morvan Lallouet und Ben Noble, »Alexei Navalny was poisoned one year ago. His fate tells us a lot about Putin's Russia«, *The Washington Post*, 20. August 2021, https://www.washingtonpost.com/politics/2021/08/20/alexei-navalny-was-poisoned-one-year-ago-his-f ate-tells-us-lot-about-putins-russia

42   Siehe https://www.gofundme.com/f/navalny-team

43   Ebd.

44   Siehe https://www.youtube.com/c/Популярнаяполитика

45   Siehe https://www.gofundme.com/f/navalny-team

46   Alexej Nawalny, »Sekret Shekherezady. Novaya yakhta Putina za 75 000 000 000 rubley« (Blog), 21. März 2022, https://navalny.com/p/6620/

47   Alexej Nawalny, »Dirizhyor putinskoy voyny« (Blog), 12. April 2022, https://navalny.com/p/6621/

48   Catie Edmondson, »Navalny's anti-corruption group urges Congress to place sanctions on 6,000 of Putin's midlevel cronies«, *The New York Times*, 19. Mai 2022, https://www.nytimes.com/2022/05/19/world/putin-sanctions-aleksei-navalny.html Die Liste kann hier eingesehen werden: https://acf.international/list-of-war-enablers

49   Interview mit Sergej Gurijew, 16. Mai 2022.

50   Ebd.

51   Ebd.

52   Dieser Abschnitt beruht auf Interviews mit Mitarbeitern Nawalnys aus Jekatarinburg im Jahr 2017 und im März 2022.

53   Evgeniya Kuznetsova und Elizaveta Lamova, »Chto stalo s set'yu shtabov Naval'nogo posle priznaniya eye ekstremistskoy«, RBK, 4. August 2021, https://www.rbc.ru/politics/04/08/2021/610414469a7947923d389e99

54   »Navalny Associate Flees Russia Fearing Arrest«, RFE/RL Russian Service, 24. November 2021, https://www.rferl.org/a/navalny-associate-fatyanova-flees-russia/31576638.html; »Another Navalny Associate Flees Russia, Fearing Arrest«, *Current Time*, 26. November 2021, https://www.rferl.org/a/sergei-boiko-navalny-headquarters/31579861.html

55   Marianna Antonova, »Soratnitsa Naval'nogo Liliya Chanysheva iz SIZO: ›Moya sovest' chista‹«, Deutsche Welle, 11. Februar 2022, https://www.dw.com/ru/soratnica-navalnogo-lilija-chanysheva-iz-sizo-moja-sovest-chista/a-60734412

56   Guy Faulconbridge, »Russia fights back in information war with jail warning«, Reuters, 4. März 2022, https://www.reuters.com/world/europe/russia-introduce-jail-terms-spreading-fake-information-about-ar my-2022-03-04/

57   »My priostanavlivayem rabotu: Zayavleniye redaktsii ›Novoy gazety‹«, *Novaya Gazeta*, 28. März 2022, https://novayagazeta.ru/articles/2022/03/28/my-priostanavlivaem-rabotu

58   »Rossiya – eto ne Putin. Ob"yavlyayem aktsiyu grazhdanskogo nepovino-

veniya«, Alexej Nawalny (YouTube-Kanal), 28. Februar 2022, https://www.
youtube.com/watch?v=9tGB3v5ZntY

59 »Activist Who Called For Protests Against War In Ukraine Detained In
Moscow«, RFE/RL Russian Service, 24. Februar 2022, https://www.rferl.
org/a/russia-activist-litvinovich-detained-ukraine/31720961.html

60 »Russian Protests against the War with Ukraine. A Chronicle of Events«,
OVD-Info, 2. März 2022 (später aktualisiert), https://ovd.news/
news/2022/03/02/russian-protests-against-war-ukraine-chronicle-events

61 Olexandra Vladimirova, »Closed Shops, Zs, Green Ribbons: Russia's
Post-Invasion Reality«, *The Moscow Times*, 14. April 2022 (später aktualisiert), https://www.themoscowtimes.com/2022/04/14/closed-shops-zs-
green-ribbons-russias-post-invasion-reality-a77344

62 Die Gruppe verzichtete darauf, Bilder des Ereignisses auf ihrem Telegram-Kanal zu veröffentlichen. Siehe Vesna, Telegram-Post, 2. April 2022,
https://t.me/vesna_democrat/1364

63 Umfragen über den Krieg – und während des Krieges – sollte man jedoch
mit extremer Vorsicht genießen, unter anderem aufgrund des Effekts einer
voreingenommenen »sozialen Erwünschtheit«. Margarita Zavadskaya, »On
the harmfulness of Russian polls«, *Riddle*, 4. Mai 2022, https://ridl.io/on-
the-harmfulness-of-russian-polls/

64 OVD-Info LIVE, Telegram-Post, 12. März 2022, https://t.me/ovdinfo
live/6037

65 »Zaderzhaniye za belyy list bumagi«, *Echo Kawkasa*, 14. März 2022, https://
www.ekhokavkaza.com/a/31752392.html

66 »V Ivanovo na mestnogo zhitelya sostavili protokol za aktsiyu s romanom
›1984‹«, News.ru, 14. April 2022, https://news.ru/society/bolshoj-brat-
bdit-na-ivanovca-sostavili-protokol-za-akciyu-s-romanom-1984/

67 »›Antivoyennoye delo‹: gid OVD-Info«, OVD-Info, 5. März 2022 (später
aktualisiert), https://ovd.news/news/2022/03/05/antivoennoe-delo-
gid-ovd-info

68 Siehe etwa die Fotos, die auf dem Telegram-Kanal der Oppositionsgruppe
Vesna gepostet wurden, https://t.me/vesna_democrat

69 Farida Rustamova, »›They're carefully enunciating the word clusterf*ck‹«,
Faridaily (Blog), 6. März 2022, https://faridaily.substack.com/p/theyre-
carefully-enunciating-the

70 Andrej Pertsew, »Vlasti ne ozhidali takikh zhestkikh sanktsiy–i teper' ne
znayut, chto delat'. No uvol'nyat'sya chinovniki boyatsya: ›Eto priravni-
vayetsya k begstvu, a za begstvo–rasstrelivayut‹«, *Meduza*, 9. März 2022,
https://meduza.io/feature/2022/03/09/vlasti-ne-ozhidali-takikh-zhestkih-
sanktsiy-i-teper-ne-znayut-chto- delat-no-uvolnyatsya-chinovniki-
boyatsya-eto-priravnivaetsya-k-begstvu-a-za-begstvo-rasstrelivayut

71 Farida Rustamova, »›Now we're going to f*ck them all.‹ What's happening
in Russia's elites after a month of war«, Faridaily (Blog), 31. März 2022,
https://faridaily.substack.com/p/now-were-going-to-fck-them-all-whats

72 Andrej Pertsew, »›Dovol'nykh pochti net‹: Kak utverzhdayut istochniki
›Meduzy‹, za tri mesyatsa Putin nastroil protiv sebya i ›partiyu voyny‹, i

tekh, kto khochet mira. V Kremle nadeyutsya, chto ›v obozrimoy perspektive‹ on uydet – i vybirayut preyemnika«, *Meduza*, 24. Mai 2022, https://meduza.io/feature/2022/05/24/dovolnyh-pochti-net

73 Ben Noble, »Rumours of a coup in Russia: What does this really say about the Putin regime?«, *Riddle*, 17. Mai 2022, https://ridl.io/en/rumours-of-a-coup-in-russia-what-does-this-really-say-about-the-putin-regime/

74 Jewgeni Stupin, Telegram-Post, 8. April 2022, https://t.me/evstupin/2899

75 Anton Kass, »›Razorvat' pupovinu s naval'nyatinoy‹: v KPRF ob"yavili spetsoperatsiyu–Zamestitel' Gennadiya Zyuganova potreboval isklyuchit' iz kompartii protivnikov deystviy VS RF na Ukraine«, News.ru, 1. Juni 2022, https://news.ru/society/razorvat-pupovinu-s-navalnyatinoj-v-kprf-nazrela-specoperaciya/

76 Artem Ryabov und Andrey Prakh, »Molodost' rezko ushla«, *Kommersant*, 5. Mai 2022, https://www.kommersant.ru/doc/5340225

77 Kass, »›Razorvat' pupovinu s naval'nyatinoy‹«.

78 »Nazad v 1990-e. V TsB predskazali Rossii degradatsiyu«, *The Moscow Times*, 22. April 2022, https://www.moscowtimes.ru/2022/04/22/nazad-v-1990e-v-tsb-predskazali-rossii-degradatsiyu-a19795

79 »Prokuratura proveryayet zabastovku v Nizhnekamske«, inkazan.ru, 5. März 2022, https://inkazan.ru/news/society/05-03-2022/prokuratura-prover yaet-zabastovku-v-nizhnekamske; Viktoriya Polyakova und Yekaterina Yasakova, »Delivery Club oproverg zabastovku kur'yerov v Moskve iz-za snizheniya oplaty«, RBK, 26. April 2022, https://www.rbc.ru/business/26/04/2022/626807c69a79471d795357d3

80 Shuster, »Exclusive: Alexei Navalny Urges Biden to Stand Up to Putin«.

81 Alexej Nawalny, Instagram-Post, 15. Juni 2022, https://www.instagram.com/p/Ce1EzKUtZvq/

82 Kira Jarmysch, Twitter-Post, 14. Juni 2022, https://twitter.com/Kira_Yarmysh/status/1536668006671073282

83 Mary Ilyushina, »Navalny reportedly moved to high-security prison infamous for abuse«, *The Washington Post*, 14. Juni 2022, https://www.was-hingtonpost.com/world/2022/06/14/navalny-russia-prison-melekhovo/; »›Pytochnyy konveyyer‹. Chto izvestno o kolonii IK-6, kuda otpravili Naval'nogo«, RTVI, 14. Juni, 2022, https://rtvi.com/news/pytochnyj-kon-vejer-chto-izvestno-o-kolonii-ik-6-kuda-otpravili-navalnogo/

84 Alexej Nawalny, Twitter-Post, 23. Juni 2022, https://twitter.com/navalny/status/1539884559248105472

85 Alexej Nawalny, Twitter-Post, 1. Juli 2022, https://twitter.com/navalny/status/1542781100413620225

86 Ebd.

87 »Russia's Navalny says he faces new criminal case, up to 15 more years in jail«, Reuters, 31. Mai 2022, https://www.reuters.com/world/europe/jailed-kremlin-critic-navalny-says-new-criminal-case-opened- against-him-2022-05-31/